Voynich Manuscript

ヴォイニッチ手稿の秘密

多次元的視点へ
意識を高めるためのメッセージ

トート
ロナウド・マルティノッツィ

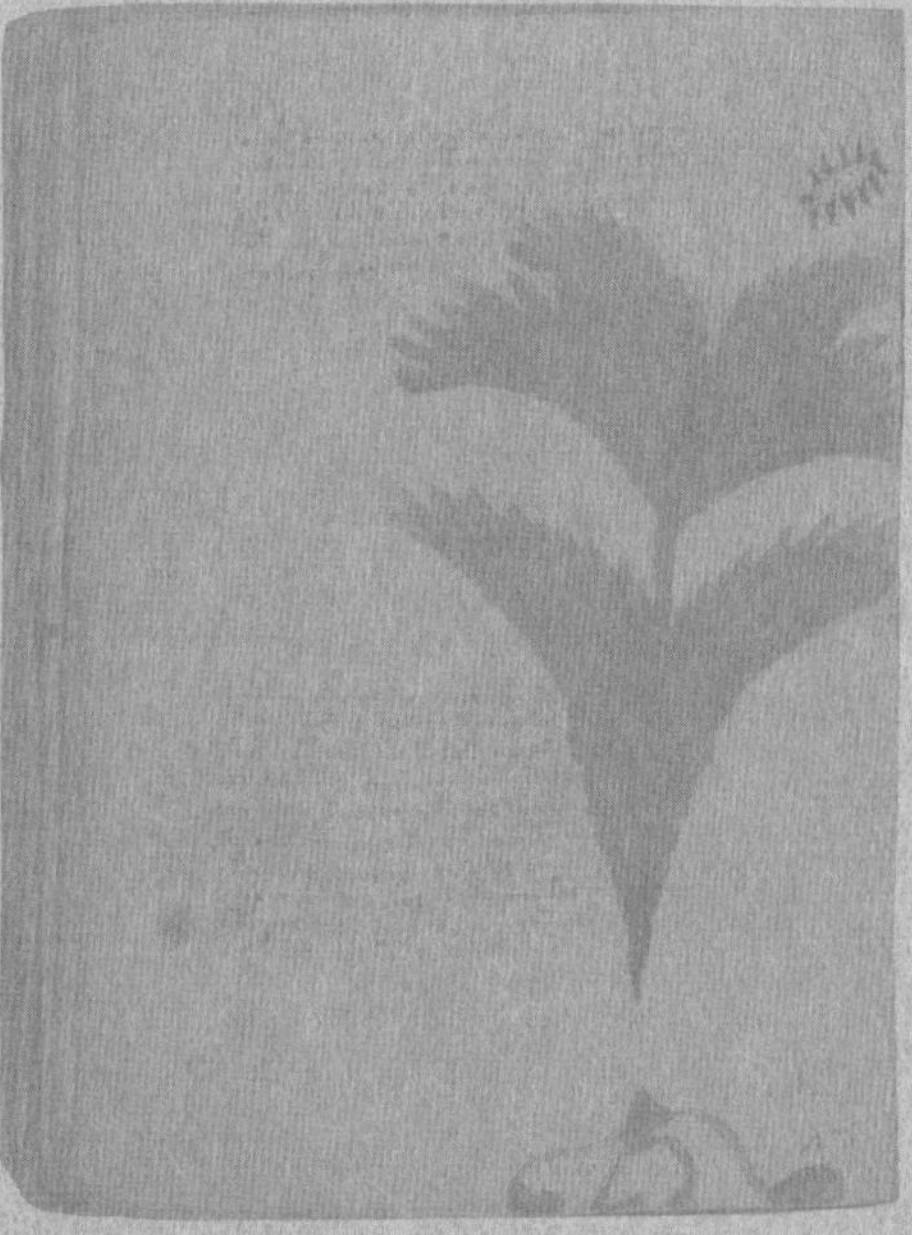

ナチュラルスピリット

『ヴォイニッチ手稿』は、イエール大学にて保管されています。

https://collections.library.yale.edu/catalog/2002046

この本では、イエール大学のバイネキー図書館からの画像を使用しています。

Beinecke Rare Book and Manuscript Library, Yale University

目次

第三章　エゴシステムの創造

第四章　植物を使った個性強化

第五章　根と植物を使った創造

『ヴォイニッチ手稿』の解説

私は、アトランティス人トート。太古からの全ての智識と知恵の保持者、神秘の精通者、神々の書記役、諸々の秘密の管守者、魔術の神として永遠に生き続けている。

太古、アトランティスが沈んだ時、人間たちの進化のため指導者として任命され、エジプトへ赴いた。役目を果たした後も私の魂は形を変え何度か化身し、暗黒に包まれた人間たちが再びそのベールを脱ぎ、光へと歩めるように地上に生きた。

その後、地球の核であるアメンティホールへ戻った。そして人類進化のために霊体として宇宙の神秘と呼ばれる知恵を伝え続けている。

今回もそのひとつだ。

今や宇宙の進化のため、人間の意識が拡大する時期が来た。そのため『ヴォイニッチ手稿』と呼ばれる書の内容を伝える。この内容が信じられるかどうかという議論は望まない。関心のある人間たちが、この内容を基に多次元的視点へと意識を高めることを望む。

これからの私の話をファンタジーだと思ってもよい。ファンタジーに生きていると思えば人生は豊かになる。

第一章

植物編

はじめに

これを描いたのは、16世紀、イタリア人男性でロナウド・マルティノッツィという医学の研究者だった。彼は研究の合間に、幻覚を促す薬草を用いていた。この時代にはよくあることだった。

ある日、彼はある次元に迷い込んだ。そこは、この宇宙意識の7次元世界だ。その後、彼は興味をそそられて何度も訪れた。7次元にもいろいろあるが、彼が訪れた場所を3次元的に言えば、はるか古《いにしえ》の人類創造の領域だった。この次元の存在たちの目的は、魂の成長と宇宙の進化だ。魂が肉体をまとい物質的世界で生きることで、計り知れない成長をもたらす。

彼は、その次元の存在たちに歓迎された。そのため、数えきれないほど訪れた。存在たちから7次元の言葉を脳にインプットされ、その文字で記録する許可を与えられた。本来この文字は、霊性が上がれば誰でも読めるようになる。彼の霊性はそれほど高くはないが、善良な研究者だった。最初、彼は驚き、幻覚だと思った。しかし、存在たちと話をしているうちに、異次元の現実の世界だと確信した。

最初の文章には、以下のようなことが書かれている。

彼は、7次元にいる時も目覚めた時も、見たこと、聞いたことを記録した。もし誰もが読める文字で書いたならば、すぐにでも捨てられていただろう。本来、文字として残す文化は7次元の存在たちには必要ない。彼がこの文字を教えられたのは、当時の人間には読めないようにするためだった。そして、今の時代まで保存される必要があった。存在たちは、時が来たら、自ら意識を拡張し、成長し

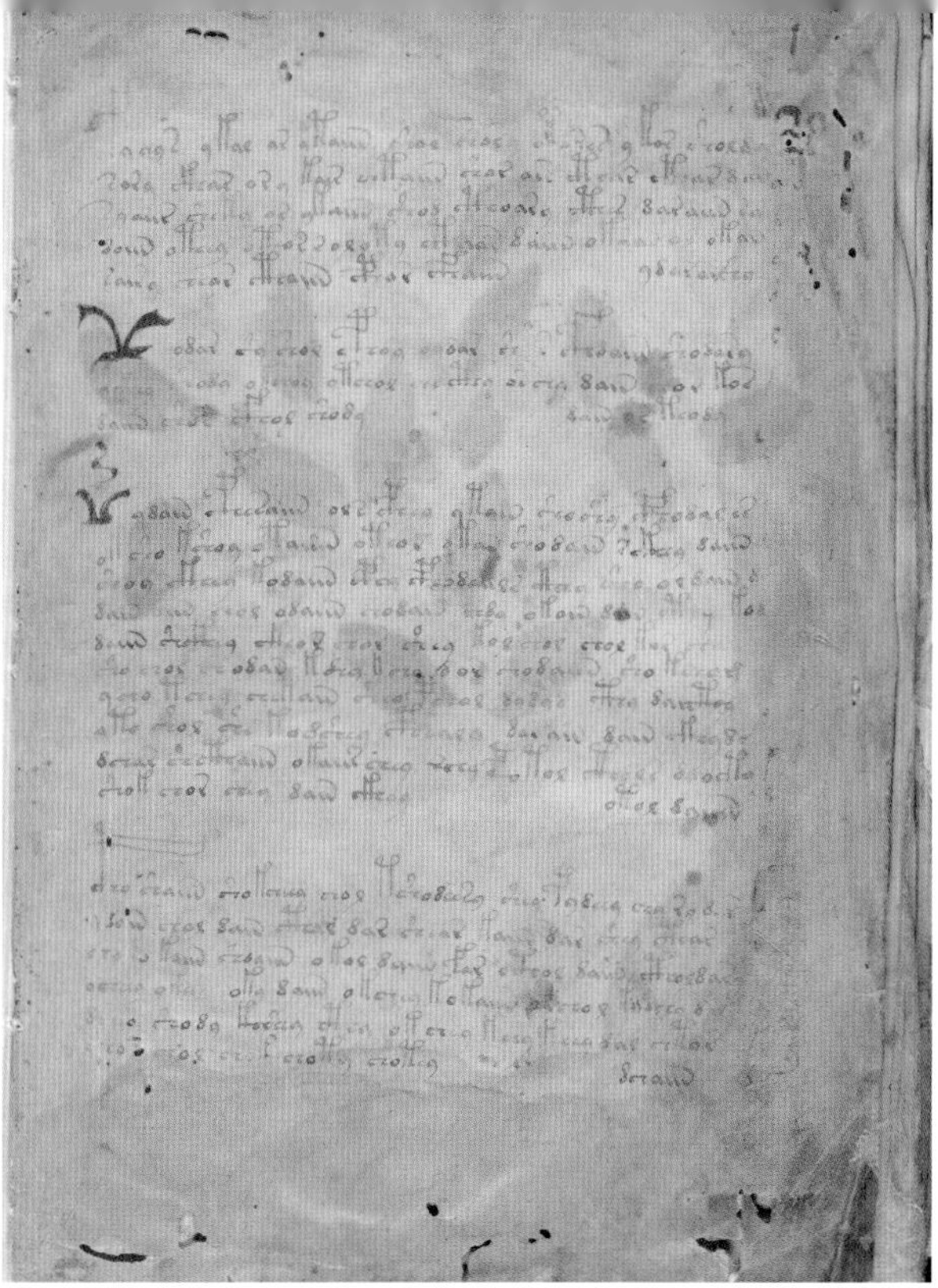

ていく者たちの手に渡ることを望んだ。

今、その時となった。

印刷技術の向上、インターネットの普及などで、多くの人間がこれを見ることができる。また意識が変わり始め、人間社会で成功を収めることより、霊的なことに関心を抱く人間や霊的成長に価値を置く人間が増えた。そして何より、このヴォイニッチ手稿に関心を持つ人間が増えたことも開示する条件が整ったということだ。

7次元、9次元は、全てのものを創造する場所。

9次元は創造、7次元は主に9次元で創造されたものに新たな機能を与える場だ。ロナウドは、原初のヒューマノイドから人間へと創造するプロセスを見ていた。

原初のヒューマノイドとは、高次の存在が

地球に来た時に創造された生命体だ。詳しくはあとに述べる。

ヴォイニッチ手稿にある植物は、人間や動物の肉体、またその働きを創るための原型植物だ。ひとつの植物にひとつの意識が宿り、ひとつの役目がある。この次元の植物も、基本的には9次元で創られ、7次元で各機能をプログラムされた。7次元では、植物も霊的存在も物質化しておらず、エネルギー体として存在する。ロナウドの意識はそのエネルギーに触れ、感じることができた。彼の目には3Dホログラムのようにも見え、物質のようにも見えた。

ヴォイニッチ手稿に描かれている人間たちには魂が入っていない。ここでは「ヒューマノイド」と呼ぶことにする。それらには、あまり感情がない。いくぶん怒りはあるが、人間のような怒りではなく、少しムッとする程度だ。恐れも少しある。喜びも少しある。感情というよりは活力があるかないかという感覚程度だ。活力がないと動きが鈍る。人間の疲労に似ている。活力がある時は身体が軽く動きやすくなる。また、生命維持本能、例えば食欲や睡眠欲求などはない。食べることも眠ることも必要ない。ロボットの電源を切るようなものだ。

しかし、物理的な怪我などを防ぐための防衛本能はある。それ以外は、渡り鳥や回遊魚のように集合意識があるだけだ。集合意識に命令を与え、それらを集団で動かすのは、この次元の存在たちだ。

存在たちは、これらのヒューマノイドに必要な臓器、生殖機能、そしてエゴの機能を組み込んで人間を創造した。人間といっても魂が入る前は物質的肉体のみだ。その肉体に魂が入って意識が芽生える。最初は人間として誕生し、成長していく中で、魂にある意識はエゴと同一化する。その後、魂として意識されるのは、成長する過程で多くを学び、目覚め、エゴから離れ始めるようになってからだ。

それでは、ひとつずつ説明していくことにする。

血管

左の植物は血管を創る。茎の部分が血管になる。この絵は、血液を入れる前だ。右の植物は、血管がうまく創られたかどうかを試すための実験用植物だ。

血管ができると、右の植物に移し、その中に血液を入れて検証する。ここでいう「血液」とは人間や動物の血液とは別だ。寿命を司るエネルギーと思えばよい。赤い色は赤血球に近いからだ。ここでは、「血液」と呼ぶことにする。存在たちは根に血液を入れて実験を行った。植物自身が血液を創るのではない。この次元の他の領域で創られる。

この宇宙の物質的な星に必要な生き物がこの次元で創られる。植物が全ての生命の母胎だ。葉の色などは、存在たちがその色の波動で創造した。

実験用の植物といっても、それらには意思がある。存在たちは、ある植物が実験を望まないならその意思を尊重する。植物も宇宙の生命体だ。7次元の存在と共に対話しながら行う。

また、これらの植物は自分の意思で消滅しようと思えばできる。

この次元の空間に充満する気は、素粒子でもあり、波動でもあり、エネルギーでもあり、音でもある。適切な言葉がない。いわゆる「意識の海」だ。ただし、混乱を避けるために、今後、この空間に存在するものを主に「粒子」と呼ぶが、場合によって「エネルギー」「波動」などの言葉も使うことにする。

血管

根、葉、花の形は、いろいろと試されながら創造される。ここはそのひとつだ。存在たちは、これらの植物から創られたものが具現化する星の環境をある程度分かったうえで創っているが、うまく根付かないものもある。植物を成長させるには微生物が必要だ。それはこの次元の別領域で創られている。ここの多くの植物たちは動いている。そのように想像しながら読むとよい。

左の植物は、根にあるとげのような部分を使って、屈伸するように立ったり座ったりしている。葉はそれに従って揺れている。

右の植物は、一本一本の根を動かしながら、前後左右に歩いている。花の部分は開いたり閉じたりして、ときどき下にある根を見る。どんな植物も対話している。この次元に来れば、何を言っているかが分かるだろう。

植物同士のコミュニケーションの内容は、主に三つある。

それは、その植物が目的を達成のため、必要な情報を伝え合い助け合おうとする時、そして、人間たちと同じように、普通のおしゃべりをする時、最後は、よい気分を醸し出したり、笑ったりもする時だ。この次元には怒りや不安などの負の感情はない。これは、地球上の植物も同じ。人間に聞こえない。植物ごとに発する音の波動は違うが、どの植物から情報が来たかはお互いに分かっている。

次へ行く。

眠り

左の植物は、茎から葉と花に分かれ白い花から音を発する。この音を聞いた生き物は眠りにつく。この機能は、他の星で必要なものだ。地球では必要ない。皆、別のシステムで眠る。この植物は花と葉が一体となって、ゆっくり回っている。

繁殖力強化

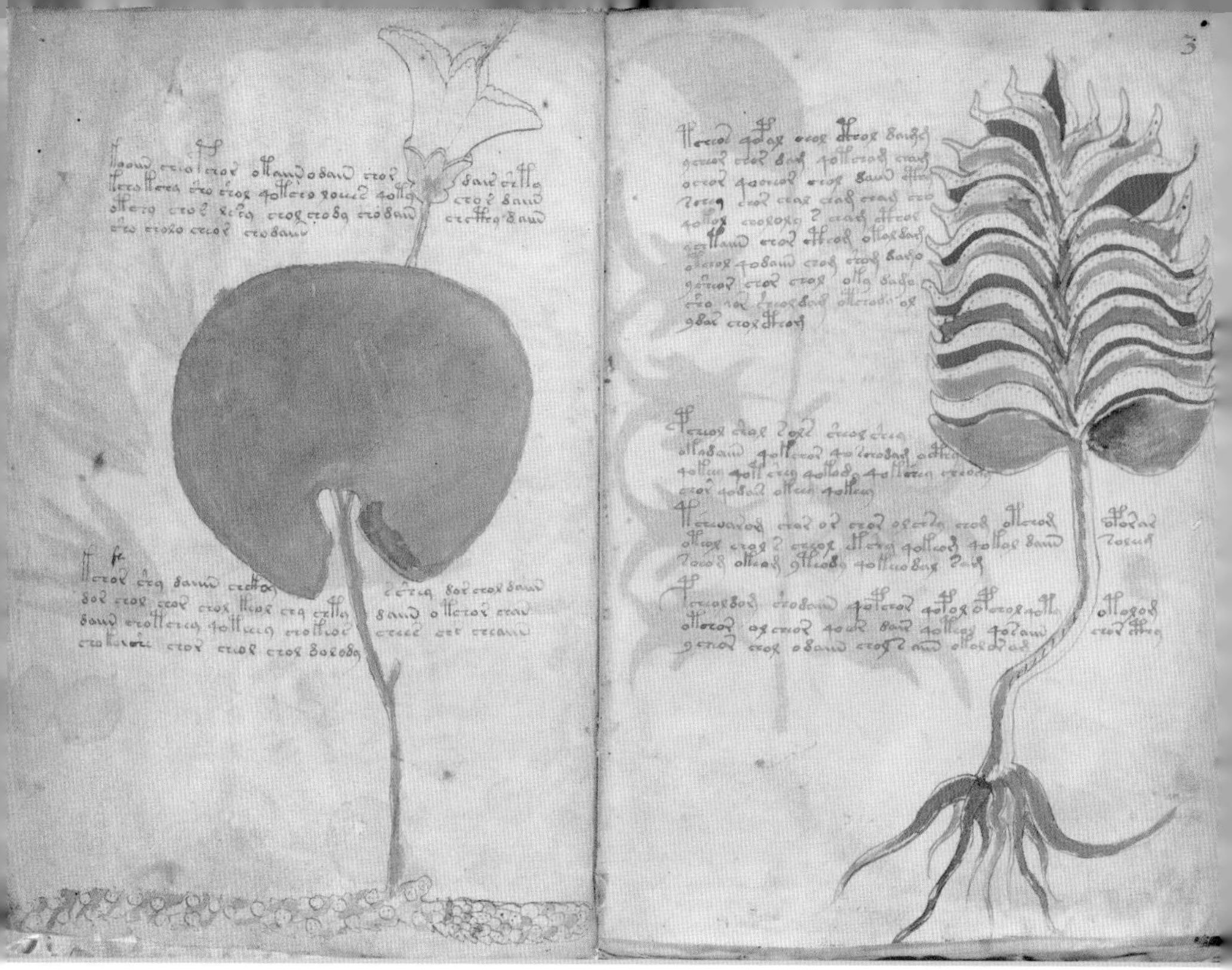

眠り　　　　繁殖力強化

右の植物は、人間も含め生き物全ての繁殖力を強めるために創造された。上の赤と緑で色づけされた部分は花だ。種で繁殖するように創られた。葉はない。これは9次元の試作品。試作品をいろいろ創り、それらを融合させ、かけ合わせて植物を創る。それぞれの試作品は基本的にひとつの特徴を備えている。茎の緑の部分は根にある粒子とつなげる管だ。茎は中にある管を守る。この植物の根は、クラゲが泳いでいるような動きをするが、あまり大きな移動はしない。花の部分は、扇子のように広がったり、波打ったりしている。

次に行く。

大地の活力剤

左の植物は、上部の紺色の部分から花粉に類するものを出す。地上で具現化されると、この花粉が大地に落ちて、土に活力を与える。地上で一度花粉を出すと、この植物の生命は終わる。この花は人間が住める所にはない。ジャングルの奥などに生え、進化しながら存在する。

この植物は根で増える。芽が出て花が咲き花粉が飛ぶまで、地球時間で約5年かかる。

根っこは猫の尻尾のように動く。粒子が循環しやすいように茎や葉も動く。

酸素

右の植物は酸素を創り出す。地球の植物の機能のひとつだ。赤い葉と緑の葉は、人間の動脈と静脈のようなもので、生命エネルギーを運ぶ機能と浄化する機能に分けられている。花が酸素を創り、それを取り込んで葉や根に送っている。そして増殖する。その後、このシステムを植物に入れる。

地球上のこの植物の進化型は地中にも酸素を送り、微生物を育てる。地球上の植物は微生物と共生関係にある。この7次元にはない。

動きは花の部分が開いたり閉じたりしている。葉も一枚一枚揺れている。それに応じて茎もゆっくり揺れている。根の一つひとつはタコの足のように動く。

大地の活力剤　　酸素

次に行く。

微生物

左の植物はゆらゆら動きながら微生物を創っている。花の部分から出ているものはアンテナであり、宇宙からのエネルギーの集積装置だ。7次元空間に存在する特定の周波数の粒子を集め、それを下の方へ送り込んでいる。茎にある二つのとがった葉を持つ丸い部分は、入ってきたエネルギーを変換する場所だ。それが根に蓄えられる。

葉の役目は、微生物を養うことだ。そこに植物で作られる養分が入っている。創られた微生物は根のこぶのようなところに蓄えられる。そして根の先から出入りする。他の植物のところへは、必要な養分を与えるために行く。そして戻ってくると、この植物から養分をもらう。

蝶の身体と受粉システム、ウィルスの原型

右の植物の目的は、蝶の身体と受粉システム、そしてウィルスの原型を創造すること。

蝶は丸くなっている葉の根元で創られる。葉から出ている花のようなものは、この植物の生殖器だ。自己再生する。地上では、風や昆虫などの生き物によって受粉するものも多いが、この植物は自らその機能や能力を創る。それは花の下の子房にできる。

また、同じ蝶が別のところで創られ、受粉システムをインストールするためにここに移されることもある。この受粉のシステムとは、蝶が花に誘われ、蜜を吸う能力のことだ。この植物の蜜はそれ自

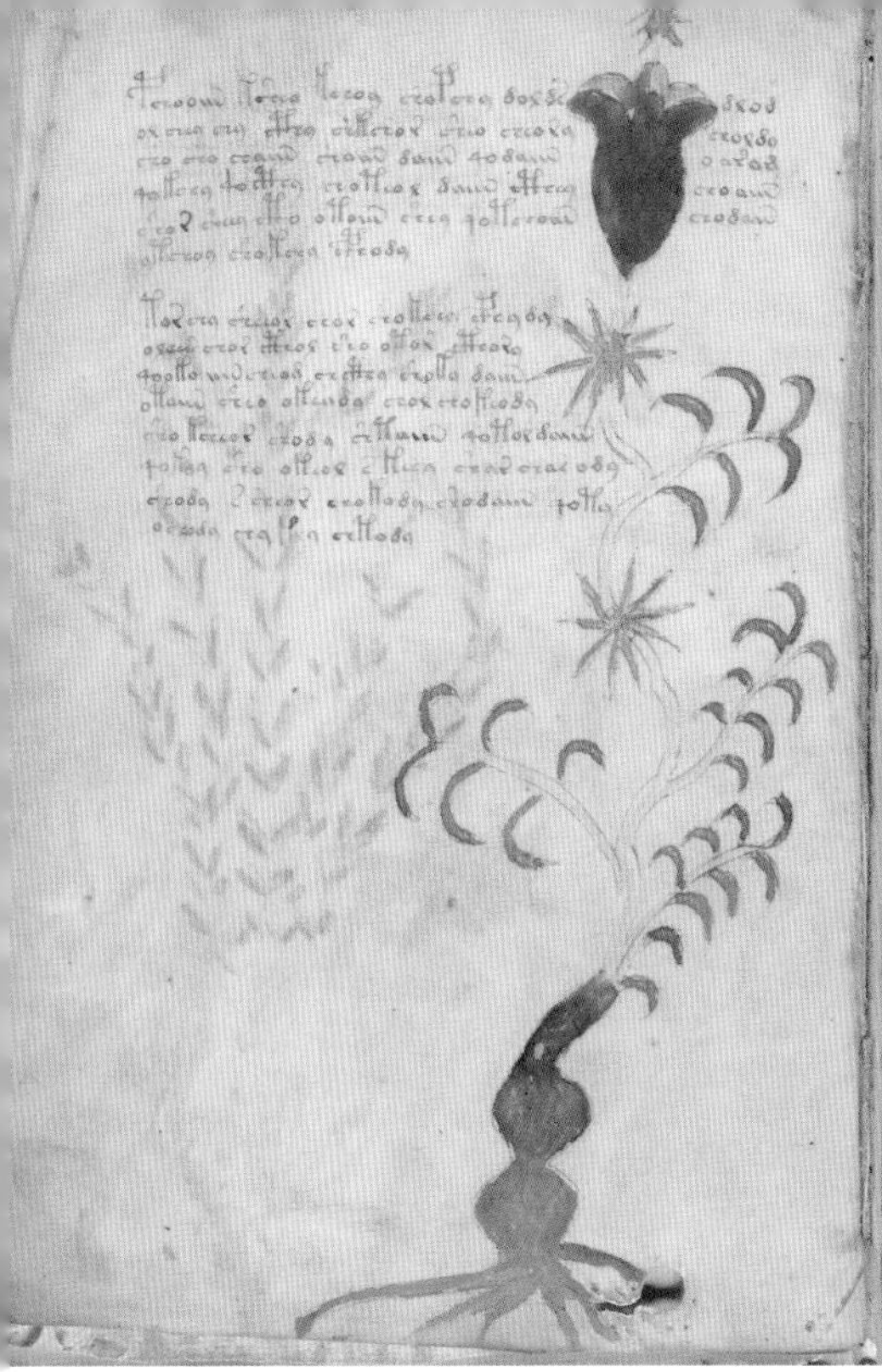
微生物

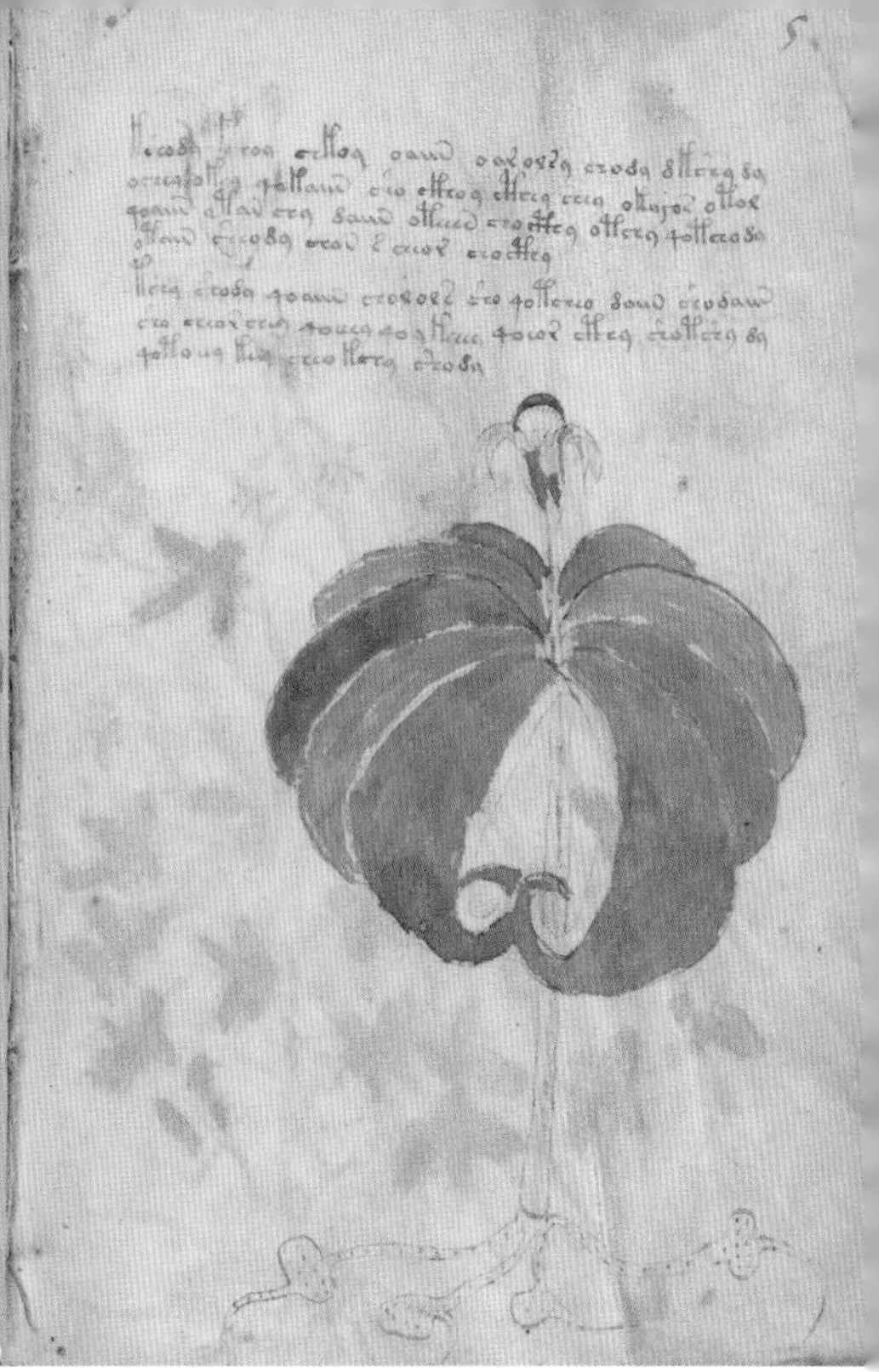
蝶の身体と受粉システム、ウィルスの原型

身が創る。

ウィルスは、9次元で創られるものもあれば、7次元で創られるものもある。この7次元では、根のところにウィルスが創られる。7次元の別のところで創られたウィルスがここに移されることもある。この植物内でのウィルスの働きは、植物の細胞内に入り、活性化するように遺伝子を書き換えることだ。ここにある植物は全て9次元で遺伝子が組み込まれている。

ウィルスがいなければ、この植物の葉はまっすぐに垂れてしまう。絵のように丸くなっている時は、活性化して粒子が循環している状態だ。花から蜜を出し、蝶の働きで受粉が起こり、やがて実がなり、そこに種ができる。葉の循環装置がなければ、枯渇して消えてしまう。

種ができると、本体は消えて種から次の複製が空間にできる。この植物に必要な循環の粒子は根の先から取り込まれ、丸い部分で集積され、この植物に必要な粒子に変換され、茎を通って全てに廻る。これは、地上の植物の誕生から死までの生命循環のシステムだ。

根は、一つひとつの先が波のように動く。葉は、丸くなったり開いたりしている。


次に行く。

人間への進化のシグナル

左の植物は、人間の覚醒を導くために創られた。そのための道標になるエネルギーを創っている。地上ではさまざまな動物が、地球や人間のために存在しているが、このエネルギーを発する動物はクマだ。クマが直接に導くのではない。人間が次の精神的な段階へ進むためのインスピレーションが起こるように、無意識的にこのエネルギーを発散している。

クマはまだ創られていなかったが、そのエネルギーは先に創られていた。このエネルギーがあることで、準備のできた人間や生き物は、次の段階へ進むシグナルをキャッチする。そして、そのエネルギーは月の波動と融合することで作動する。

人間への進化のシグナル　　人間以外の進化のシグナル

この植物は、全ての生き物に、成長、進化のためのシグナルを発している。個々の生き物にとって、それぞれ時期は違う。しかし、ある程度の段階に達すると、次の段階へと進むシグナルを受け取れるようになっている。例えば、ひな鳥がある段階に成長すると、親鳥は餌を与えなくなる。また、動物は成長してきた子どもを縄張りから追い出す。これらは、親たちがそのシグナルを受け取るからだ。

赤い花の部分が、そのシグナルとしての粒子を発する部位だ。まず、根の先から月の波動を取り込み溜める。葉からも月の波動を取り込み、根の太い部分へと送る。それが茎へと上り、子房に蓄えられ、一定量に達すると、花へと送られ、拡散される仕組みだ。

月の波動は誕生から死までの間の各段

階をコントロールしている。他の太陽系にも月に相当する星がある。

この植物はそれ自体が左右に揺れている。根は細い部分が上下に動く。花や葉はそれに合わせて揺れている。

人間以外の進化のシグナル

右（前ページ）の植物を説明する。

上の花の部分は、ヘビが何かを飲み込んでいるように、子房の部分をくねらせている。また、花は、一つひとつがあちこち見ているように動く。葉は、ひっくり返ったり戻ったりしている。根は波打つような動きだ。

この植物の役割は、次の成長や進化の段階を、左の植物よりもっと積極的に知らせる。花からその知らせとなる波動が出る。例えば桜なら、開花の条件が整うと、その波動が桜全体に時期を知らせる。それは、桜たちにしか分からない。これは、全ての生き物に対しても行われる。

個々に時期は違う。例えば、青虫がさなぎになる時、一定の期間内に早くさなぎになるものから期間終了寸前のものもある。その期間、シグナルは鳴り続ける。ただし、この植物は人間には発していない。人間以外の生き物だけだ。

花にある、禿げているように見える部分はセンサーだ。葉はアンテナ。ある生物にその時期が来たかどうかは、この植物の葉にあるアンテナで分かる。左の絵の植物から発されるシグナルをこのアンテナで受ける。左右の植物がそれぞれの役割を担い、一体となって働く。

これらの植物は、地上ではなく7次元にある。そこからシグナルを地上に送っている。

葉のアンテナは、左の植物から、そして、右の花の禿げた部分は、別の植物から発される波動をキャッチする。各生き物が内部で成長している状態や気候の変化が、波動となってこの部分に触れることで分かる。すると、花はそろそろシグナルを送る時期だと感知する。よって、これはこの植物の感覚器官にあたる。

根は波だ。花が出す音の波動が根に伝わり、根が波のように動く。この根は、他の植物への情報発信の役割を持つ。

次に行く。

ウィルスによる遺伝子書き換え能力

左の植物に行く。一枚一枚の葉が風車のようにゆっくり回る。花の部分は向きを変える程度。

この植物は、この次元で創られたウィルスが、飛んでくるのを見て受け取る役目だ。葉の部分は光が点滅している。地球では植物の受粉に昆虫などが役割を果たすが、7次元ではウィルスが役割を果たす。この花の部分はそれを見てキャッチする。

キャッチされたウィルスは葉の部分へと行き、この植物の遺伝子の書き換えを行う。その時に点滅する。茎にある丸い部分は、管理室のようなもので、適正に遺伝子変換されているかどうか管理している。されていない場合は調整される。

根は、統一して動いている。ウィルスがこの植物の遺伝子を適正に書き換えることができたら、そのシステムを他の植物に組み込むために、根からまた出ていく。そのウィルスは、他領域からやってきた時も遺伝子書き換えの機能を有していたが、この次元で植物によってバージョンアップされ、さらに進化したウィルスとなる。そのウィルスの役目は、生き物を進化させること。成長や進化しない植物はある時代が終われば淘汰される。また、遺伝子書き換えのできないウィルスも淘汰される。ウィルスの機能改善のための植物はこれだけだ。

地上では、ウィルスが宇宙からやってきて生き物に感染する。これらは、基本的に人間だけに感染するウィルスもあれば、動物だけに感染するものもある。この植物で創られたウィルスは、地上では植物だけに根を通して感染する。

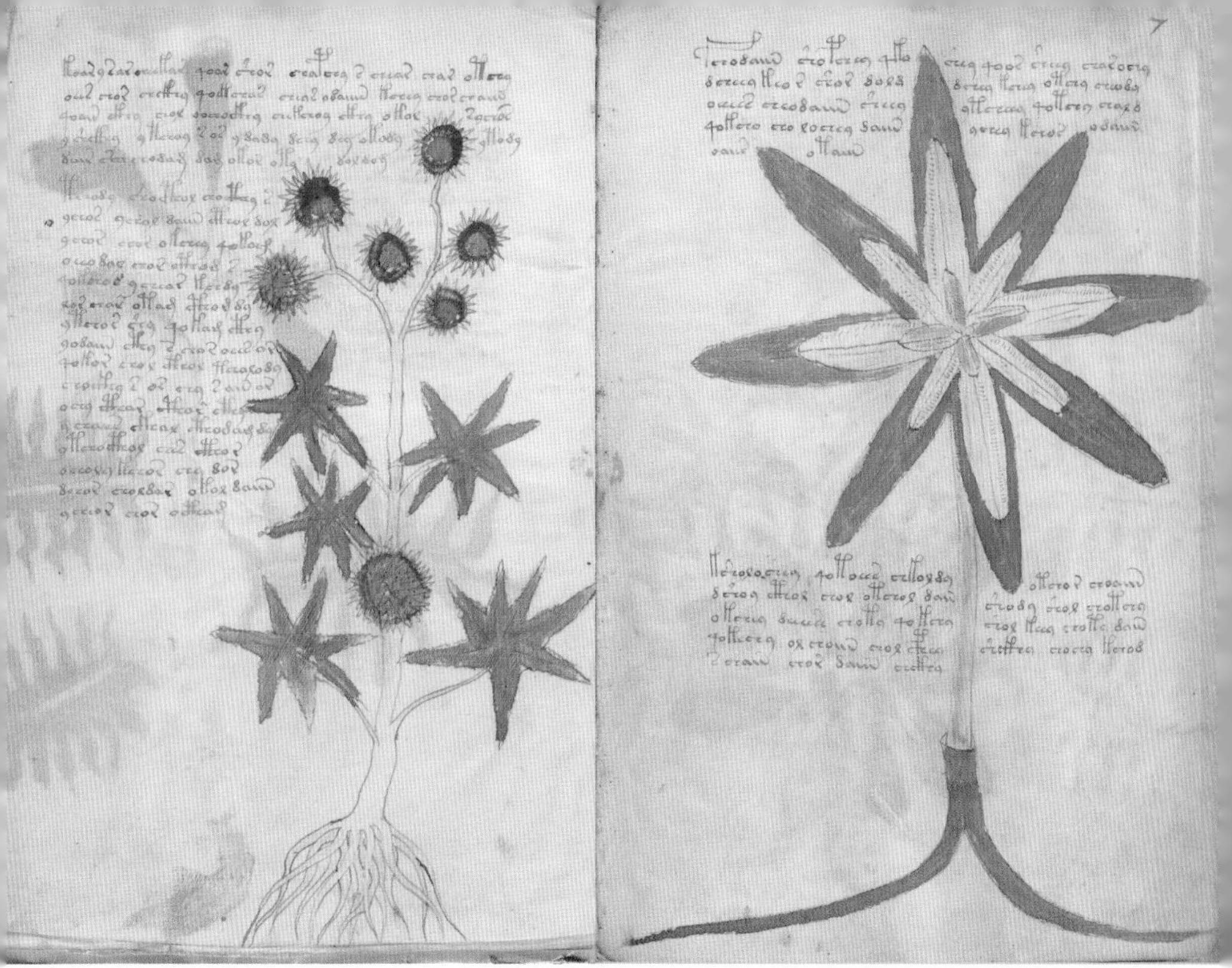

ウィルスによる遺伝子書き換え能力

右の植物は、左の葉を拡大したものだ。違って見えるだろうが、この葉は、七枚からできているものと八枚からできているものがある。この葉は、ウィルスの機能改善装置だ。花から入ったウィルスは、葉の外側の緑の部分に溜まる。そして、少しずつ緑の内側にある白い部分に送られる。ここで、ウィルスは不必要な部分が削ぎ落とされる。次に、内側の十字の葉の部分に行く。ここで遺伝子書き換え能力が強化される。

次に双葉のところに行く。ここでは、このウィルスの形が創られる。ここで完成したウィルスは、茎を通って降りていく。根があるのは、挿し木したからだ。この植物は地球には存在しない。別の星に送られる。

この植物の動きは、外側の葉が時計回

り、内側の白い部分は、この外側の葉と一体だ。その内側にある4つの葉は反時計回り。内側の双葉は、同じように反時計回り。回るスピードは皆ゆっくりだ。

次に行く。

皮膚呼吸

左の植物は、全ての葉が一律に閉じたり開いたりしている。7次元で創られた生き物に、皮膚呼吸の機能をもたらす植物だ。人間やその他の生き物の皮膚を、その星に合ったものに改善する。全ての葉にある「点」は毛穴だ。花のような部分も葉も機能は同じ。

この植物は根、葉、花、また実のように見える部分に分かれているが、これはこの植物が成長、繁殖するためにできたもので、機能は全て同じだ。この植物の葉液に浴することで、皮膚呼吸の機能が創られる。ヒューマノイドは皮膚呼吸ができない。人間にするためには、必要な植物だ。

利尿作用のシステム

右の植物は、葉から汁のようなものがポタポタ落ちている。それが茎を伝って根へと流れ、根の先

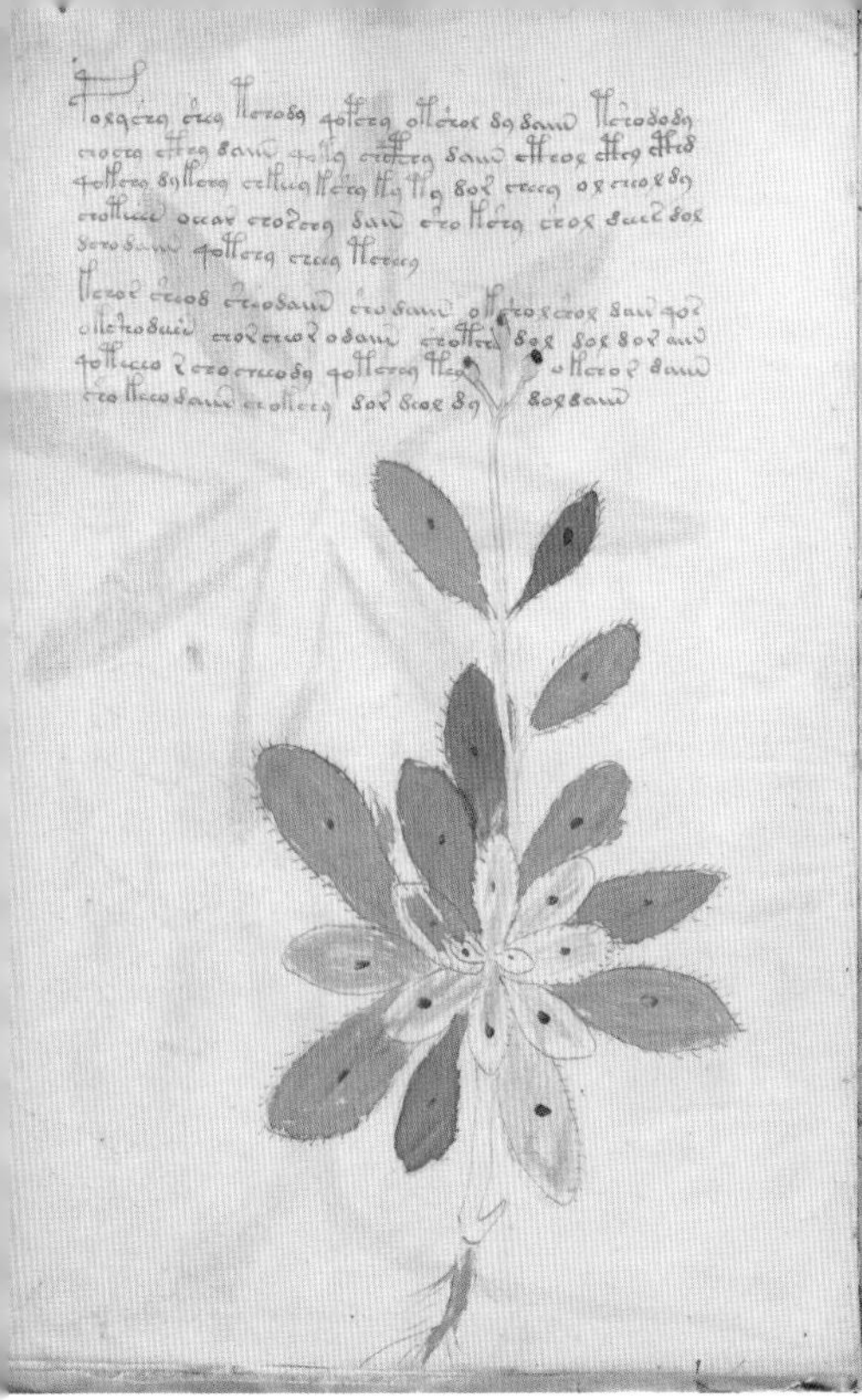

皮膚呼吸

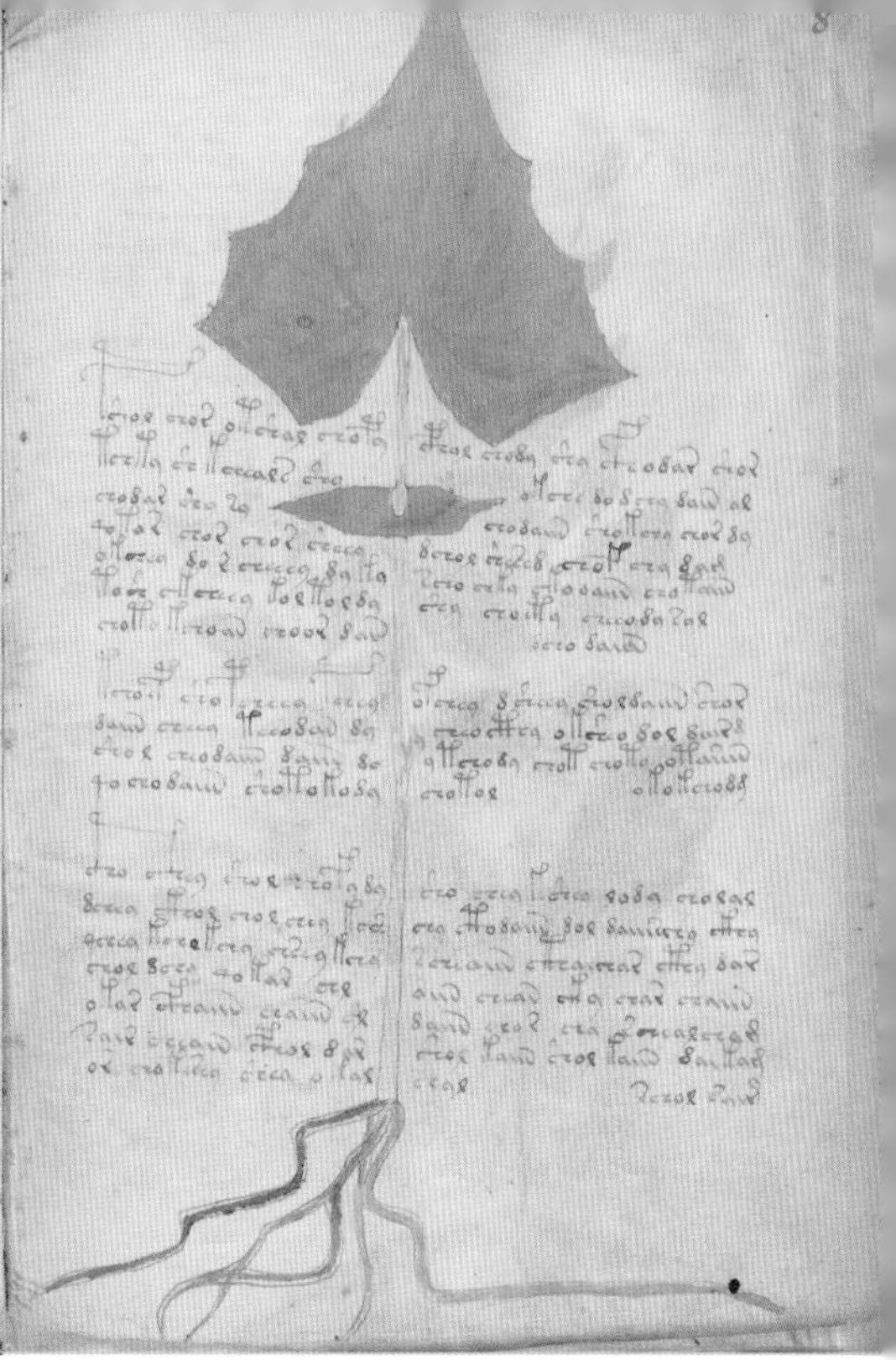

利尿作用のシステム

端から出ていく。汁は植物の成分だ。7次元の空間にあるさまざまな粒子から、成分として必要な粒子を葉で集める。この成分は、利尿作用を促す機能だ。人間や動物の利尿作用のシステムを創っている。成分は窒素に似たもので、ここの次元のものだ。

この次元の空間にある粒子は、さまざまな元素のエネルギー、意識の波動に満ちている。その中から、人間や動物に必要な利尿作用をもたらす成分だけを葉で集め、下の葉でろ過し、根へと送っている。

上の葉は前後に揺れ、その下にある葉のようなものは、たまに茎に密着するように閉じる。この動きは、下の方へと、ろ過して流す動きを促進させる。根は、一本が動けば、次の一本が動く。

次に行く。

幹細胞へのシグナル

左の植物は、受精卵が細胞分裂する時に、幹細胞になるようシグナルを発する。その働きを持つ成分を花のような部分から発している。分裂が始まり、幹細胞になるべき時が来たら、遺伝子に埋め込まれたシグナルが鳴り出す。全ての細胞には意識がある。細胞を創り、生体システムを創り、働き、寿命が来たら消えるという全てのプロセスに意識が関わっている。何をすべきかを知っている。

ヒューマノイドには幹細胞がない。胎児として生まれるのではないので必要ない。細胞分裂でできたが、幹細胞に代わるプログラムが施された。しかし、人間には幹細胞が必要だ。

この次元にいる高次の存在から元素の粒子まで、全てに意識がある。ひとつの意識はひとつの目的を持つと考えてもよいだろう。

この次元で創られた植物は、空間に浮かんでいるものもあれば、粒子の水槽のようなものに根を浸けているものもある。根は自ら水槽を探して入る。水槽にもいろいろある。この植物は自身に必要な槽を見つけて入りにいく。入っているうちに、槽内の粒子は、その植物に合ったものに変化する。この植物は、根から吸い上げられた粒子を葉へ送る。そして、葉はゆらゆら動き、上がってきた粒子を活性化させる。そして、花から発される。

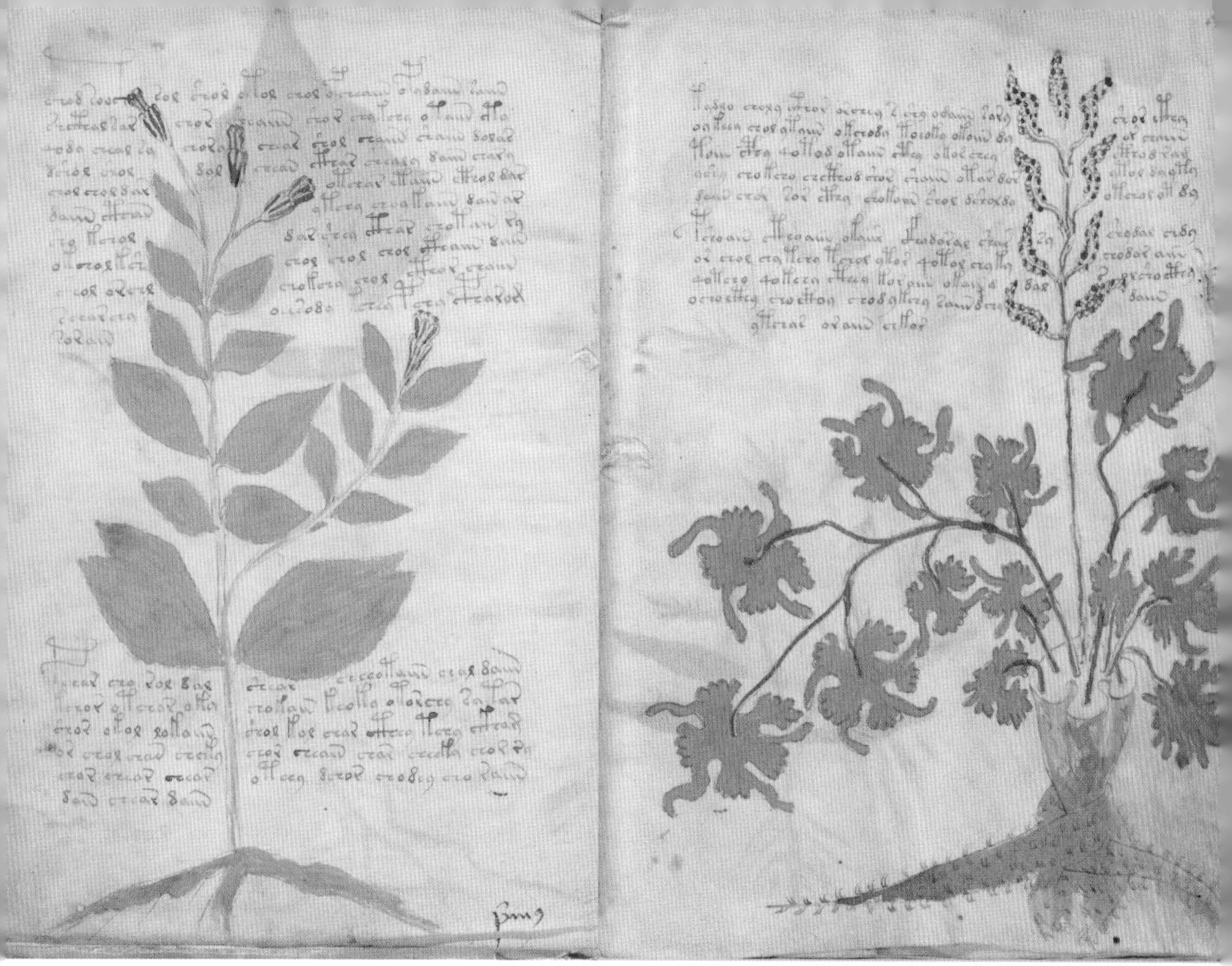

幹細胞へのシグナル

心臓のポンプ

心臓のポンプ

右の植物の役目はポンプだ。交叉している二つの根が本体をきつく締めつけたり弛めたりして、粒子を葉や花に送り、成長させている。これは人間や動物の心臓のシステムの原型だ。

その粒子は根にある髭のような部分から入ってくる。この粒子は人間及び動物の血液の元になる。茎が赤いのは赤血球のようなもの。花のような部分にある赤い点は血小板のようなものだ。血液は他領域で創られる。

根の太いところに入ってきた粒子は赤血球と血小板に変わる。葉は弁のようなもので、根のポンプが鼓動するたびに葉を開いたり閉じたりする。この葉がそのまま心臓の弁になるのではなく、ポンプと弁との相互運動を正常に行う機能を創っている。

次に行く。

毛

左の植物を説明する。

静かに揺れるこの植物は、毛の構造の元を創る。葉はキューティクルにあたる。茎は柔らかいタンパク質で芯になる層だ。メデュラと呼ばれている。花はメデュラの周りにある層、コルテックスと呼ばれる部分だ。毛根は別に創られる。根は、これらを創る粒子を空間から選別して吸収する。その粒子が上昇し、下葉へ、葉へ、茎へ、そして花になる部分へ送っている。実際の毛が創られるプロセスと似ている。

眼球

右の植物は眼球を創造するシステムを創っている。花のような部分の真ん中がレンズの核にあたる。青い花弁が虹彩になる。根の先にある赤い楕円の部分は、二つある視神経につながり、脳の視覚野の

毛

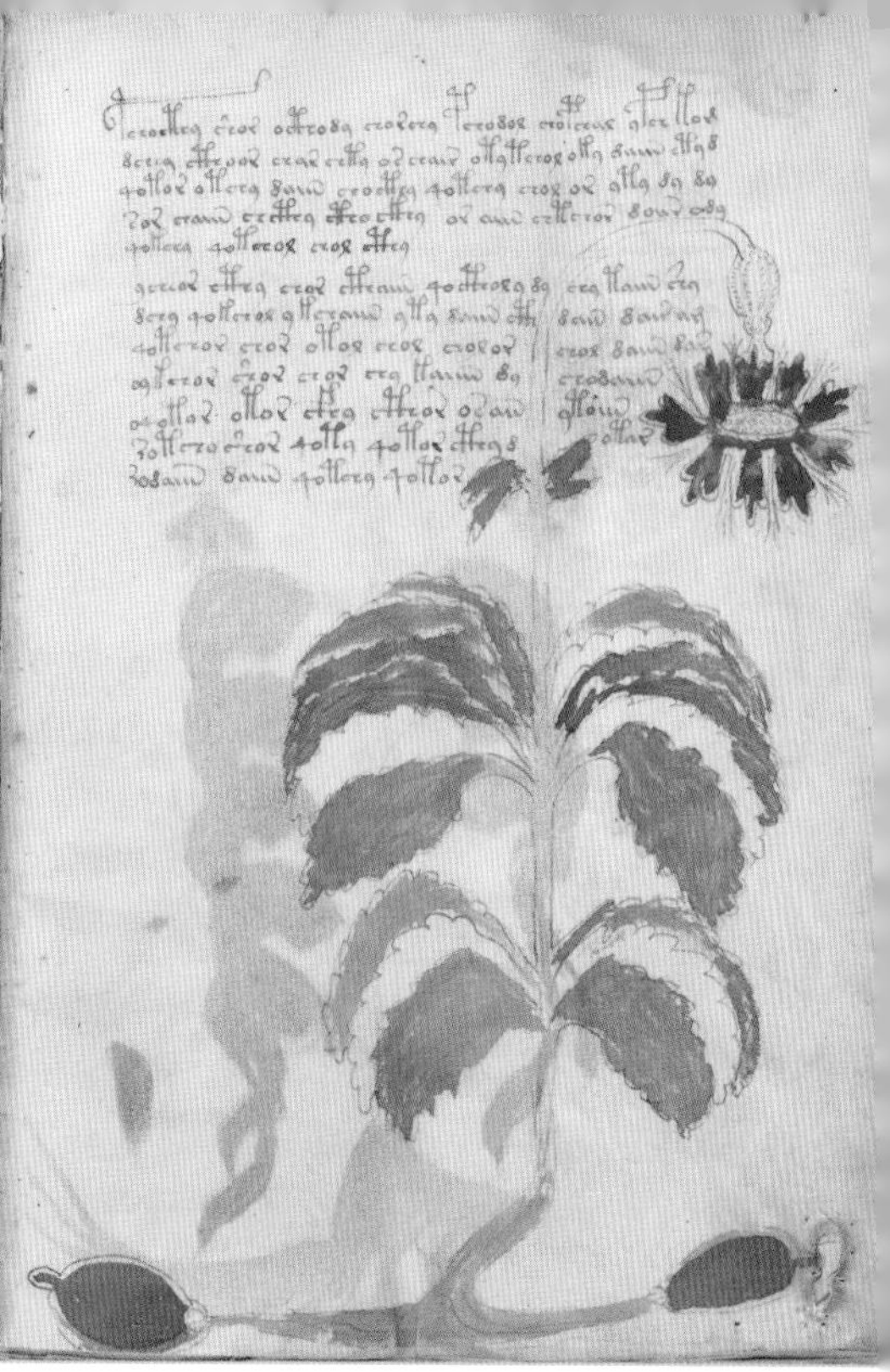

眼球

入り口の働きをする。この楕円の先に出ている部分はセンサーだ。何かを見ようという意識が働くと、このセンサーが察知する仕組みだ。

この植物は、センサーで察知したものを見るために眼球が動き、そこへ焦点が合う。葉は花の部分が常に潤った状態に保つための粒子を茎から送る。花の子房のように見えるふくらみは、その粒子が溜っている。

次に行く。

背骨のエネルギーライン

左の植物は、根が仙骨、そして脊柱と肋骨から首、そして、花のような部分は脳へとつながる仕組みだ。これは、肉体の骨ではなく骨を流れるエネルギーラインを形成している。

二つの花の部分は、右脳と左脳に行く。ここを流れるエネルギーは「気」と呼ばれるものだ。根の先から肉体にとって必要な気を取り込むように創られている。

この根は、エネルギーラインを機能させるために、莫大な「水」のエネルギーを必要とする。四大元素の「水」だ。実際に仙骨は、体内の「水」のエネルギーが枯渇すると、肉体にとって必要なエネルギーが入りにくくなる。そうなると老化が始まる。

この植物は、根で歩き回る。

脳

右の絵に行く。

これは脳だ。この植物が脳の組織を創る。青い花の部分は、脳がまんべんなく活性化している状態を表している。今の人間の脳は偏りがある。下にある二つの緑の葉のようなものは、小脳の機能を創り出す部分だ。また、三つの茎の両側二つは、神経の束に、中央は延髄になる働きをするところだ。

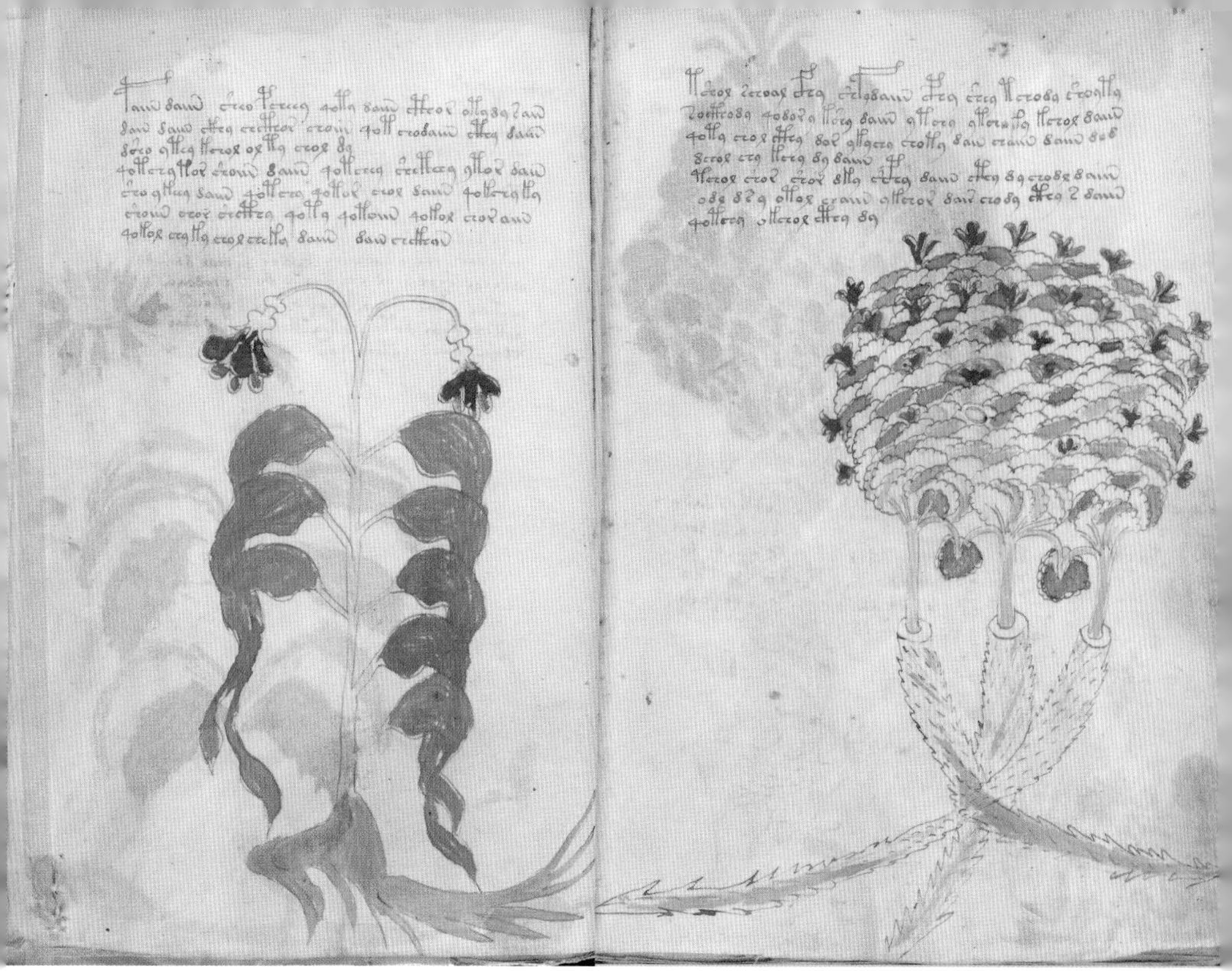

背骨のエネルギーライン　　脳

次へ行く。

骨盤

左の植物は、骨盤といわれる寛骨《かんこつ》を創るシステムだ。大きな丸い部分の中は、骨の内部の海綿質を創るシステムが備わっている。寛骨は骨盤の中でも最もエネルギーを溜める部分だ。仙腸関節を介して行われる。人間が歩くことで骨盤が回転し、仙腸関節を通って生命エネルギーを蓄える。よって、この植物の根にあたる部分は、常にくねくねと動いたり、時には飛んだりして、上部にエネルギーを送っている。上の青い花弁のようなものから、定期的に粒子が噴出する。肉体ではその噴出したエネルギーが身体中に廻る。

大腸

じっとして動かない右の植物は、大腸のシステムだ。根から上に行くにつれて、大腸の内部の働きとなる。茶色の根は、大腸の外側。その上に出ているパイプのようなものは、粘膜の組織。その粘膜から出ている茎のようなものは、リンパや血管につながるところだ。葉は、特定の臓器へ、上にある花のような部分は、肺へとエネルギー的につながる。これは気が流れる管だ。

次に行く。

骨盤

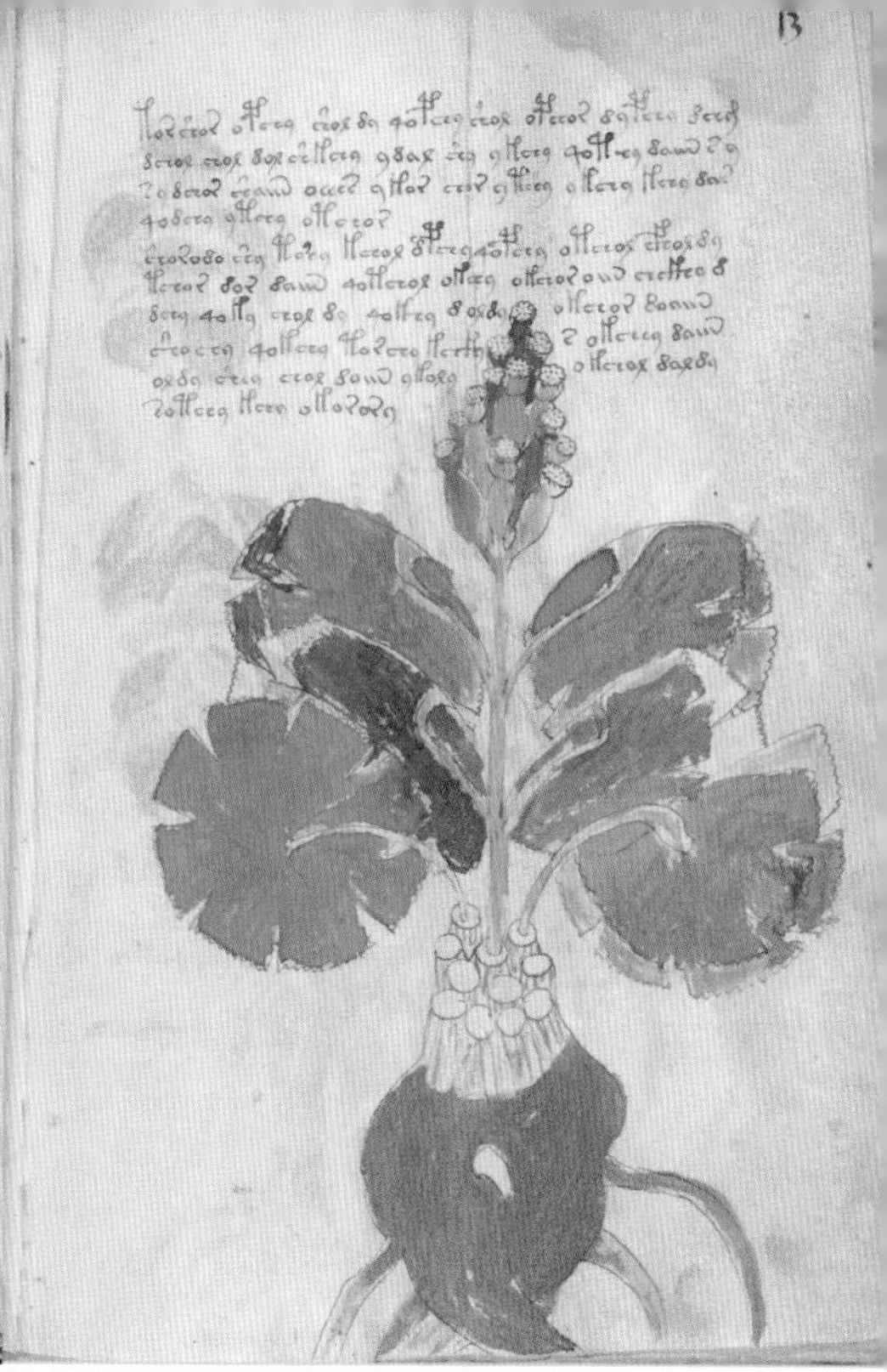

大腸

腎臓

左の植物を説明する。人間も動物も先天的な生命エネルギーを腎臓に蓄えて生まれてくる。この植物は、主に腎臓の働きを創っている。臓器ではなくシステムだ。

まず、根から二つの茎が出ている。右の茎には、二つの楕円のようなものがある。下の部分は酸素量や血圧など、体内管理をするシステムだ。ここはそのシステムを安定的に維持するためにゆっくり回転している。上の部分は、生命力の元である熱源になる場所だ。そのためこれは速い速度で回転している。

左の茎にある楕円は、水分が体内を廻るシステムだ。根は、それらを創る粒子を取り込んだり、上部で創られた粒子を下ろして根から発散させたりする。

発声

右の絵だ。

この植物は、声を発する機能を創る。根から上へ伸びた二つの管は、片方が食道、もう一方が気管につながる。根の先にある突起はセンサーで、二つが触れる時もあれば、離れる時もある。どのような時につながるのか。それはその人間が本音を伝える時だ。

その時、一方の食道につながる突起は、肚《はら》で感じていることを感知し、それをもう一方の気管の突

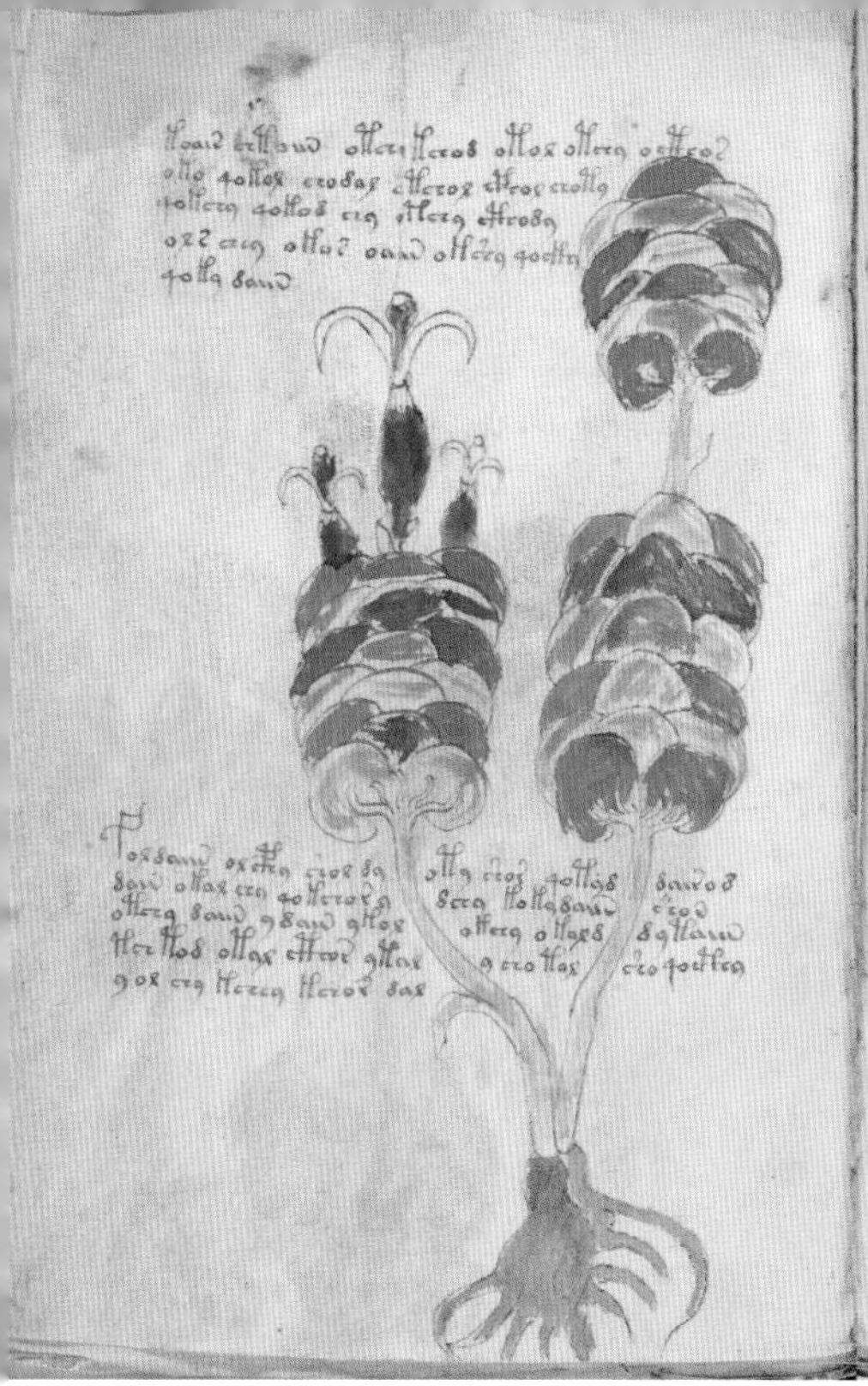
腎臓

発声

起に伝える。そして、両方の波動は上の方へ伝わる。そして肉体では、発声や言葉となる。それが花となる言葉か、花の咲かない言葉かは、その人間の意識による。

本音を隠そうとするエゴからの言葉、左脳からの言葉を発する時は、根の二つの突起部分は離れる。

肚からの言葉には、魂からの言葉とエゴの本音から出る言葉がある。どちらも突起はつながる。口先だけの言葉は突起が離れる。肚からの声にはならない。葉の部分は、神経につながる増幅装置だ。

次に行く。

肺

左の植物は肺の機能を創る。気管が茎だ。根は起き上がって何かを見たり、横になったりしている。それは頭部とつながる管だ。葉にある楕円のものは肺胞で、くるりと巻いたり伸びたりしている。真ん中の楕円は神経とつながり、情報交換をする。この情報によりストレス状態とリラックス状態では呼吸に変化が起こる。

卵巣

右は卵巣だ。花が咲くと排卵が起こる。葉の部分は一律にゆっくり動いている。葉は卵管だ。それぞれの葉が受精卵に「細胞を分裂させよ」というメッセージを送る。

そして、根元にある赤い部分は子宮だ。根を通じて子宮に神経や血管が創られ、成長に必要なメッセージ、血液、ホルモンなどが送られるようになる。

受精卵の16分割までは、どの肉体も同じメッセージだ。

次に行く。

肺

卵巣

自律神経

左の植物の花の部分から二つ出ているのは、自律神経の交感神経と副交感神経を創り出すところだ。くねくねと動いている。他の神経は別の植物が創る。根の部分は、先端から神経組織になる粒子が吸収され、この中で電磁気を帯びて上昇する。葉は電気信号の発信、受信の精度を高めるために活性化させている。葉は一枚ずつ上下に揺れる。

体内電気

右の植物は、神経伝達の元になる体内の電気を生み出す仕組みを創っている。全体的に震えているように見える。花のような五つの部分は、一番上が頭部、その下が腕、そして脚だ。

根は、7次元の空間にある電気を吸収している。その中から生成に必要な電気を茎から葉へと吸着させせ、花のような部分へと送る。そのプロセスで、根から昇って来た電気はパワーを増す。

次に行く。

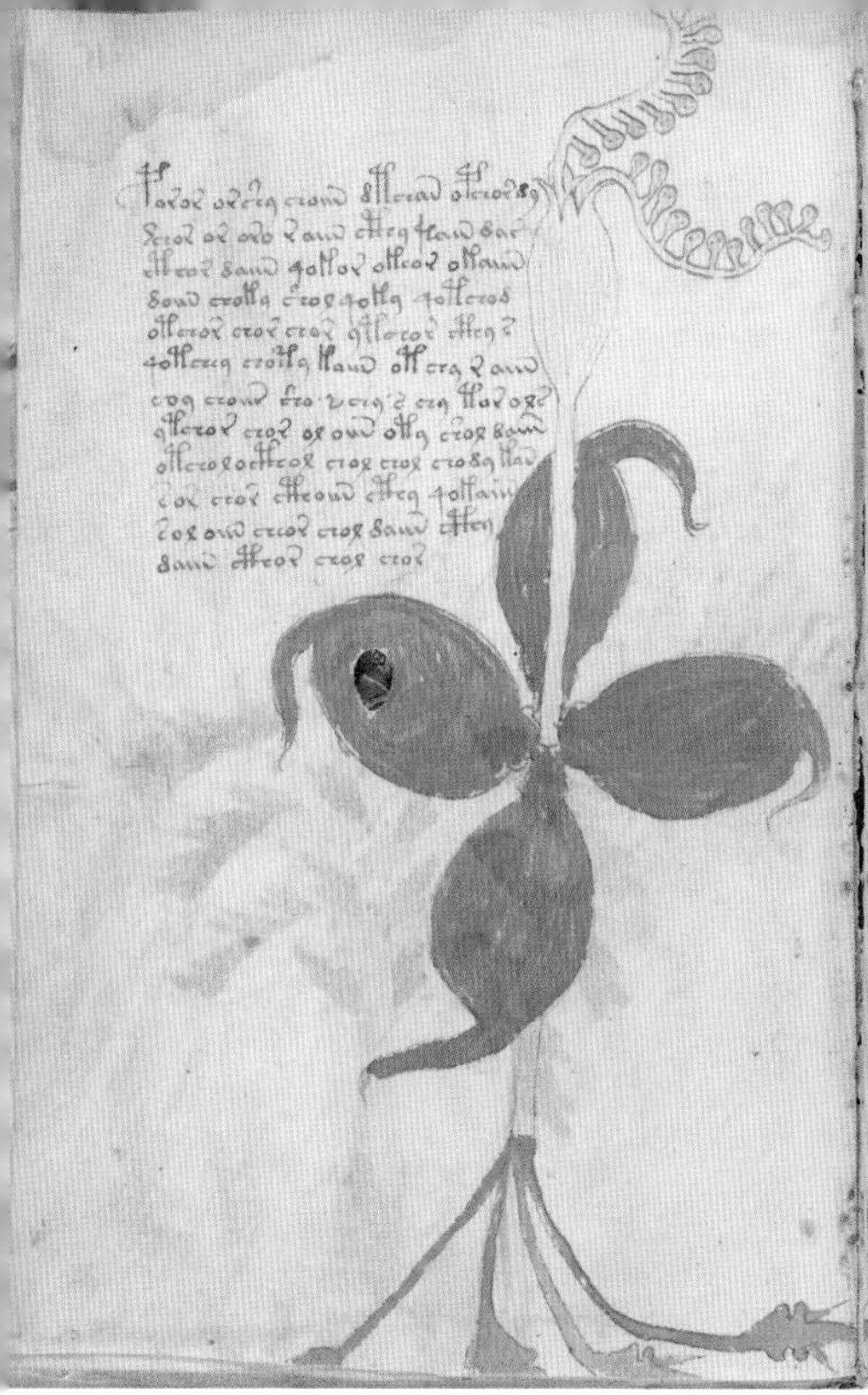

自律神経

体内電気

五体

左は、動物や人間の身体を創造する植物だ。ヒューマノイドも肉体を持っているが、人間創造には新たな肉体を創った。人間の肉体は強くて複雑だ。ヒューマノイドの肉体は、人間の身体の機能を維持することができない。

花は頭部と四肢だ。根から吸収した粒子は、頭部と四肢に振り分けられて、それぞれの意識がプログラムされる。四肢には丸い形で粒子が入る。色が赤いのは、活動のための「火」のエネルギーになるからだ。

下肢になる部分が根からそのまま生えているのは、肉体を持った時に必要なグラウンディングのパワーが独自に入るようにするためだ。

頭部には、液体のようなエネルギーが入る。青く色付けされているのは、「水」のエネルギーだ。頭部になる花の真ん中にあるのは、脳幹になる部分だ。この花は、人間が首を回すように動く。白い四つの花弁のようなものは、左脳、右脳、二対の側頭葉になる部分。

この植物の四肢は、一斉に上下左右によく動く。

膵臓

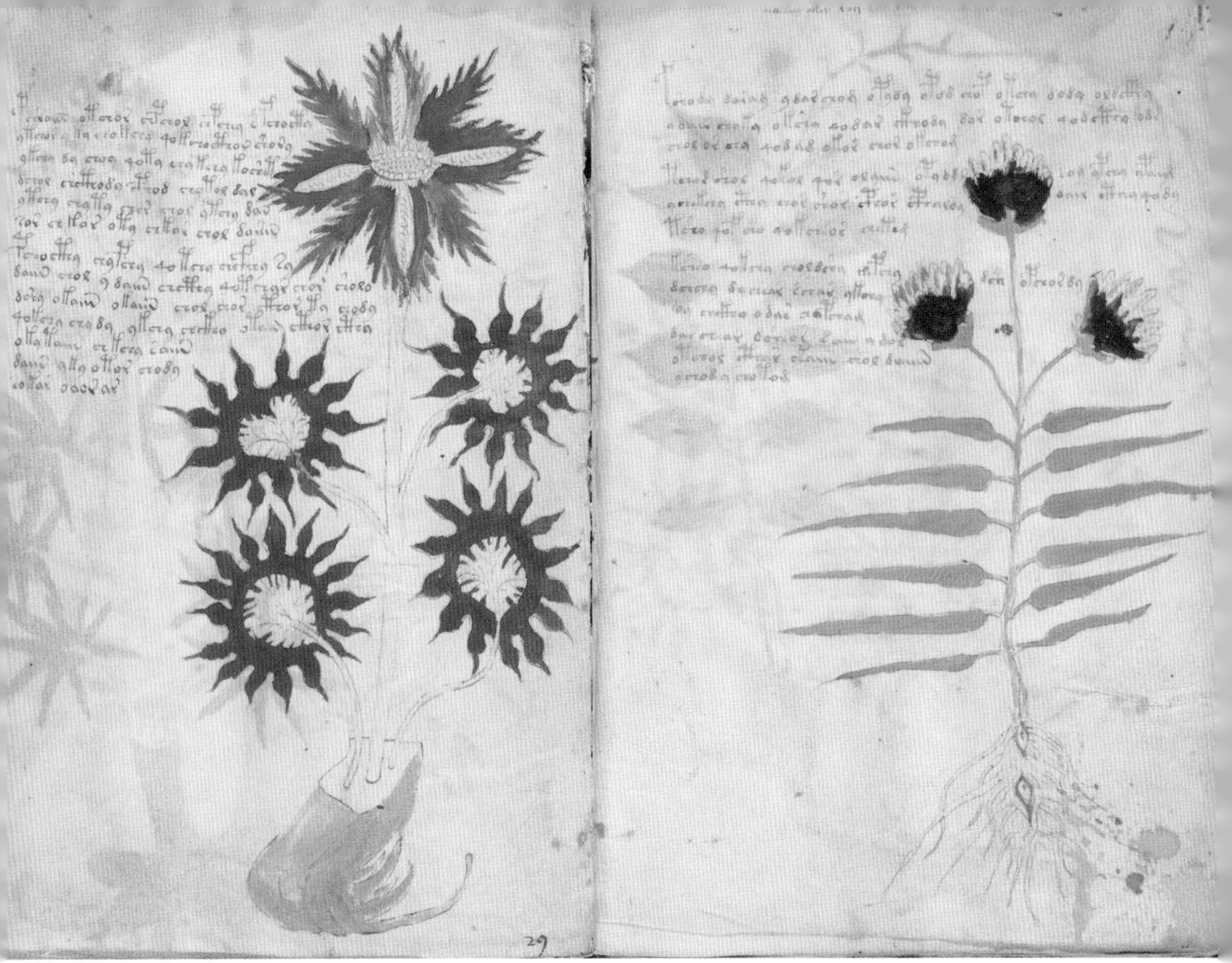

五体　　膵臓

右は膵臓の機能をシステム化する植物だ。葉につながる軸は主膵管。花の部分は、分泌物を出す部分。この植物はたまに葉が揺れるくらいで静かだ。

根は、十二指腸につながる。花の部分で創られた分泌物は根の方へ行く。根の赤い部分は、消化酵素になる膵液。各根からは分泌物が放出される。

次に行く。

小腸

左は小腸のシステムを創る植物だ。根の部分に十二指腸から送られた食物が入ってくる。根は下から順に膨らんではしぼむという動きをしている。三つのこぶは消化の「化」にあたる部分だ。ここで細かくなった食物を肉体に必要な栄養素に変化させる。茎の部分にある葉は小腸の内壁にある絨毛《じゅうもう》にあたる。それより先の花の部分は、将来、免疫細胞になる部分だ。

胸腺の免疫細胞

右は胸腺の免疫システムの細胞を創る植物だ。
免疫細胞がひとつでき上がると、ひとつの花が開く。それを創り出す粒子を根から吸収し、葉で変化、調整して、できた粒子を花となるつぼみに送る。これも静かな植物だ。

次に行く。

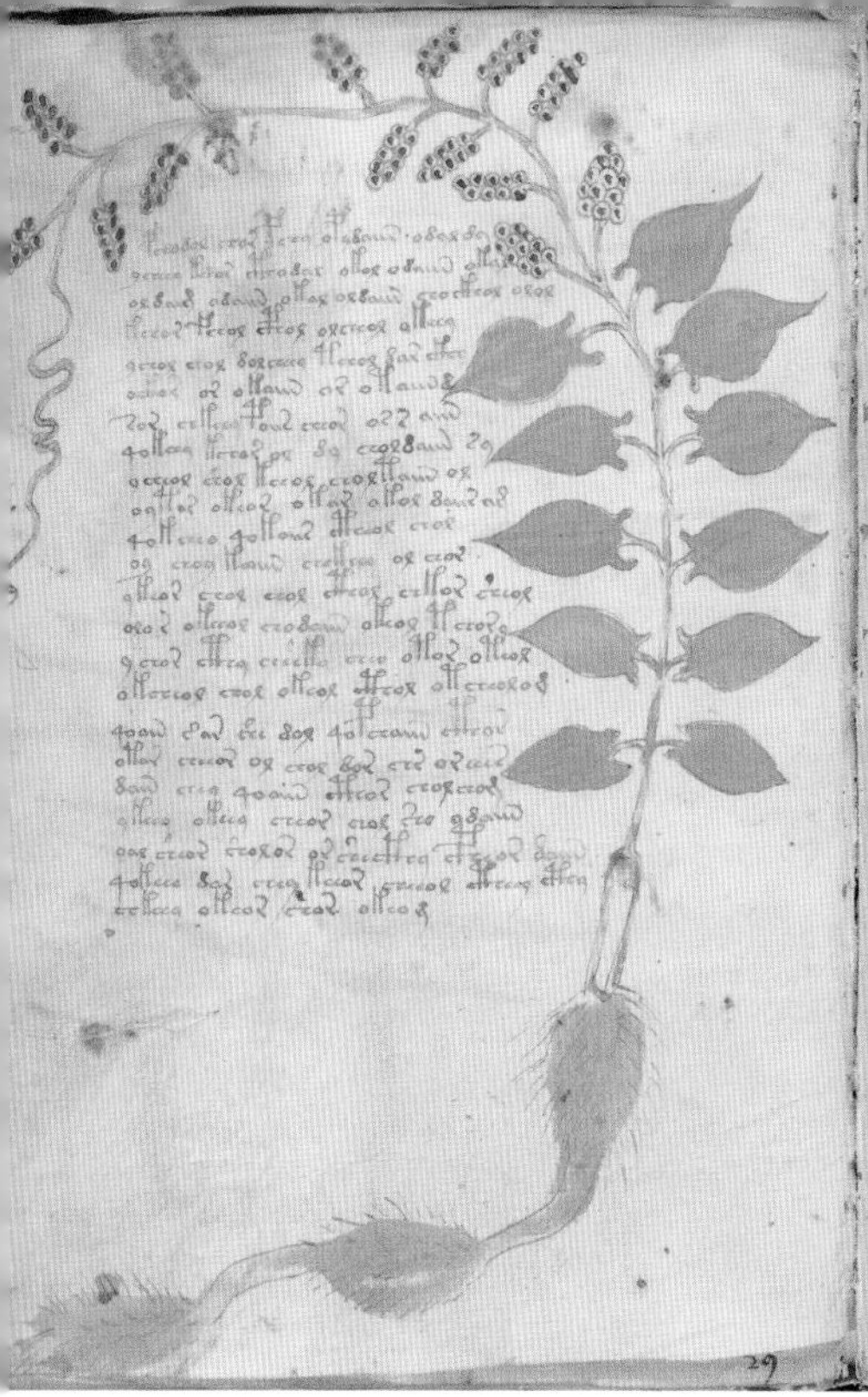

小腸

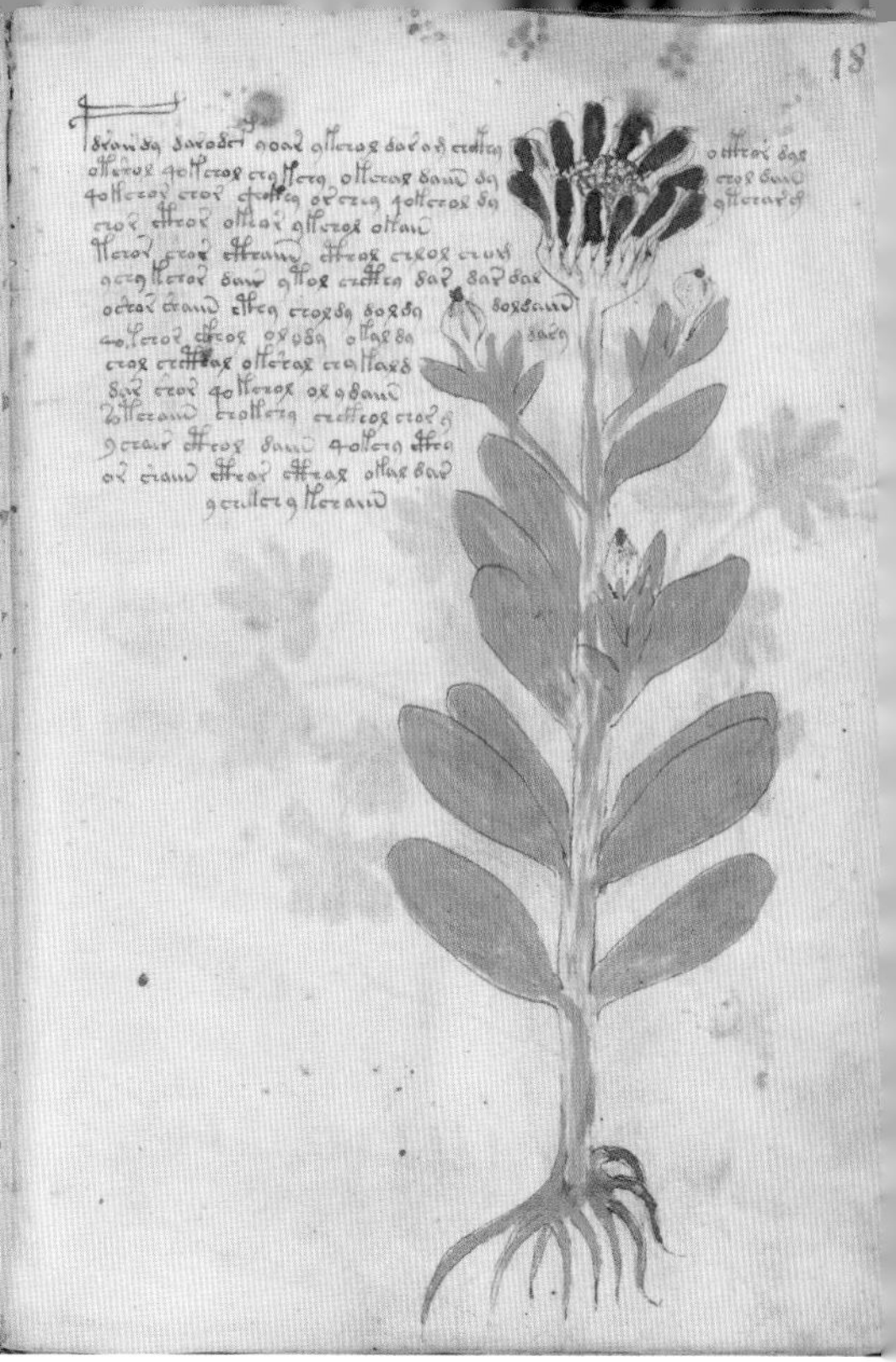

胸腺の免疫細胞

骨の細胞

左は骨の細胞を創る植物だ。

ひとつの花が一細胞。赤い部分は、将来骨髄になる部分だ。これは、ひとつの植物からひとつの花しかできない。根がよく動く。ムカデが動くように移動する。その移動するという動きで、根からの粒子を上昇させる。肉体の骨になるためには、多くのこの植物を必要とする。

人間や動物の骨髄には、赤色と黄色の部分がある。年を取ると赤色が減ってくると言われているが、本来は変わらないように創られた。減っていくように創ってはいない。

人間は、物質世界に生きることで老化という変化が起きる。ただし、個人の意識で老化が早まる者とそうでない者がいる。老化はコントロールできる。

筋肉、腱、筋の細胞

右の植物を説明する。これは、三つの植物から成る。根の部分と大きな羽のような葉の部分と花だ。その目的は、筋肉、腱、筋の細胞を創ること。上の花の下にある6つの花が、筋肉細胞の元になる。根には、いくつかの植物から抽出した培養液が入っており、根がそれを活性化している。そこにこの植物は浸かっている。この根は、培養液を創るために作られており、根の部分しかない。この培養液がなければ、細胞を創ることはできない。

骨の細胞

筋肉、腱、筋の細胞

大きな羽のような葉は、この植物が培養液を吸収しやすいように左右に動いて変化させている。花の部分は空間から特定の粒子を吸い取り、細胞になる部分に送っている。

次に行く。

筋膜

左も別の植物の根に上の植物を入れたものだ。筋膜を創る。葉のような部分を支える葉柄《ようへい》の細い部分が筋膜の組織となる。根の部分は、この筋膜組織を創るために作られた。一番上のつぼみのような部分に、別の植物の紺色の実を入れると、その成分を吸い込んで分解し、下へと送る。食べているようなものだ。それはこの植物のエネルギーとなり、筋膜の強靭さとしなやかさが生まれる。根が軽くジャンプしている。ジャンプするたびに、葉の部分が開くように揺れる。それを行うことで、上からの成分が下へとまんべんなく浸透する。

表皮細胞

右は肌の表皮細胞を創る。赤い部分と緑の部分がある。存在たちは、経皮吸収ができているかどうか実験しながら創る。先の方にある青いものは花だ。

花が咲く茎は、表皮細胞として完成していることを表す。

この植物は、根と全ての茎が手のひらを開いたり閉じたりするように動いている。

次に行く。

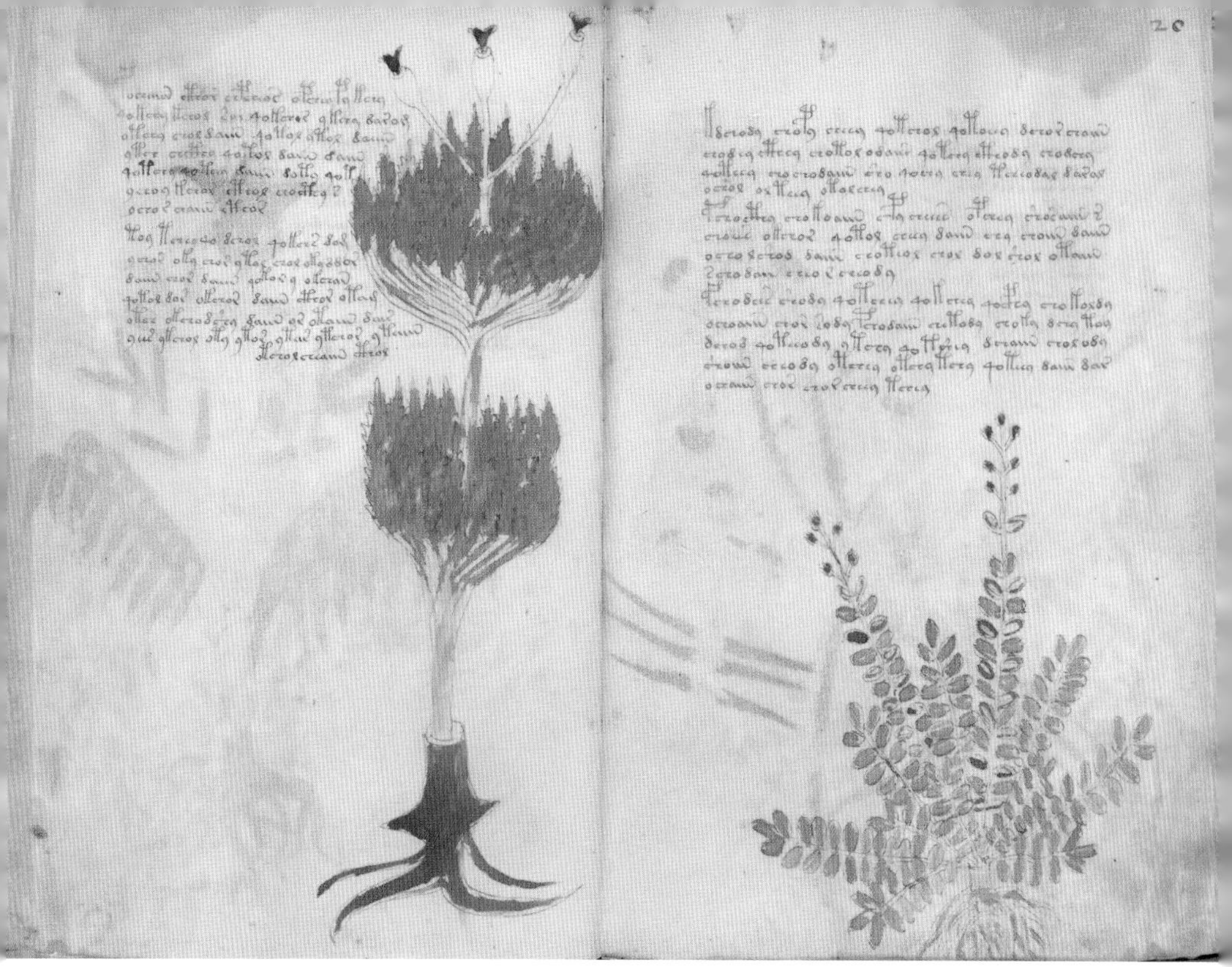

筋膜　　　　表皮細胞

細胞核

左は細胞核を創る植物だ。葉は三枚一組で鳥のように羽ばたいている。花の中心にある青い部分が細胞核だ。ＤＮＡは他の領域で創られ、ここに入れられる。このＤＮＡには遺伝情報がまだ入っていない。書き込まれる前のものだ。ひとつの細胞核がひとつの個体に入る時に遺伝情報が書き込まれ、その後、急速に細胞分裂し、増殖が始まる。細胞分裂が始まるスイッチのシステムもここで創られる。また、最初のＤＮＡはこの次元で生命を創造する存在たちの遺伝情報の中から、人間の肉体と進化に必要なものを抜粋して入れられた。また、ここの存在たちは自分たちのものだけでなく、他のさまざまな存在の遺伝情報を扱える。

肉体を持つ者だけにＤＮＡが存在するのではない。全てのライトボディを持つ存在たちもＤＮＡを有している。

今は多くの人種がいるが、本来五種類の基本人種が創造された。この五種類の人種は、それぞれの特性を活かして進化するように創られた。

肌の色で説明を加える。

例えば、黄色人種は土だ。土と共に生活し、そこから文化を生み出しながら、進化するように創造された。

白色人種は水だ。水と共に生活すること。そして、水を活かし、水の特性から学ぶことで進化するように創造された。最初に地上に降りた人間は白色人種だ。なぜならその頃の地球は水が多かったからだ。

細胞核

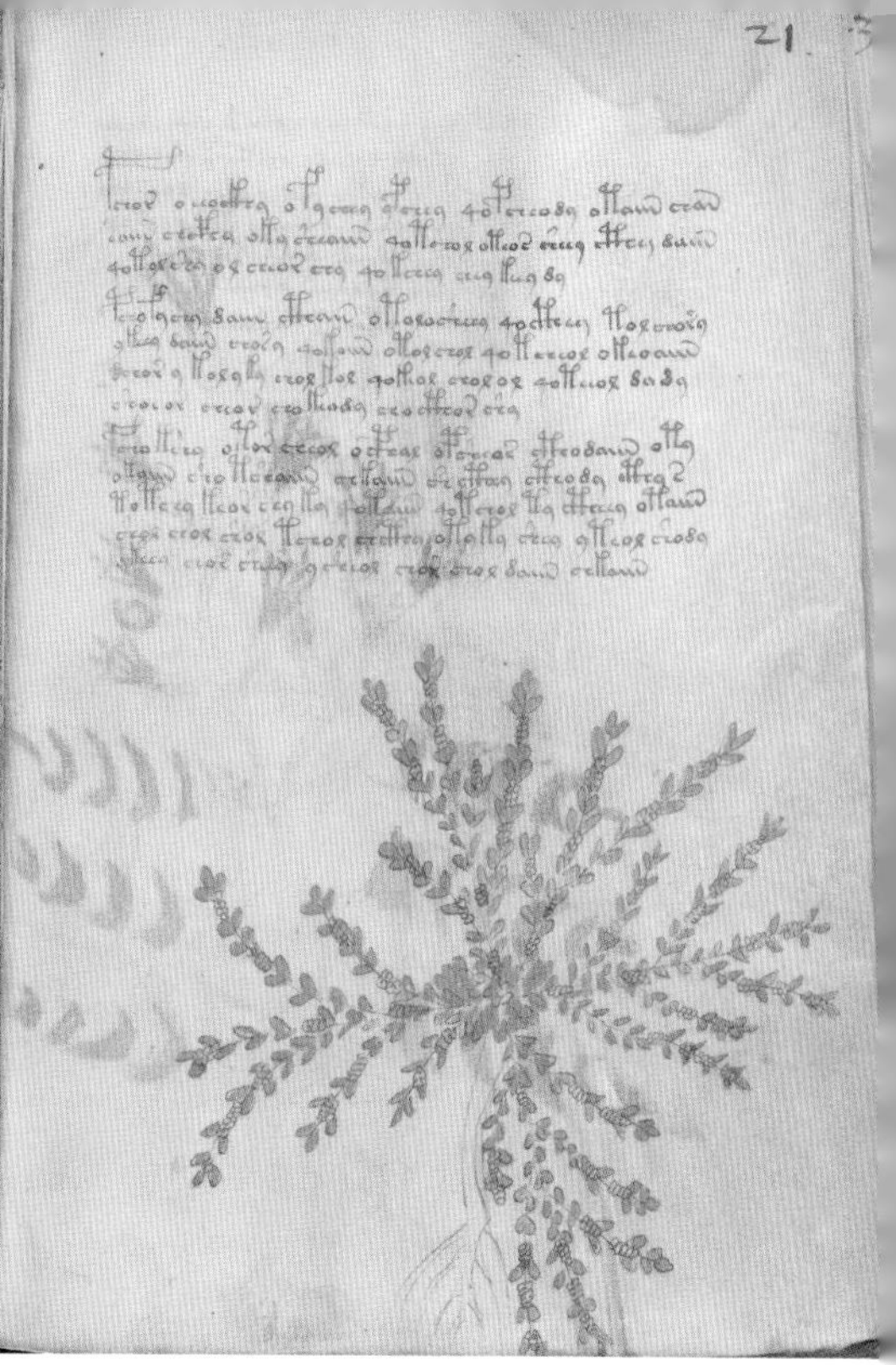

肺胞

黒色人種は、山、大地と炎だ。火と共に生活すること。物質的な火もあれば、魂の火もある。また、火の特性から学ぶことにより進化できるように創造された。また、山や大地からのエネルギーも彼らの進化に必要だった。

あとの二つの基本人種は、風と共に生き、風から学ぶ人種と植物と共に生き、植物から学ぶ人種だ。

今は基本人種の特性だけを持つ人間はいない。歴史の流れの中で混じり合った。哺乳類は、人間のDNAから必要な情報を選んでその後創造された。7次元で創造されたのは人間が最初だが、物質世界の地球では、原始生命の誕生から動物まで、悠久の時を経て進化し続けた。人間はその後、住めるような環境になるまで7次元に置かれた。

肺胞

右（前ページ）は肺胞を創る植物だ。全体が小刻みに揺れている。黄色の粒のところが細胞になる。葉は、粒子を空間から取り込んでいる。そして、この黄色の粒が細胞として生命を保てるように常に送っている。根と葉では、取り込む粒子が違う。この目的を持った植物の意思で分別が行われる。

次に行く。

横隔膜

左の植物は横隔膜の構造を創る。それは、葉の部分だ。緑と白に色が分かれ、アコーディオンのように広がったり縮んだりする。この植物は、花の部分から粒子を取り入れたり、吐き出したりすることで、葉の部分が伸びたり縮んだりして動く。花から呼吸をしているようなものだ。

血管

右の植物は、根が屈伸運動をしている。この植物は、血管の構造を創っている。最初に説明した

横隔膜

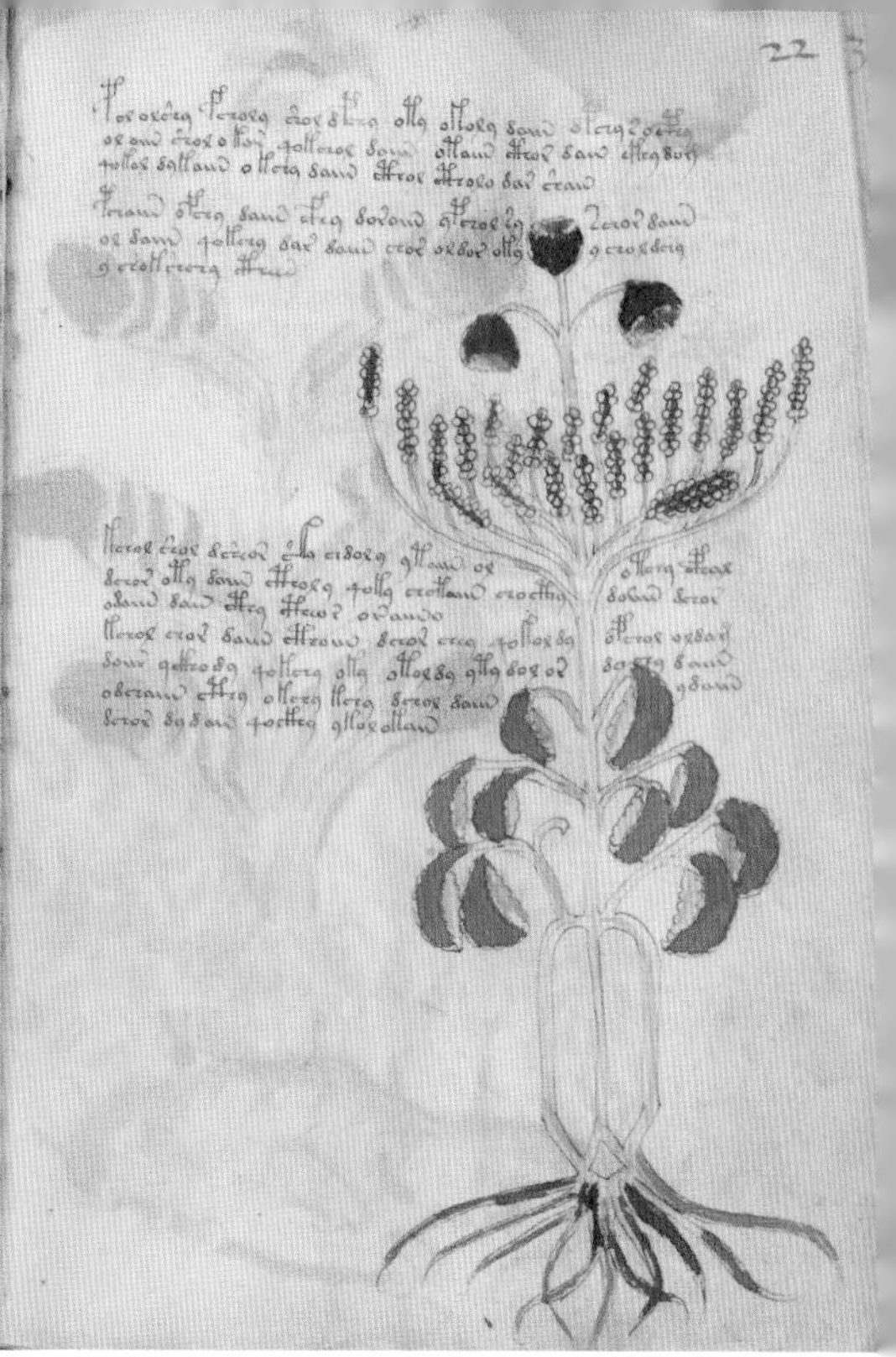

血管

血管を創る実験に使われた植物とは違う。実験で成功したら、この植物で本格的に創られる。

身体に当てはめて考えると、根の部分が心臓。ここから枝分かれして、葉のような部分に粒子が送られる。これらの葉は各臓器と考えてもよい。そして、そこから毛細血管になる。赤い部分だ。上の青い花は静脈にあたる。巡ってきた粒子が花から出ている。ここでは、心臓から動脈へ、各臓器へ、末端へ、そして静脈への流れを作っている。

静脈から心臓へ帰ってきた血液がまた浄化され、動脈へと出ていくシステムはここでは創られていない。

次へ行く。

リンパ小節

左の植物は、リンパ節の中のリンパ小節を創る。それは、緑と白の葉のような部分だ。この根は、下の赤い根と上の白い根を合体させたものだ。赤い部分は血液が流れる血管を創る植物の根で、白い部分はリンパ小節を創る植物の根だ。合体させることで、リンパが流れる構造ができる。

花は、リンパをろ過する中心部分だ。

この植物は根から波打つように上へと伝へ、上の葉や花の部分では小刻みに震えている。

動脈と静脈

右の植物は動脈と静脈の構造だ。葉は各臓器や毛細血管へとつながる部分だ。紺色の花の部分は、両肺にあたる。根は血液のような波動を作って、上へと送り出している。左と右の根はそれぞれ違う波動を生み出している。動脈と静脈で流れる血液の質が違うように、血管の質も違うからだ。ここでそれを具現化して、それぞれの質の血液が流れる仕組みを創っている。

右の揺れが左に伝わるように動いている。太い根の下にあるひげのような根は、交叉したり、前後したりして踊っているようだ。葉は揺れに身を任せている。

次に行く。

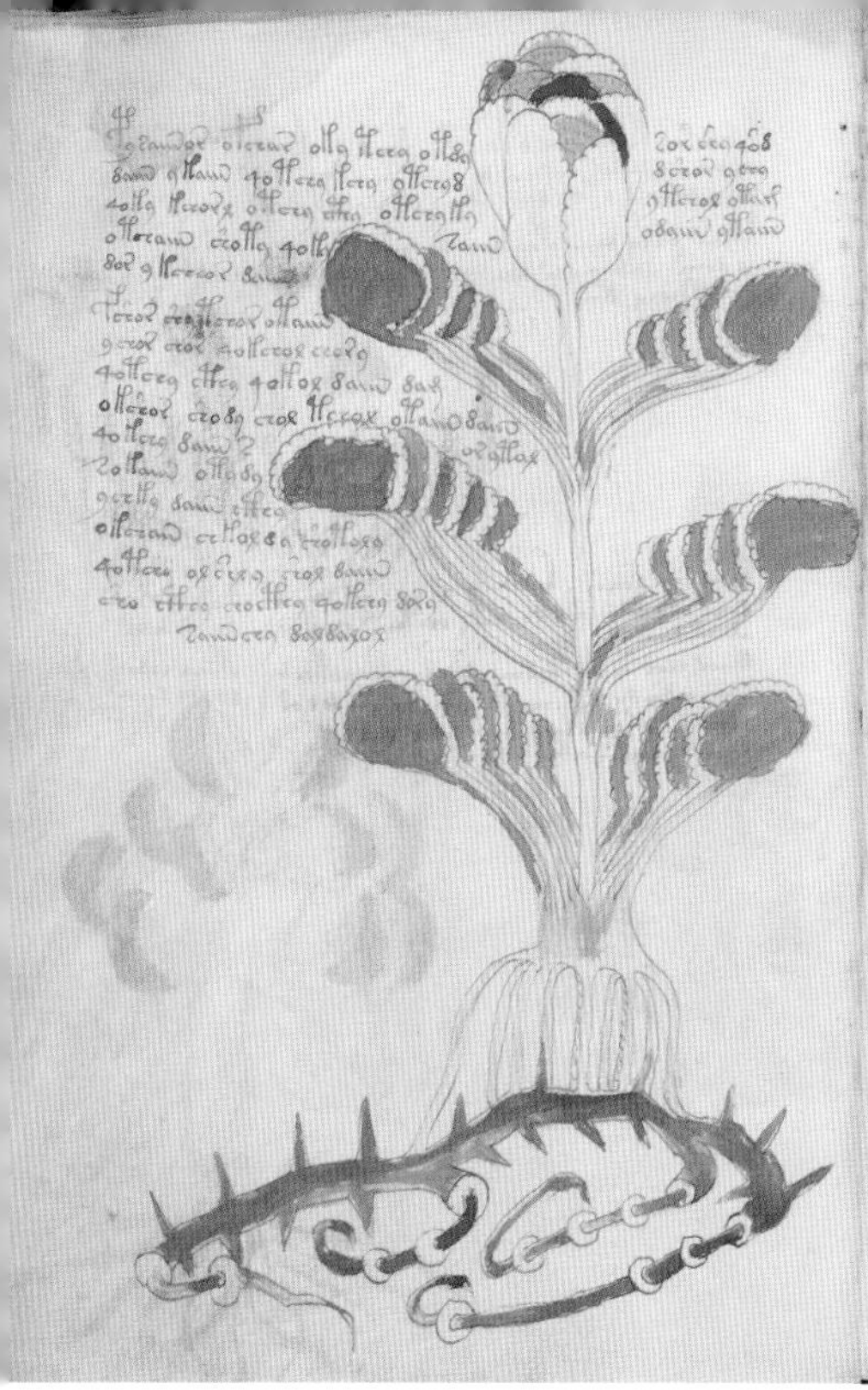

リンパ小節

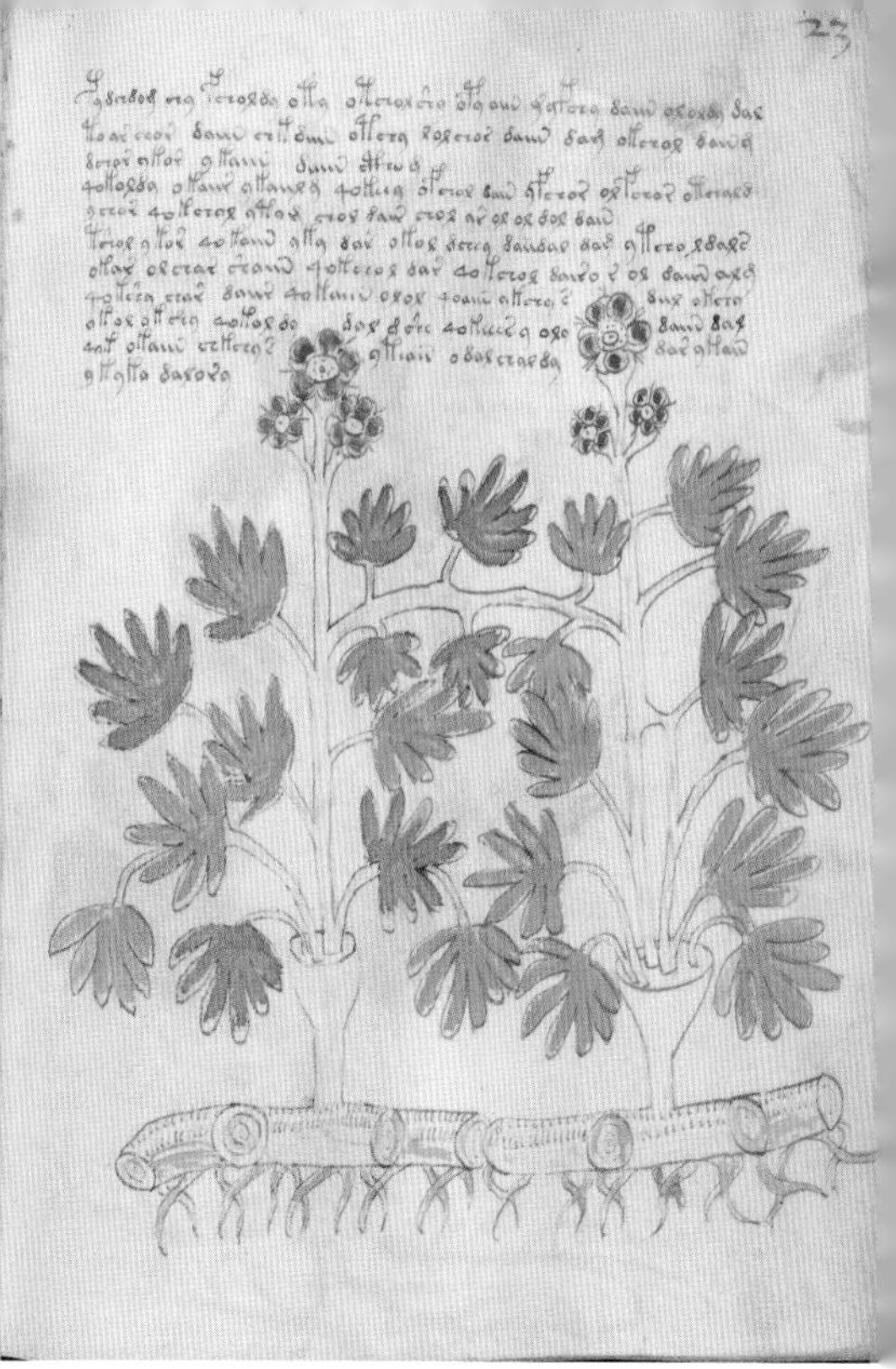

動脈と静脈

脳下垂体と甲状腺

左の植物だ。下方の二つの花のような部分は甲状腺、上のひとつは脳下垂体だ。

ここは、脳下垂体と甲状腺の共同システムを創造している。

花の下に丸い葉が固まった部分がある。根からエネルギーが入ることで、進化や機能の活性化に必要な成分とを混ぜ、融合するための装置ともいえる。もちろん、肉体では、各種ホルモンの精製や伝達も行う。

幾枚もの葉は、一枚一枚が開いたり閉じたりして動いている。

両脚のセンサー

右の植物は両脚にあるセンサーを創る。茎の部分は脚、花の部分は足だ。花弁のような部分にある点はセンサーで、肉体になった時に、身体中の骨、筋肉、臓器などとつながる。足の裏は全ての身体の部分とつながっている。

花の中心は太陽神経叢とつながるセンサーだ。葉の部分は、センサーとして機能するための神経組織であり、経絡でもある。

動きは、花のような部分がまるで足のように上下、左右に動く。根から必要な粒子が吸収され、上昇し、センサーの機能と流れを創っている。

脳下垂体と甲状腺

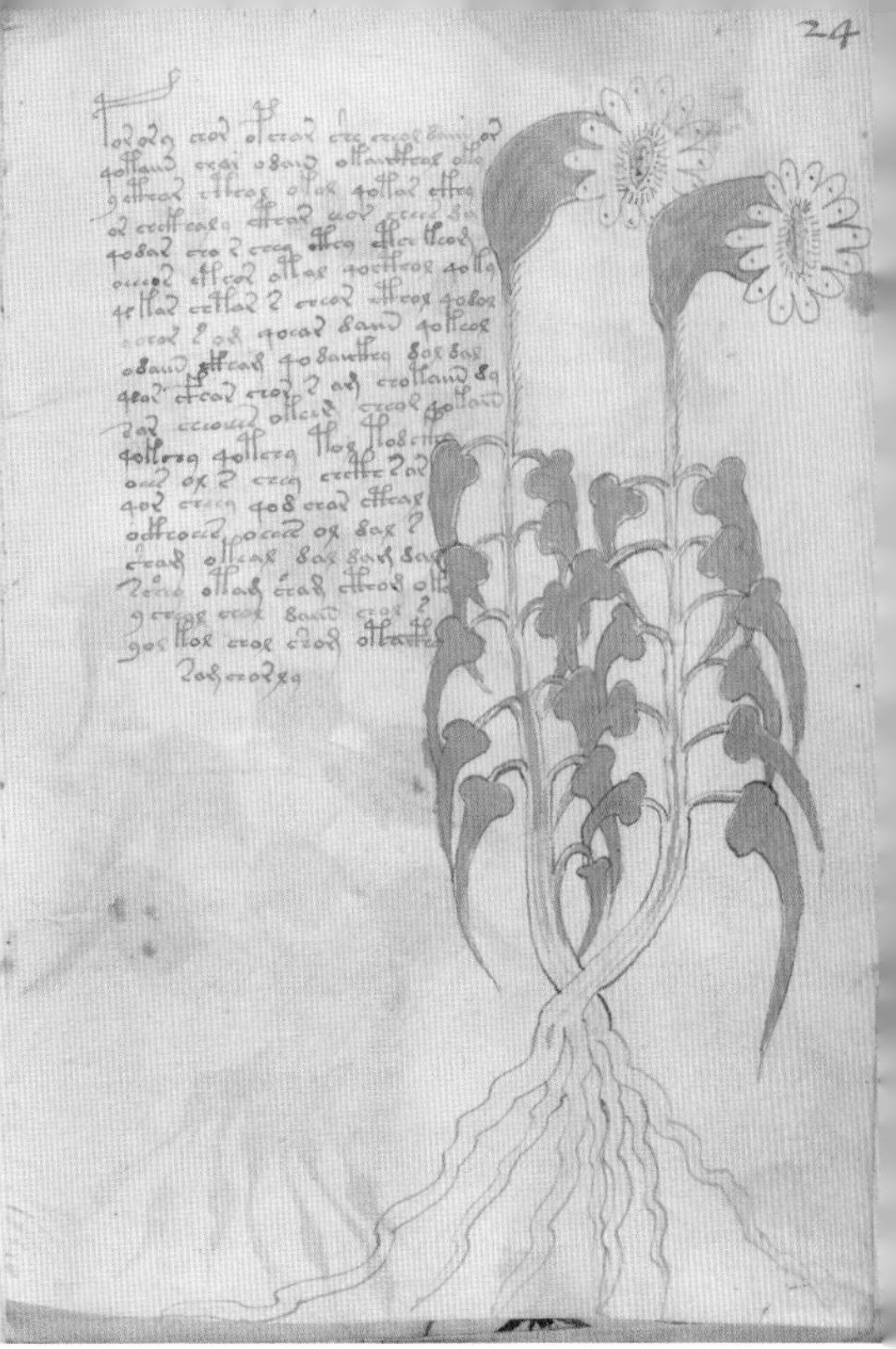

両脚のセンサー

次に行く。

大脳

左の植物は、大脳のシステムを創る。５つの花の部分は、大脳皮質、大脳髄質、大脳辺縁系、大脳基底核、前頭葉だ。９枚の葉は、神経の束である太陽神経叢から神経が各臓器につながる場所だ。この植物は小刻みに動いたり、揺れたりしている。粒子の流れの詳細は省く。

骨の中の海綿体

右の植物は、12対の肋骨だ。根がそれにあたる。茎の部分が脊柱で、葉が取り入れた粒子を茎にある赤い部分に溜める。そこで発しているマントラで肋骨の中の海綿質を創っている。この植物は、海綿質だけを創る。

次に行く。

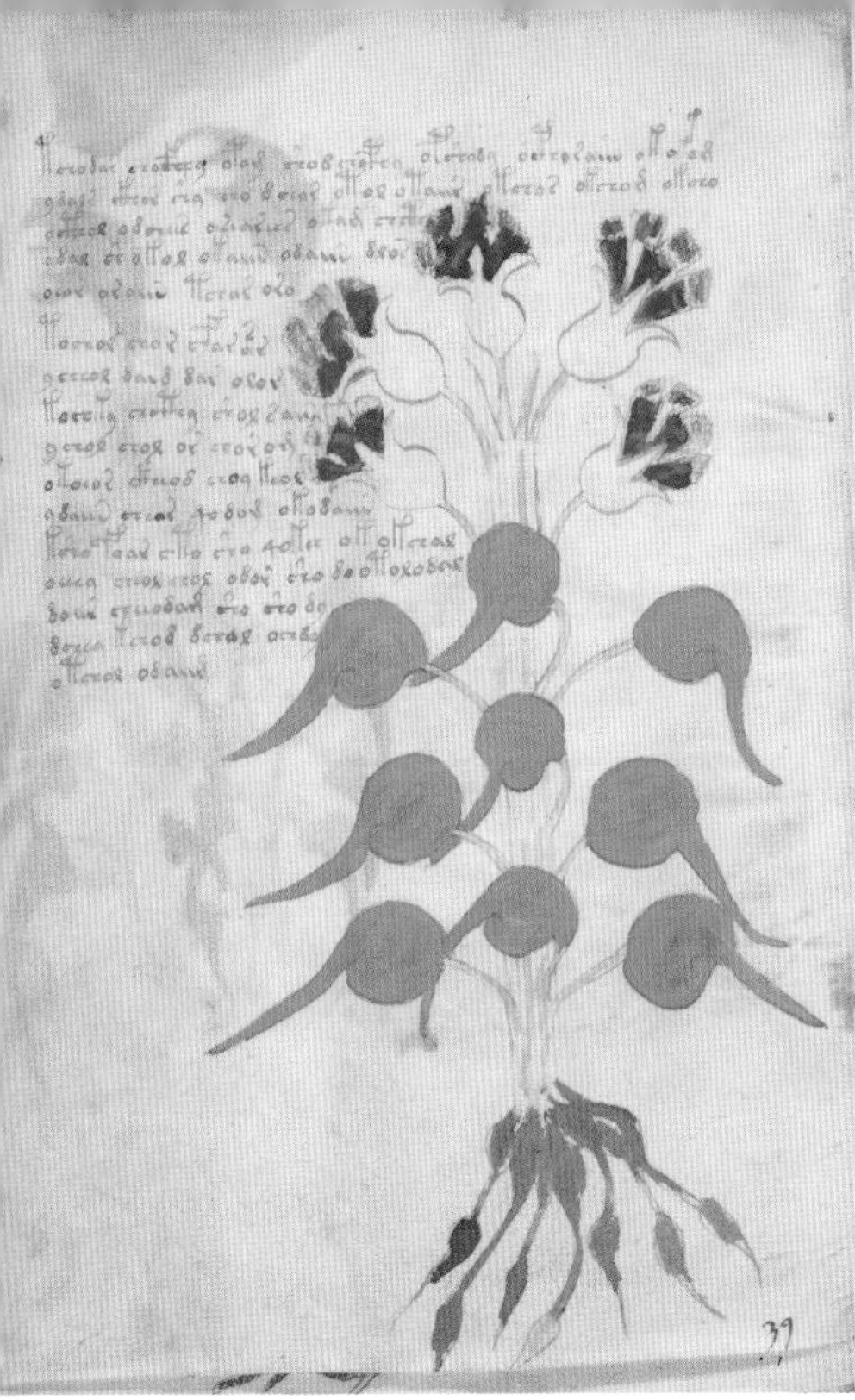

大脳

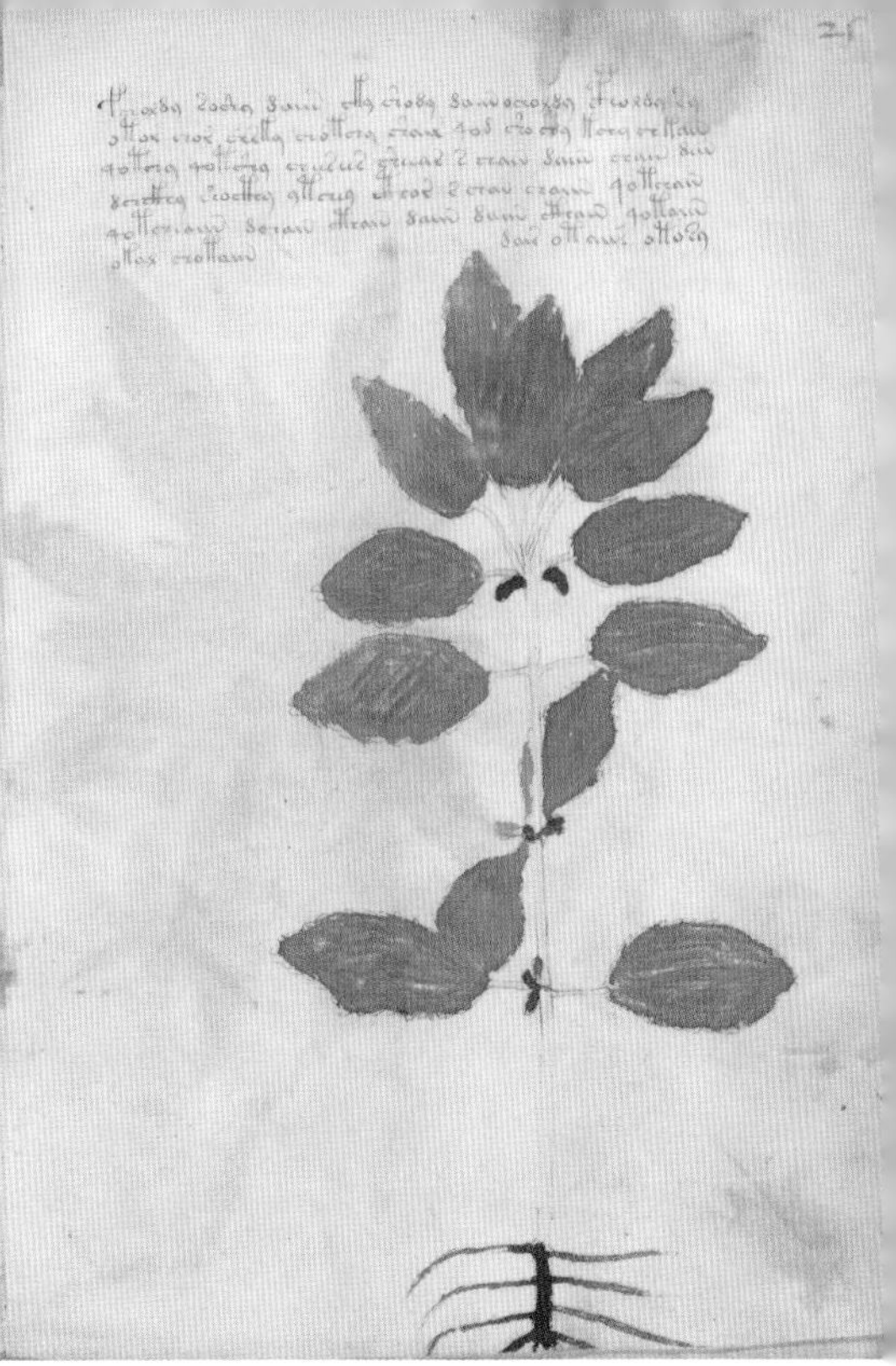

骨の中の海綿体

吸吮《きゅうてつ》反射

左の植物は、7次元の創造した生き物に栄養素を与えている。

哺乳類の赤ん坊が誕生すると母乳を吸うようにできている。ここではこの本能的な吸啜反射の機能を創っている。

採餌

右は、トンボや蝶など、飛びながら餌を探す昆虫の機能だ。それぞれの昆虫は、どんなに小さなものでも地上にある餌を見つけることができる。これは、この機能を創る植物だ。昆虫の種類は多い。それぞれに特化した餌を見つけるシステムが必要なため、この植物も種類ごとに多く存在する。二つの花のような部分が目であり、センサーだ。葉の部分は、人間で考えると嗅覚であり、聴覚であり、触覚でもある。それらが昆虫の脳にインプットされる。

根からそれらを創る粒子を取り入れている。

次に行く。

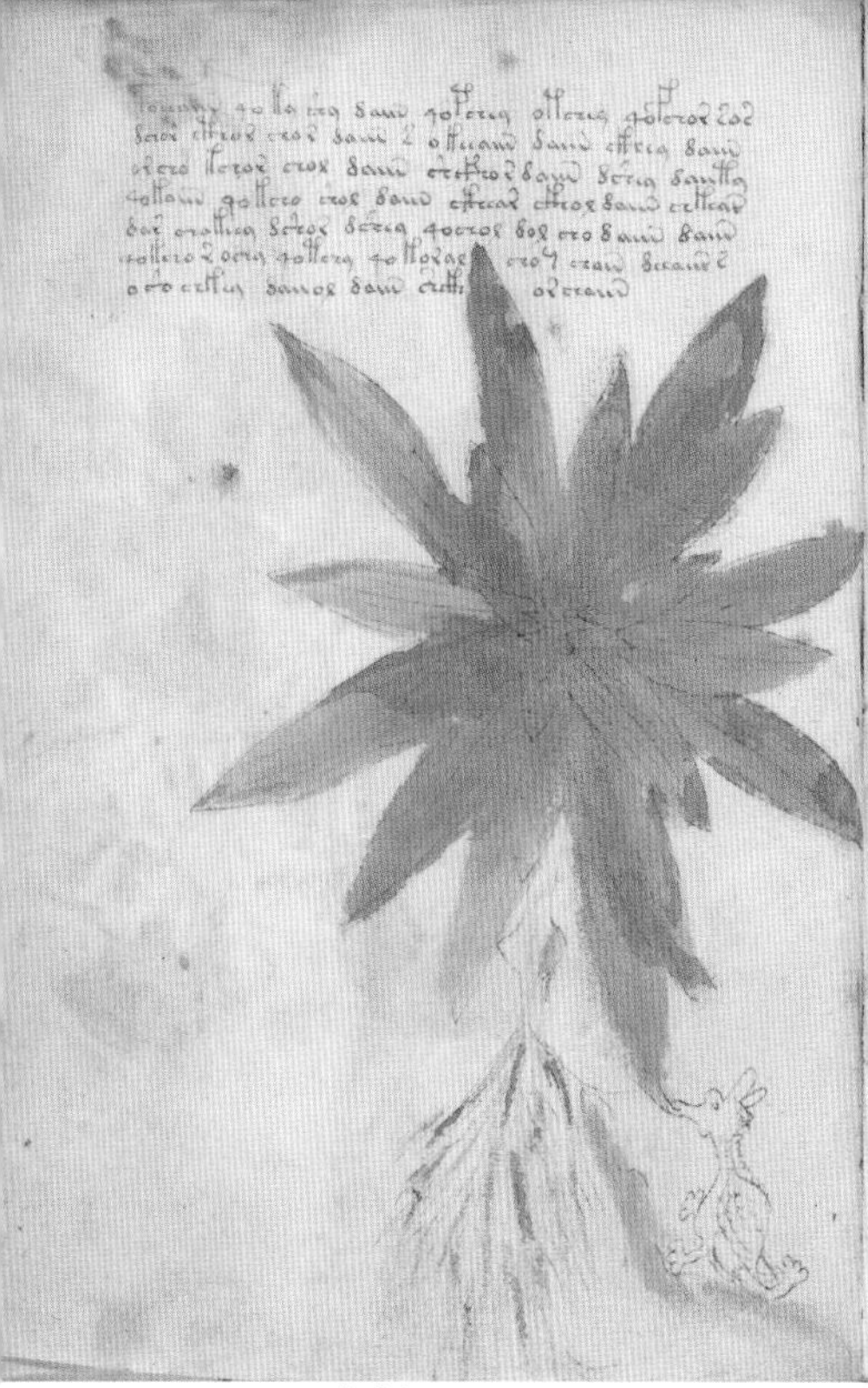

吸啜《きゅうてつ》反射

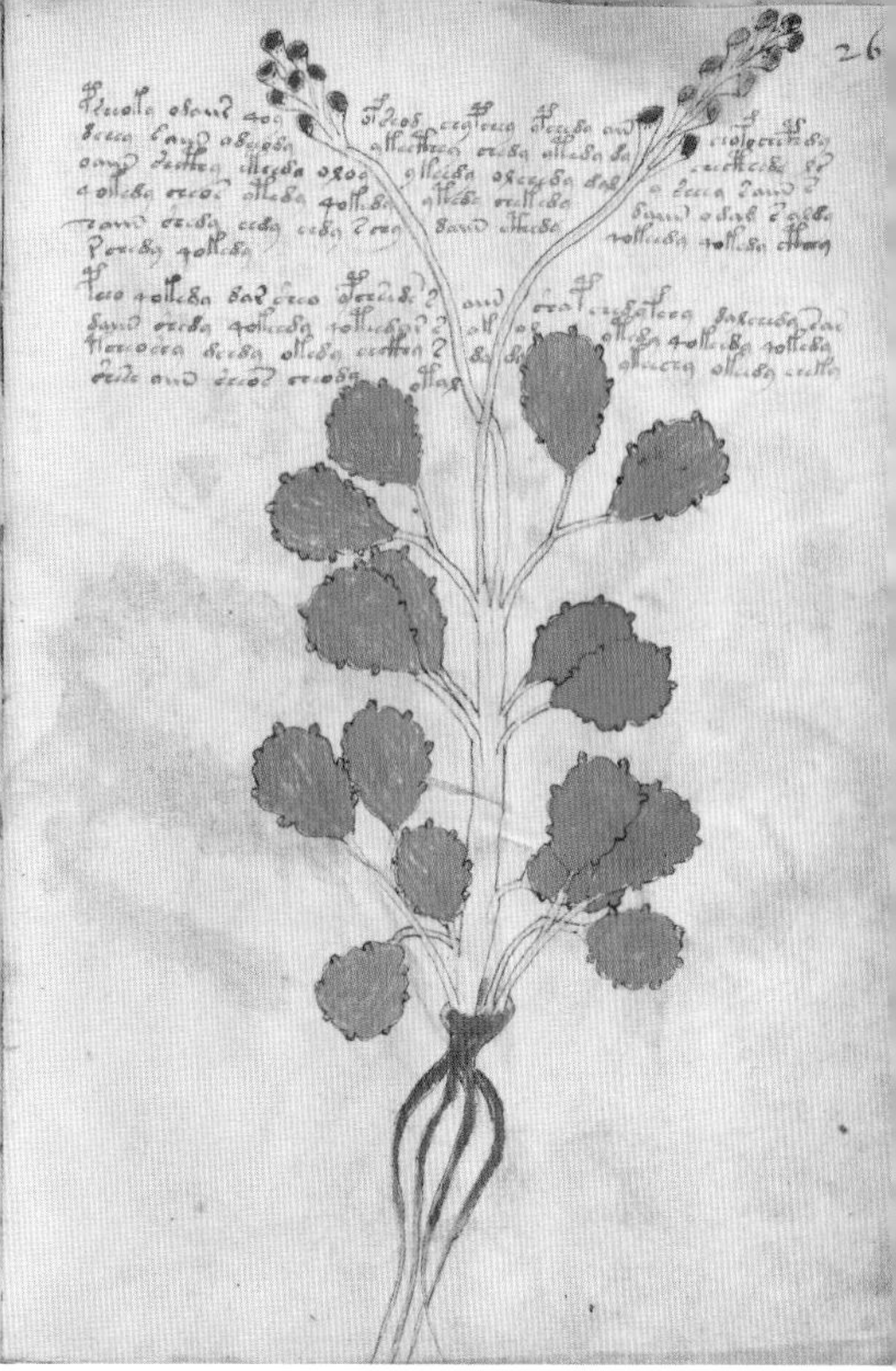

採餌

ゾウの耳と鼻

左の植物は、ゾウの耳と鼻の機能を創っている。葉の部分が耳だ。ゾウの聴力は非常に発達しており、遠くの雨や雷の音、また地震で起こる津波の周波数まで感じ取れる。葉の一つひとつがさまざまな音を聞き取れるセンサーとして働くように創られている。また、上部にある花のような部分が鼻だ。鼻には無数の種類の筋肉が創られているため、重いものを持ち上げたり、器用に食べ物を取ったりすることもできる。その筋肉の種類が、一つひとつの鼻のような部分だ。

ふくらはぎの筋肉

右の植物は、哺乳類のふくらはぎの筋肉を創る。葉の部分がふくらはぎで、根がアキレス腱にあたる。上の花のような部分から、それに必要な粒子を取り込む。右下にある小さな植物も同じだ。ふくらはぎは、二つの筋肉で創られている。大きい方の植物は、腓腹筋にあたり、小さい方は、ヒラメ筋にあたる。別々に創られて合体させる。

次に行く。

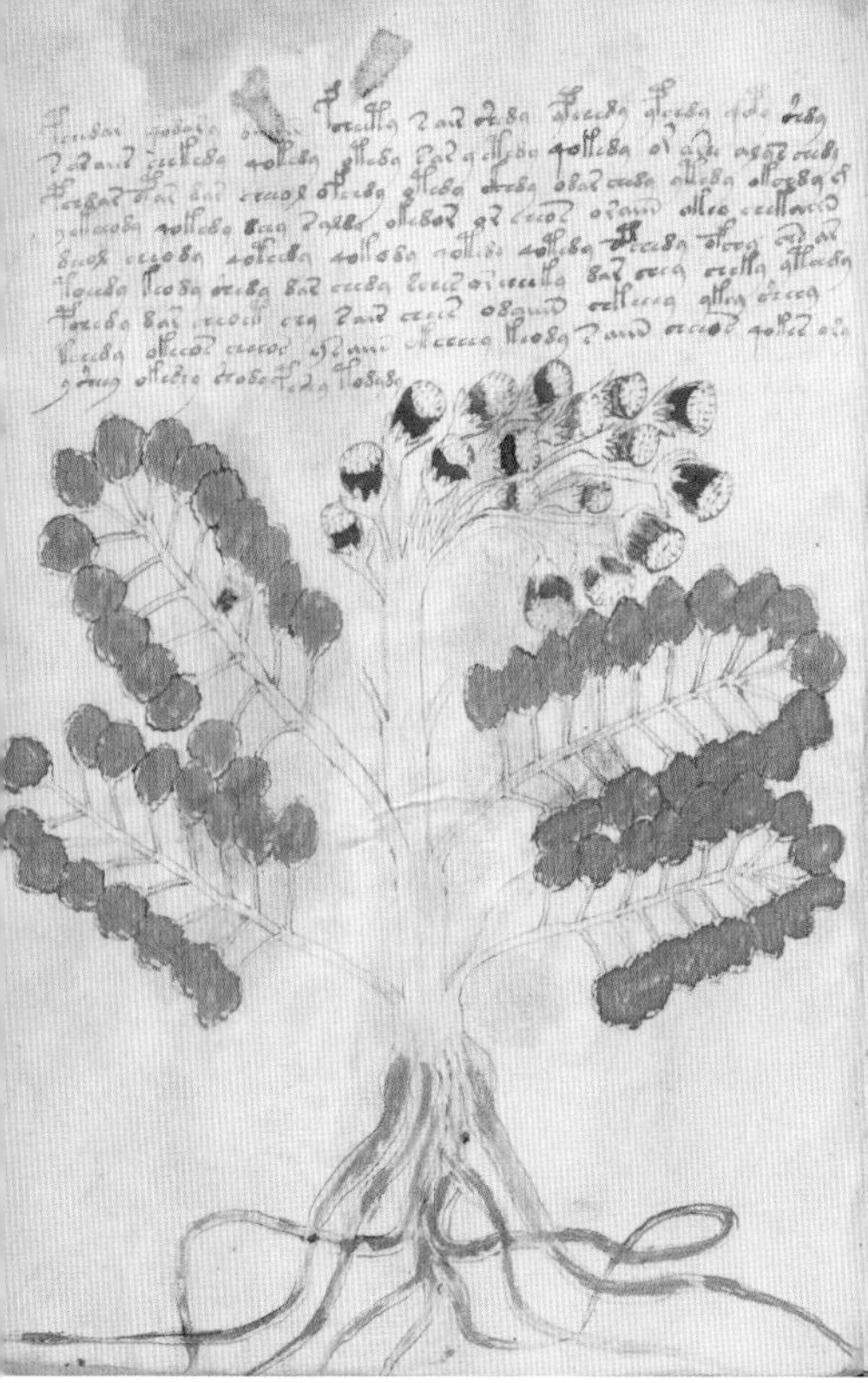

ゾウの耳と鼻

ふくらはぎの筋肉

汗腺

左は、汗腺の機能を創っている。花の部分が汗腺で、それが葉の部分の交感神経とつながっている。根は自律神経だ。気温の高さ、運動する、辛い物を食べる、緊張するなど、身体のさまざまな部分から汗が出るのは、汗腺が交感神経につながっているからだ。この仕組みをここで創る。根にある丸い部分は、副交感神経とつなげる場所だ。

嗅覚

右は、嗅覚のシステムだ。一番上にある花のような部分が鼻孔。鼻腔から入った匂い成分が、電気信号となって嗅細胞で感知される。それがひとつ目の子房にあたる。次に、嗅神経に行く。それを通って、葉に埋もれている場所、嗅球に届く。葉の部分は大脳辺縁系だ。

根は、これを創り出す場所だ。

次に行く。

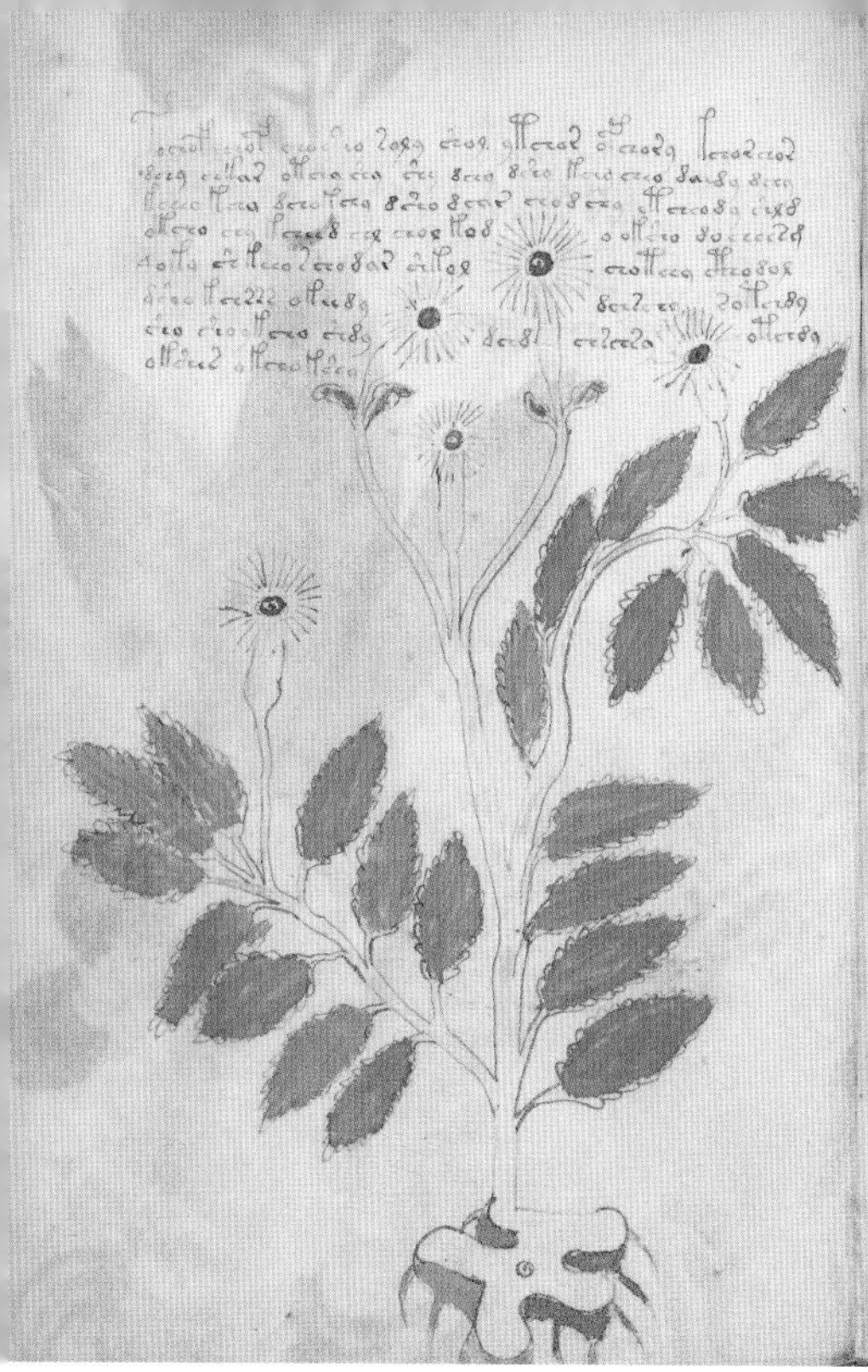

汗腺

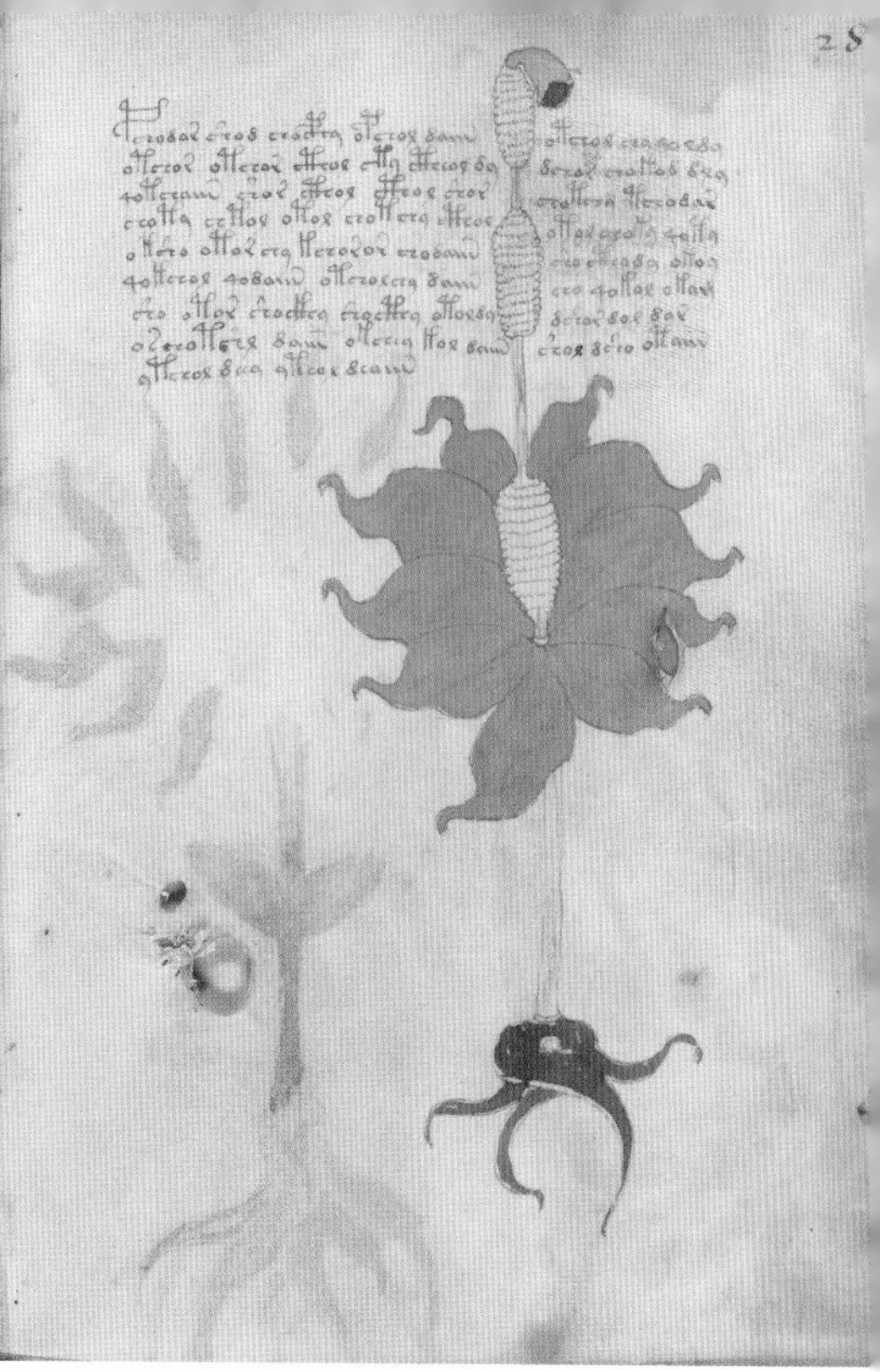

嗅覚

ヘソ

左の植物はヘソの機能を創る。ヘソの役割は、胎児が母体とつながる大切なものだが、入力と出力両方の役割もある。入力は胎児に必要な栄養分を母体から入れる。心的には、母体の環境の波動、母体の感情や欲求も、多くはヘソの緒を通じて送られる。DNAに書き込まれるのは先祖の記憶。これは、太古の生命誕生の頃からのものだ。過去の転生の記憶、宇宙からのエネルギーもヘソという窓を通して入れられる。宇宙からのエネルギーとは、その胎児が人間社会に生まれる恐れを排除し、安心し、霊的存在として宇宙を信頼できるエネルギーだ。こうして赤ん坊は、誰もが無垢な状態で生まれる。

出力では、母体や周囲から入ってきた不必要な負の感情、その人生に必要ない過去生のエネルギー、不必要な先祖の記憶のエネルギーなどが放出される。

ヘソを中心とした黄金律で巡るエネルギーラインがある。女性は、左下半身から円を描いてヘソへ、男性は右下半身から円を描いて、ヘソへと巡っている。それは、出力、入力両方だ。ヴォイニッチ手稿の後半の絵に描かれている女たちが、左手に星を持っているのは、このエネルギーラインがあるからだ。胎児期に出入りするエネルギーの働きはすでに書いた。人間として生まれてからは、クンダリーニのエネルギーとして出入りする。

花のような部分は、白と緑と別々になっている。白い部分は入力、緑の部分は出力システムだ。根は太陽神経叢を創る植物とつながり、お互いが作用し合う。茎から上と根という二つの植物でひとつ

ヘソ　　　　　　　　　　血管と骨の海綿体

の機能を創っている。

血管と骨の海綿体

右の植物の根の部分は肋骨だ。上の花のような部分から粒子を吸収し、葉の部分で骨の中のさまざまな細胞になるように振り分けて創造している。花の赤い部分は、血管になるところだ。

ここでは、血管を骨の海綿体に入れる仕組みを創っている。

次に行く。

大腿部

左の植物は、大腿部に蓄えられるエネルギーを創る。このエネルギーは、物質的世界で生きるパワーであり、自分を守る力でもある。この力は、太陽のエネルギーを浴びることで、腸内の微生物が活性化し充電される。これが不足すると、人間は否定的になり、欠乏感を感じ、恐れをもって生きることになる。

体内センサー

右の植物は、生き物全てに内蔵されるセンサーだ。地球には、宇宙の動きと調和しているかどうかをキャッチする植物がある。地上の生き物の動きが早くなったり、遅くなったりして不調和を起こすと、大気中にかすかな音を出す。それを体内のセンサーが感じ取り、その生き物の行動の調整が行われる。それは、その生き物集団に影響を与える。

今の人間は、そのセンサーが退化している。よって調和の取れていない行動をとる集団が増殖している。

次に行く。

大腿部

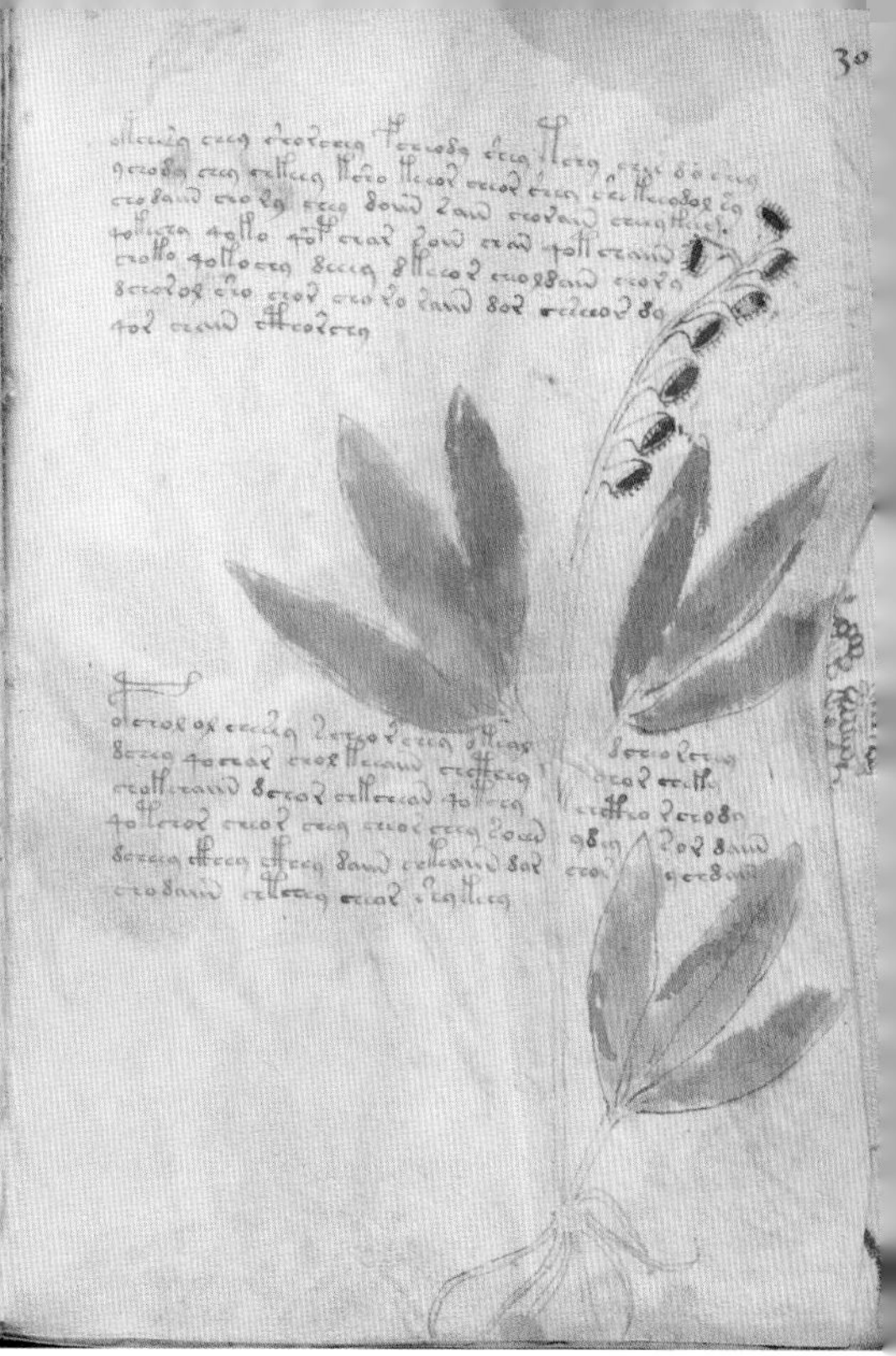

体内センサー

カマキリ

左の植物は、カマキリにプログラムされる意識を創る。「目的のためには何も恐れない」という意識だ。これがカマキリの生態でもあるが、この意識はカマキリが多く生息する地域の他の動物や人間にも影響を与える。

耳

右の植物は、人間の耳の構造を創る。赤い根の部分が外耳だ。葉は鼓膜のある中耳だ。花のような部分は内耳の諸器官で、上にある三つの花は聴覚神経になる。ここでプログラムされた聴覚の能力は、今の人間の聴覚より、はるかに微細な音まで感知するように創られた。

次に行く。

カマキリ

耳

カメ

左の植物は、カメの身体と意識を創る。カメの意識は完全なマイペースで、揺らぐことなく淡々と生きる。カメが甲羅の中に入ってしまうのは、身を守るために、相手に距離を感じさせることや石のように見せることが目的だ。このカメの意識は人間にも影響を与える。人間もマイペースを基本とすること、場合により身を守ること、相手と距離を取ること、時に堅固な意志を持つこと、これらの意識を刺激されるためにカメは創られた。

生き物は全て、何らかの意識がプログラムされ、自らの意識で生き抜くための身体を与えられた。それがなければ、繁栄することも生態系を維持することもできない。

手

この植物は人間の手だ。手は、物を掴む、手放す、道具を使う、何かに触れる、ジェスチャーなどなど、物理的な使い方はあたり前のように行われている。しかし、その使い方は人間の心にも影響を与える。「内容を掴む」「不必要なものを手放す」などは、言葉にも使われている。

また、エネルギー的使い方もできるように創られた。ムドラーでエネルギー回路を創る、気を送るなどだ。

この植物の5つの花は指だ。右が親指、左は小指、これらは小脳とエネルギー的につながっている。

カメ

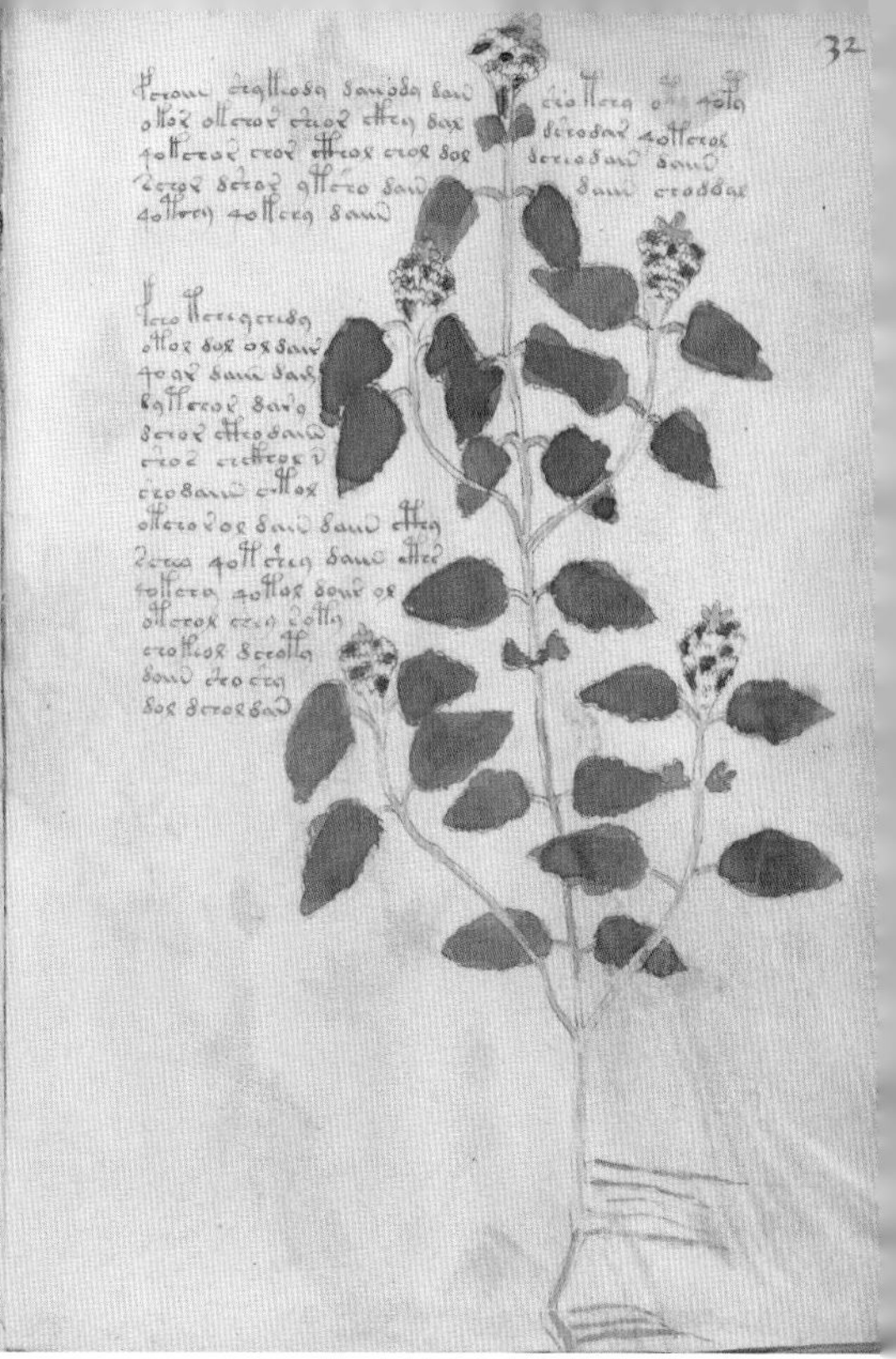

手

また、人差し指と薬指は心臓とつながり、中指は足の裏とつながっている。これらは経絡とも関係がある。よって、手は身体と心、全てとつながる。

ここでのプログラムは、人間が手を通して身体と心の状態を知り、エネルギーラインを意識するために創られた。

次に行く。

仙骨

左の植物の根は仙骨だ。仙骨は全身200以上の骨を支配している。それは、身体の要で筋肉、内臓、各器官もコントロールする。それが星形の葉の部分だ。仙骨は精神ともつながっている。よって、思考や感情とも連動する。花が三つあるが、下の花が右脳と左脳にあたる。一番上の花が心臓にあたる。また、宇宙のエネルギー、身体、臓腑、微生物など全ての意識を受け取る。そして、その肉体を持つ人間の意識や感情を宇宙全体に送ってもいる。ただし、その人間の心身が調和していないと仙骨からは伝わらない。根にあるひげのようなものがセンサーだ。

肉体への入口

右の植物は、霊体が肉体へ入る入り口を創っている。入り口は、経穴《けいけつ》の百会《ひゃくえ》を中心に前頂と後頂にあたる。全ての霊的進化の意識の粒子を花弁の部分で取り込む。そして、ひとつの霊体に必要な情報を中心部が吸収し、それを子房に送り、そこで解析、精査される。そして、それらの粒子を下へと送る中で、葉の部分で肉体に送られる多くの導線を創っている。

具体的に言えば、人生のさまざまな出会いや困難な出来事、環境や職業、家族など、一人の人間が進化するために必要な学びが得られるようにストーリーの骨子が送られる。

輪廻転生のプログラムも入れられている。根にある顔は、右が女性、左が男性の肉体になる頭部だ。

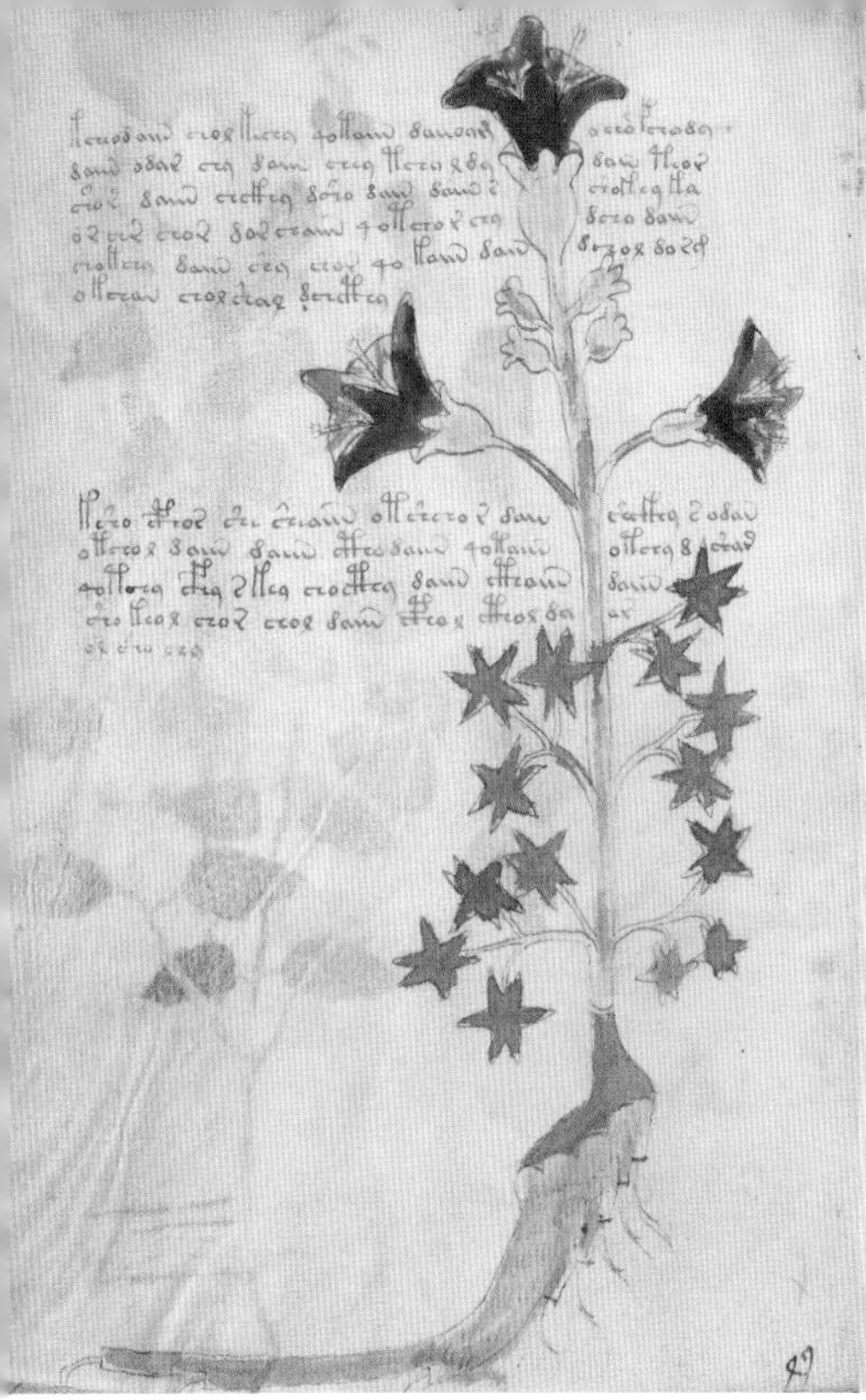

仙骨

肉体への入口

他の根にいくつかの頭部が付くこともある。

次に行く。

月の監視システム

左の植物は、月に内蔵された反物質の宇宙の監視システムだ。花の部分はアンテナで、地球を脅かす存在の接近を監視している。葉の部分は、そのような存在が近づくと、ある周波数を出して追い払う。反対に、地球にとって安全な存在が接近すると、別の周波数を出して招き入れる。また、根の部分は地球に埋め込まれた受信体だ。地球は、「危険だ」という周波数を受け取ると、地球自身も周波数を変えて防御する。

「安全だ」という周波数ならば変えない。そして、地球上の植物が皆、受け入れの周波数を出す。

寿命

右の植物は地上に存在する全ての種族の寿命に影響を与えている。つまり、この植物は地球上の生態系を保ちつつ、食物連鎖が円滑に行われるために、それぞれ必要な寿命を決める役目を持っている。その決定には、季節の巡り、気候の変動、太陽系の公転などの条件を加味しながら、今もこの7次元からそれをコントロールしている。これは、それらによる種族の絶滅なども含まれる。

次に行く。

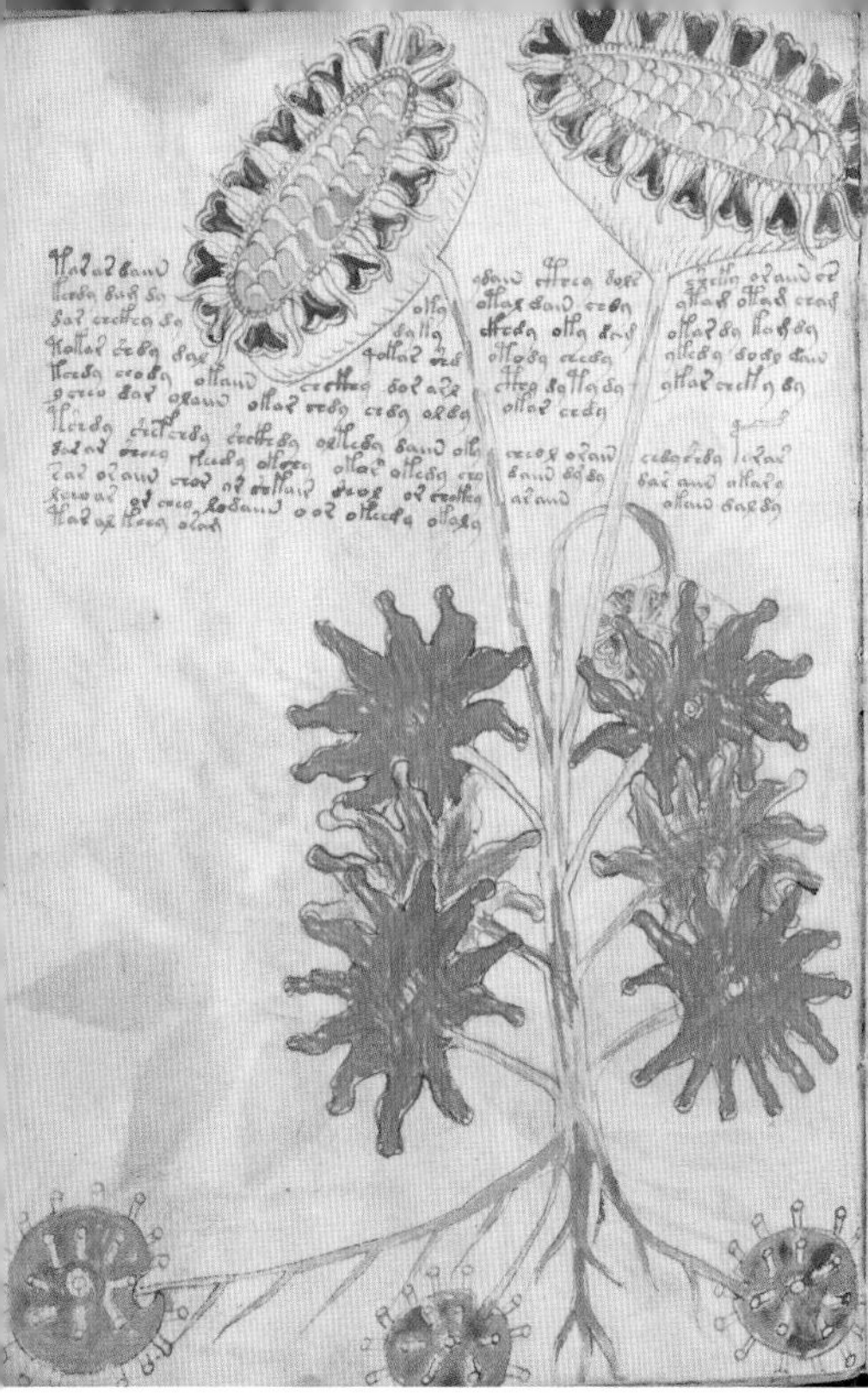

月の監視システム

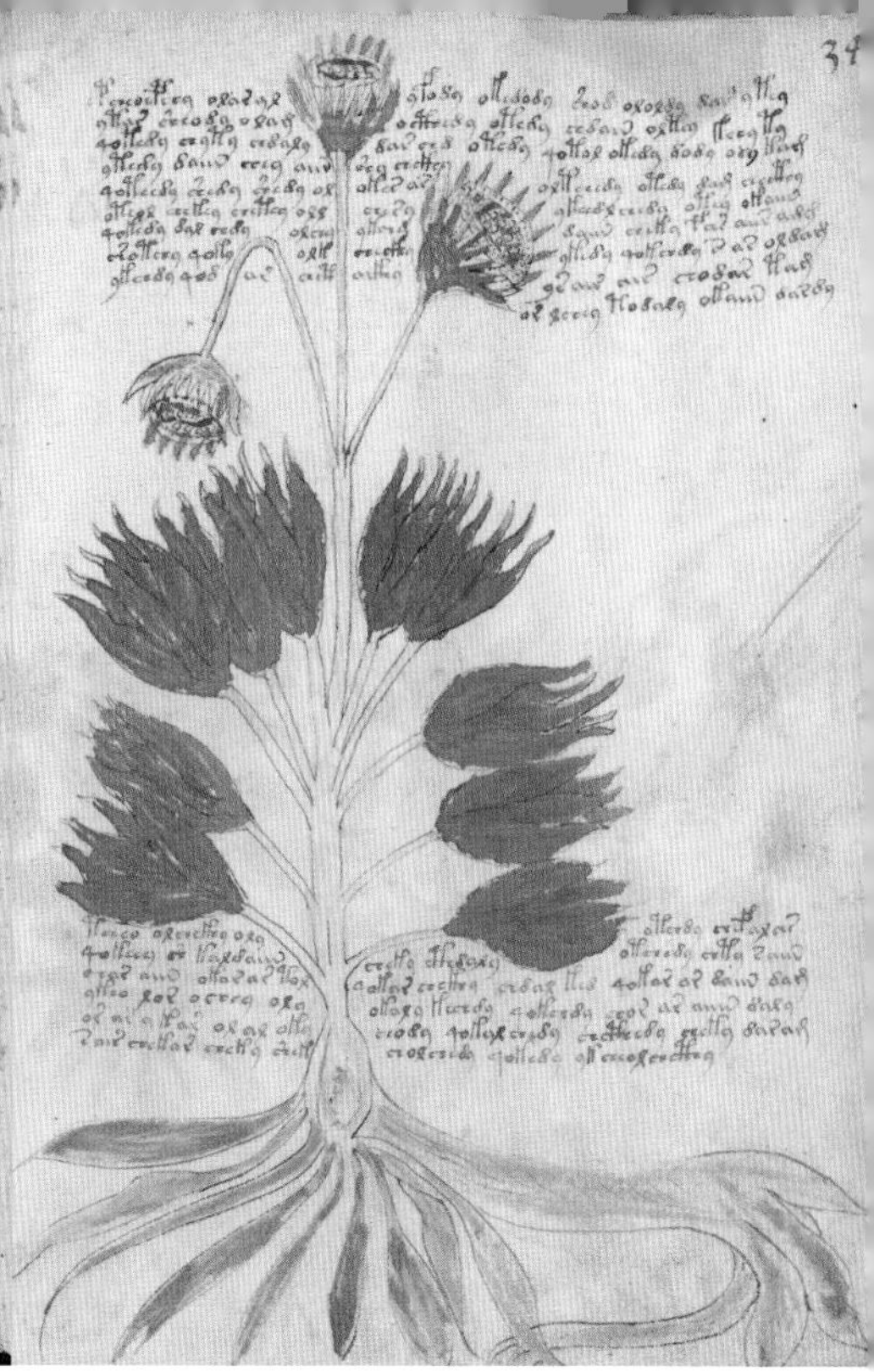

寿命

脾臓

左の植物は脾臓の免疫システムを創っている。根から入ったさまざまな粒子を中心の丸いところで選別する。地上で細菌になる粒子が茎へと吸収され、それ以外はブラシのような部分から放出される。茎へと上昇した細菌の粒子は、丸い葉の部分に振り分けられる。そこで点検され、解析され、必要に応じて消される。残った純粋な粒子が花の方へ行く。この純粋な粒子は肉体になった時、血液と共に流れる。

脳梁《のうりょう》

右の植物は脳梁を創っている。花の部分だ。脳梁は、左脳と右脳をつなぐ働きをする。これがあるから認知機能、運動機能、視覚機能がバランスよく統一して働くことができる。これは、花の下の椀のような形をした植物に浸けられている。椀の部分に入っている緑のものは、根から吸収された電磁気を帯びた粒子で、脳梁となる植物が帯電する。その電磁気を、脳梁で感知、吸収し、統合させる機能が生まれる。

次に行く。

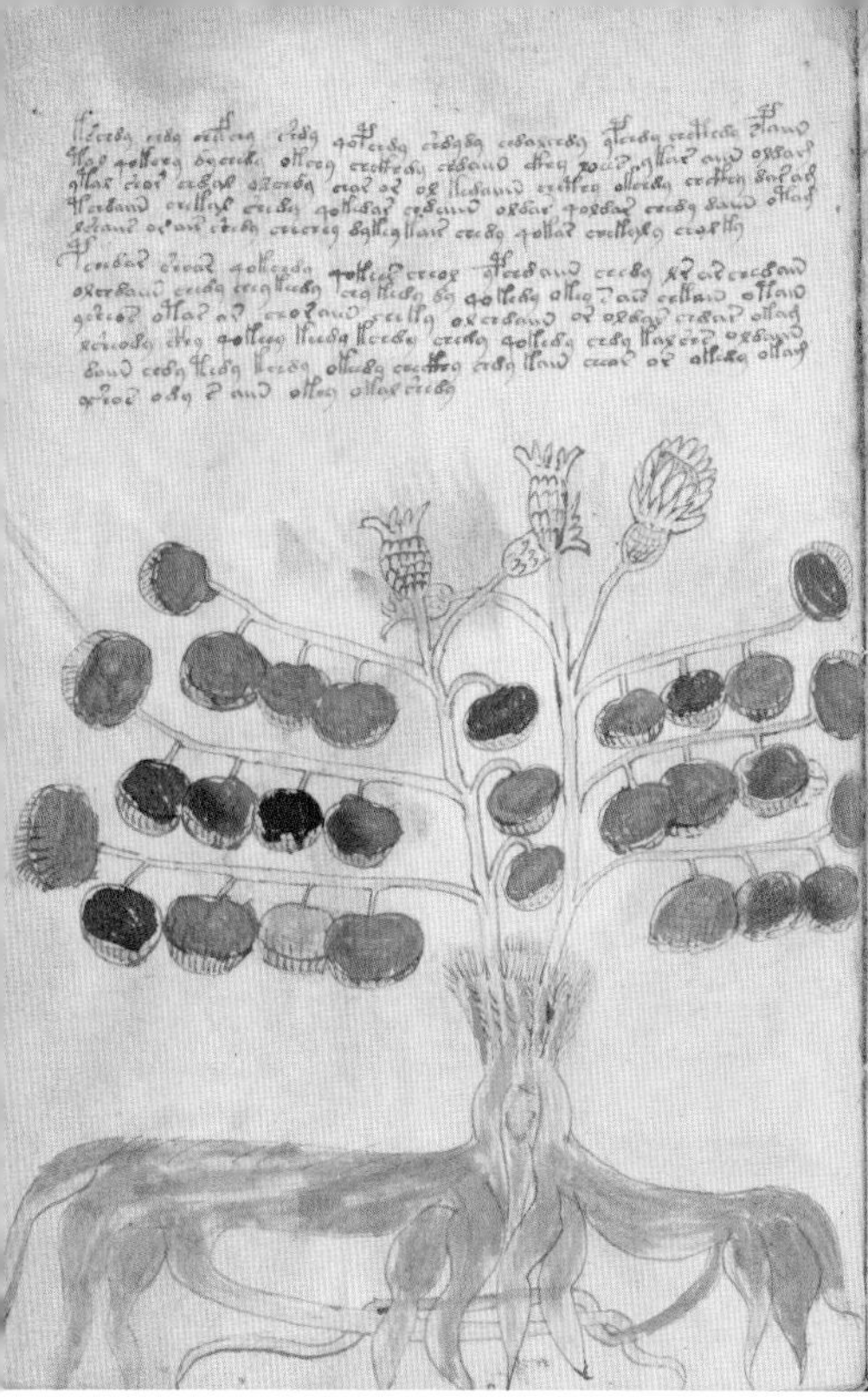

脾臓

脳梁《のうりょう》

神経細胞の核

左の植物は、全体的に上へ伸びたり、下へ縮んだりしている。これは神経細胞の核を創っている。丸い実のような部分が核だ。核だけを創っている。根から出ている三本の茎がある。左右二本の茎は、どちらにも同じ細胞核が創られる。神経への入力場である樹状突起と、それを伝達する場である軸索が機能するための核だ。核の部分である青い実のようなものは場が完璧にできている核で、茶色いところは不完全なものだ。

右の植物は左の続きだ。葉の部分は樹状突起で入力部分。上にある花のような部分が伝達部分だ。肉体では、ここから脳へと伝わる。黄色い葉は、うまくいかなかった部分だ。これを創造するために、別に根だけが創られた。これは左の植物も同じだ。

次に行く。

神経細胞の核

顔の筋肉細胞

左の植物は、顔の筋肉細胞を創る。特に、頬のあたりの大小頬骨《きょうこつ》筋だ。茎の部分は鼻骨にあたるが、ここにあるのは骨ではない。それは別の場所で創られる。

バイオフォトン

右の植物は、バイオフォトンを創っている。花の部分から創られたバイオフォトンは、地上で生き物の中に入っていく。人間の場合、主に呼吸から入る。それが肉体を健康に保つ働きをする。これは、7次元から常に送られている。

次に行く。

顔の筋肉細胞

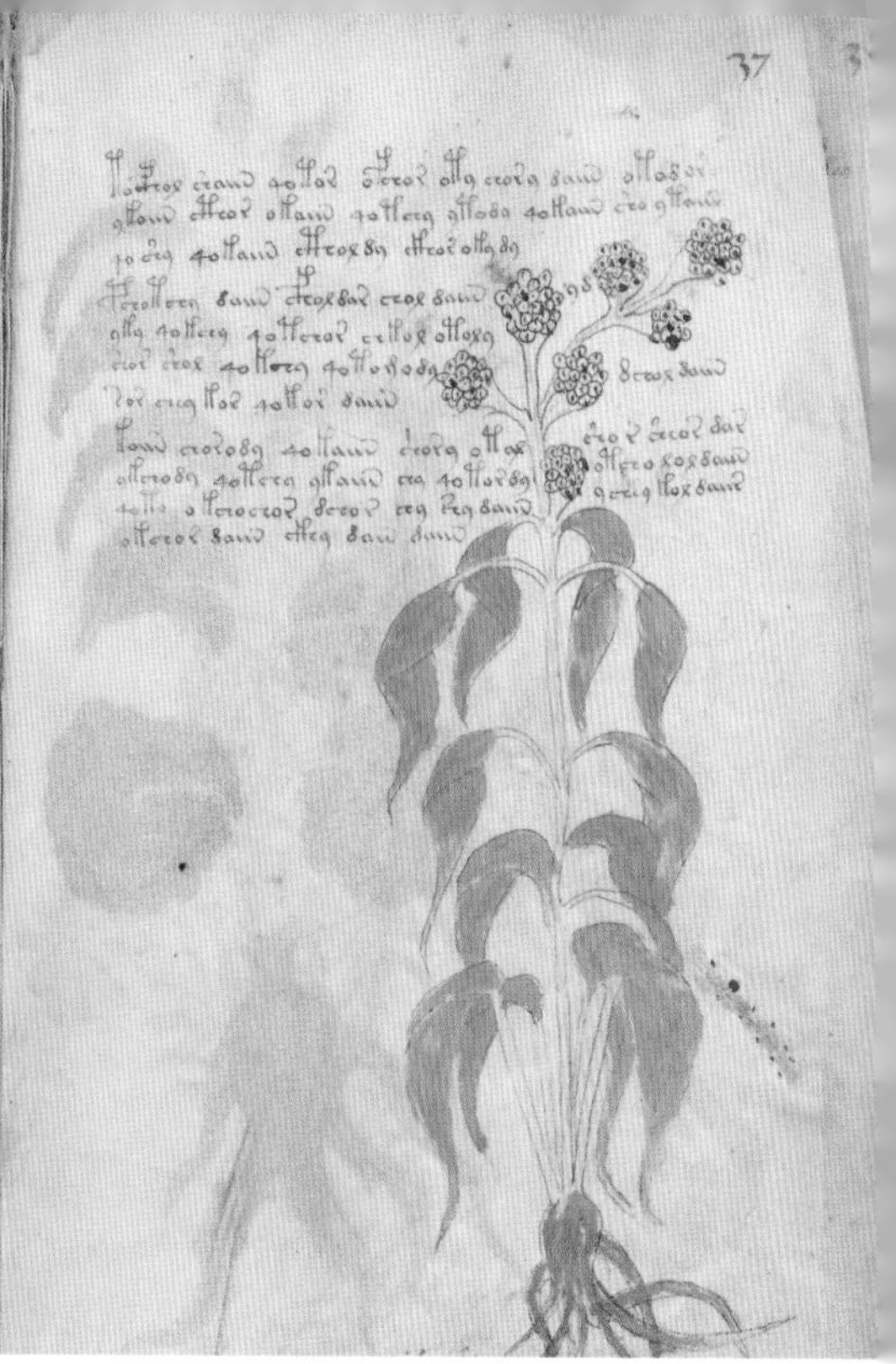

バイオフォトン

靭帯

左の植物は靭帯を創っている。コラーゲンと呼ばれるものだ。葉柄《ようへい》の部分がコラーゲンを含んだ靭帯組織で、葉の部分が大きく開いたら、その組織は完成したという合図になる。上のつぼみのような部分からは、粉のような粒子が出て葉に付く。すると葉は活性化し、ますます葉柄は強靭になる。この根もこの植物用に別に創られたものだ。

蝶形骨《ちょうけいこつ》

右の植物は蝶形骨を創っている。葉が蝶のように羽を動かしている。頭蓋骨の基底部にある蝶形骨は頭蓋骨にあるほとんどの骨とつながっている。蝶形骨が整っていれば、身体の全てが整う。葉の部分が蝶形骨だ。穴の部分は、これが脳に入った時に他の骨とバランスを取るために創られたものだ。精神の座、記憶の場につながる部位だ。

下方にある花の部分は、上下二つずつがある。上の二つは、空間から蝶形骨を創るのに必要な粒子を入れ、下の二つは根から入った粒子を選別し、不必要なものを空間へ返している。

次に行く。

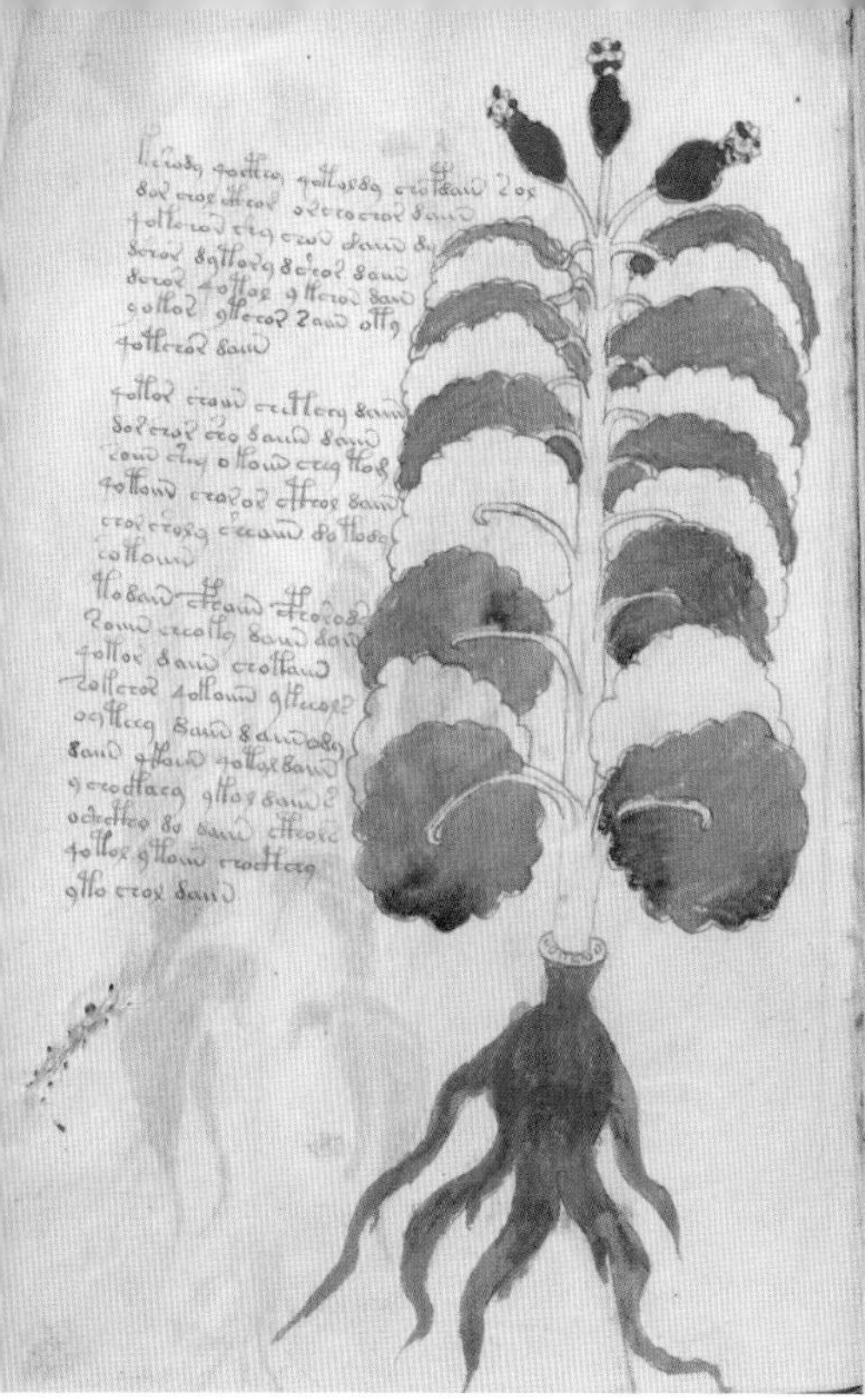

靭帯

蝶形骨《ちょうけいこつ》

顔のエーテル体

左の植物は、肉体を覆うエーテル体を創る。この植物は顔の部分を創っている。エーテル体は、第二チャクラとつながり、感情や欲求がプログラムされている。外界からエーテル体に刺激されることで脳に伝わり、神経伝達物質やホルモンが分泌される。もしエーテル体がなければ、感情や欲求は知覚されにくくなり、人間の感受性は鈍くなる。顔には知覚器官があるので、顔のエーテル体は脳があるために特に精密に創られる。上にある花は、エーテル体ができ上がると青くなる。

同族意識

右の植物は、生き物全てにプログラムする家族意識、同族意識だ。この意識は、種の進化のために特に重要なので、他領域でも別の方法によってさらならプログラムで強化される。

次に行く。

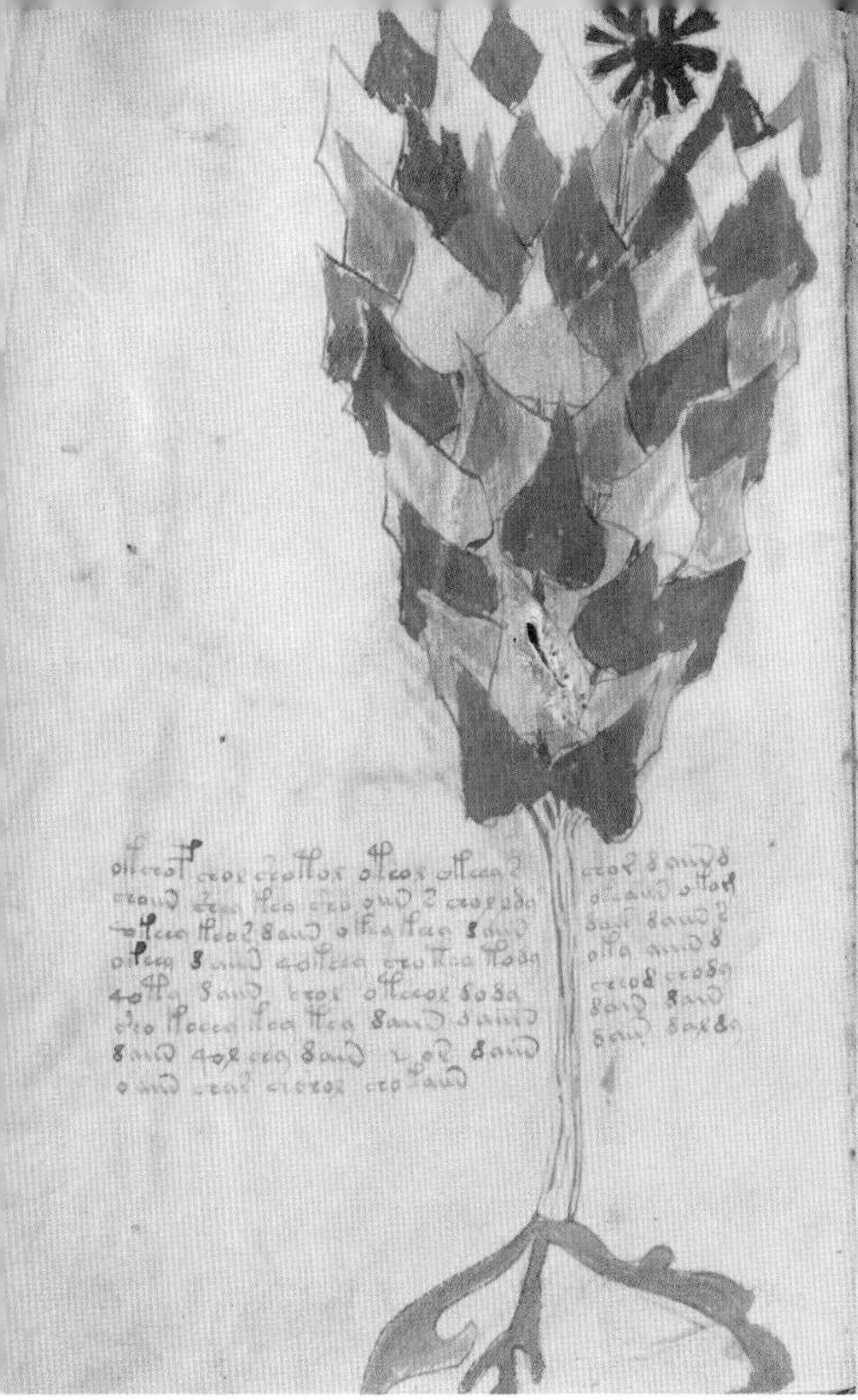

顔のエーテル体

同族意識

頸椎《けいつい》

左の植物の葉は頸椎だ。これを創るために空間にある粒子を花と根の両方から入れている。二つの花は後頭神経になる。そして、頸部は運動神経、自律神経、感覚神経など大切な神経が通るだけでなく、霊体の通り道にもなる。したがって絵で見る以上に微細なところまで創られている。

全ての星々のエネルギーが誕生から肉体の死に至るまで、脊柱に沿って存在するプラーナ管を通る。頸部は特に弱い。頸部は外界から、見える力、見えない力で支配されやすい。プラスもマイナスも入る。守るのはその人間自身だ。

子宮

右は子宮を創る植物だ。花の下の膨らんだ部分がそれだ。下の二つに枝分かれた茎は卵管になる。扇のような葉は、クッションのように空間にある微生物を受け止め、茎の方へ送っている。微生物は、子宮の中の部分に住んで子宮壁を創る役目をする。子宮にある緑色の帯の色は、子宮として機能できるようになった印だ。

次に行く。

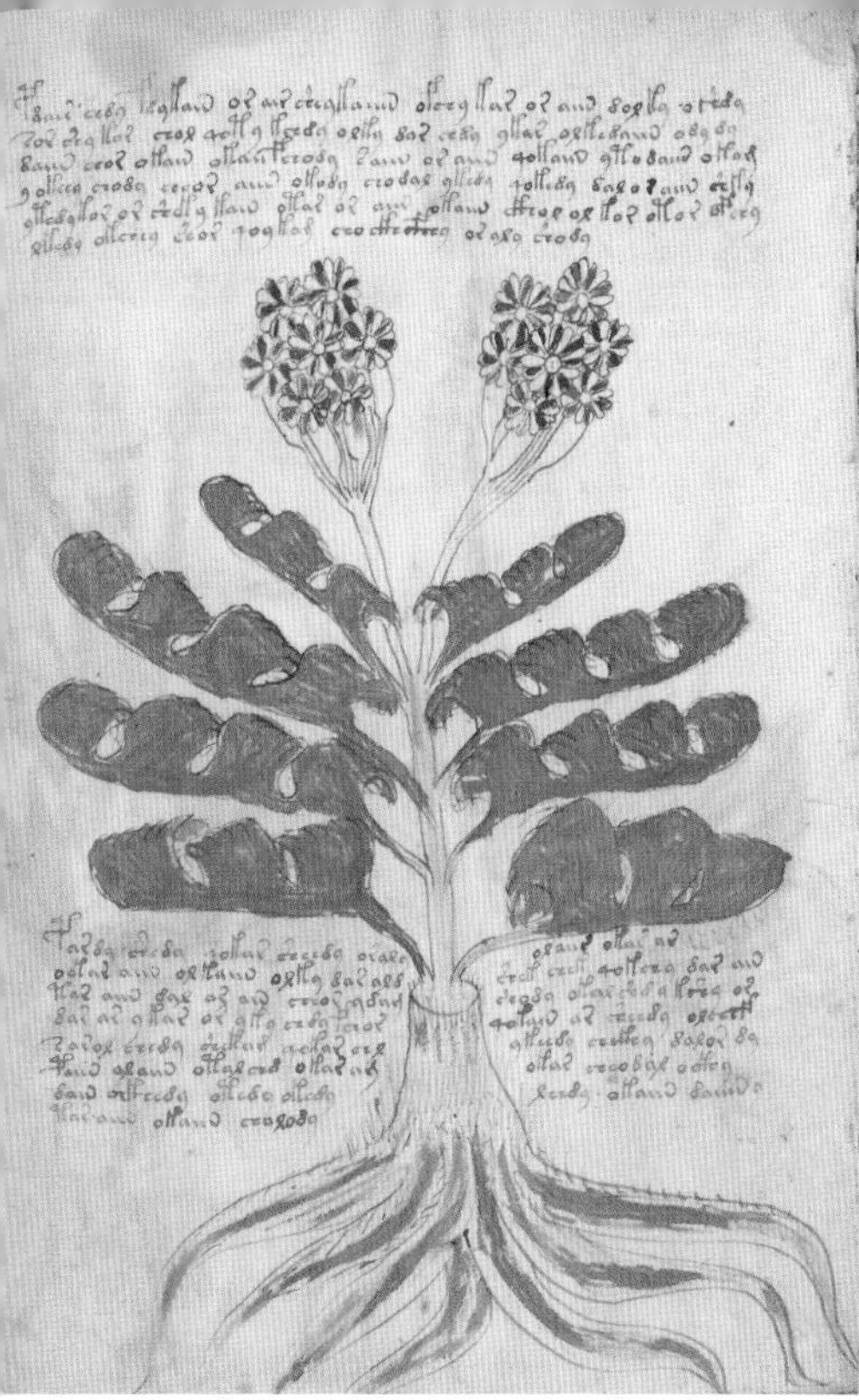

頸椎《けいつい》

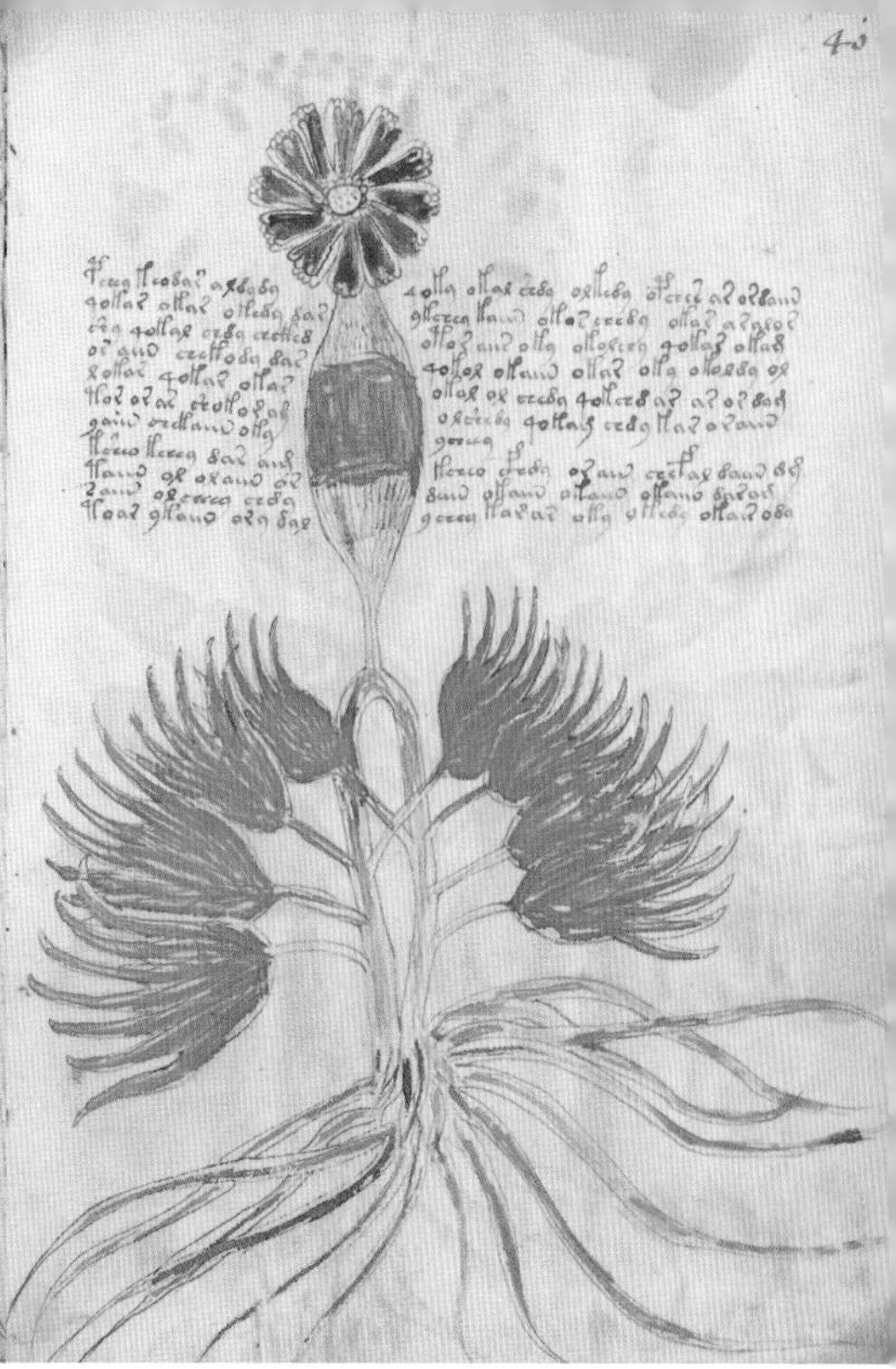

子宮

集合意識

左の植物は、哺乳類、鳥類、魚類、細菌や微生物などの集合意識を創る。これは、一斉に群をなして、ある目的に向かって集団行動をする意識だ。その行動を率いるのは、最初にその行動の意識を持ったものだ。花の部分がその意識を捉え、葉の部分が増幅させ、根の部分から仲間に瞬時に伝える。この植物は7次元で作動しており、それによって地上の生き物たちが行動している。隣にある植物は、この花を咲かせるよう成長しかけている。これは、ひとつの群れにひとつの花だ。この次元には無数にある。

調和と進化の周波数

右の植物は、この多次元の宇宙空間全てに或る音の周波数を出している。これにより、多次元宇宙に存在する全てのものは調和し、バランスを保ち、進化を促進する。

人間も進化している。この周波数がなければ、調和するが進化しないという停滞状態が起こる。この植物は7次元にたくさんある。

次に行く。

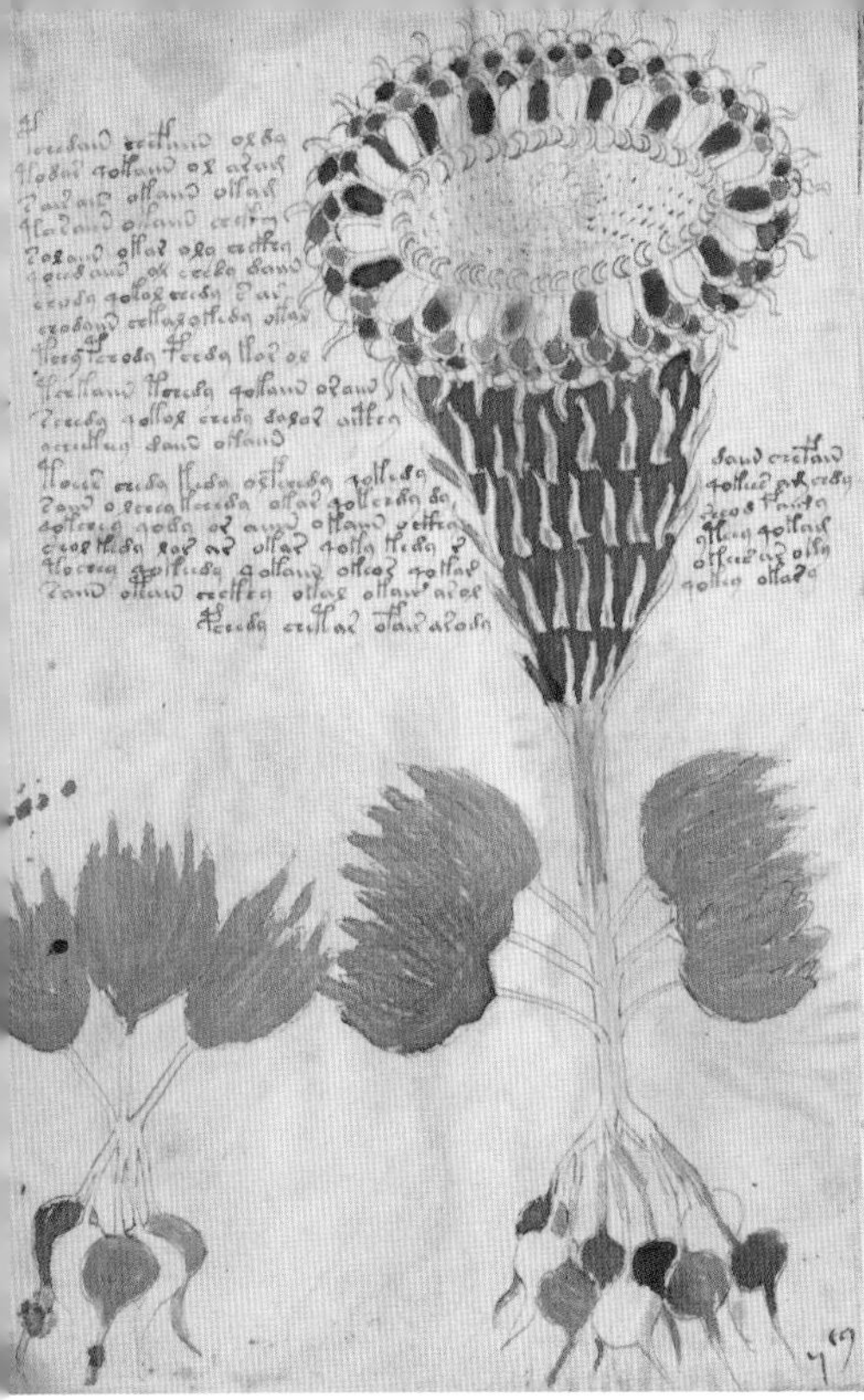

集合意識

調和と進化の周波数

顔以外のエーテル体

左の植物は、人間の首から下のエーテル体を創っている。花の部分からエーテルが創られ、人間の身体に入り込む。前に説明したようにこのエーテル体は、人間としての基本感情と基本欲求がプログラムされている。それは葉の部分だ。根からはエーテルになる粒子を吸い込んでいる。頭部と比べて大まかに創られており、肉体保護の役割もする。

陰陽エネルギーの切り替え

右の植物に行く。

地上での一日は、陰陽のエネルギー変化が起こる。夜明けから陽のエネルギーになり、地上の生き物は内にあるエネルギーのベクトルが外に向く。そうなることで活動しやすくなる。また、夕方になると陰のエネルギーに変わり、外に向けられたベクトルが内に向き、身体や心の内的バランス、修復が行われる。そのため心身の活動は不活発になり、多くの生き物は眠る。

この陰陽エネルギーのベクトルの切り替えを、この植物が行う。

緑の葉の植物が活性化する時は、陽のエネルギーに変化する。また、赤い三つ葉の植物が活性化する時は、陰のエネルギーへと変化する。この二つは交互に活性化する。

これも7次元に存在し、3次元の世界に影響を与えている。

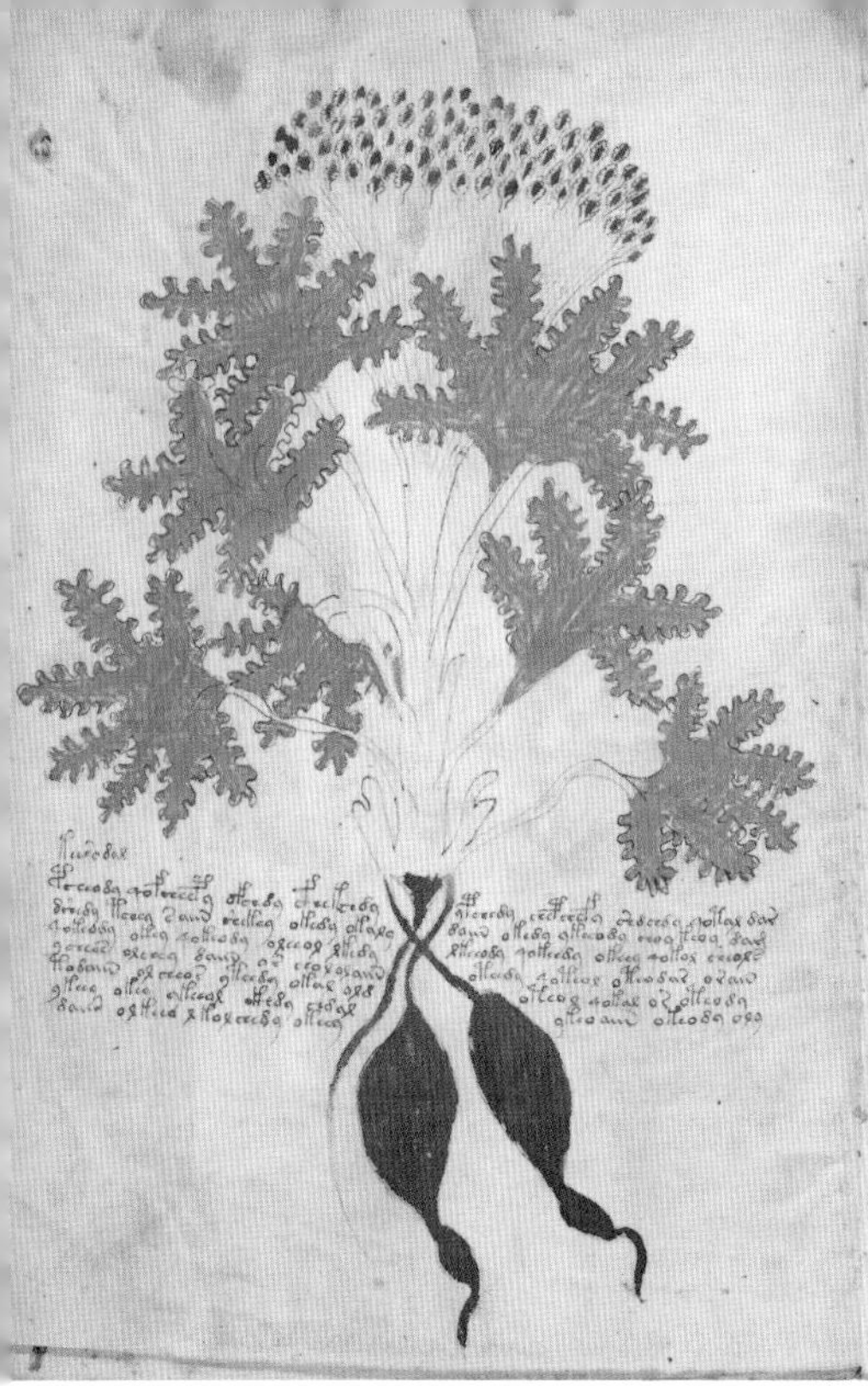
顔以外のエーテル体

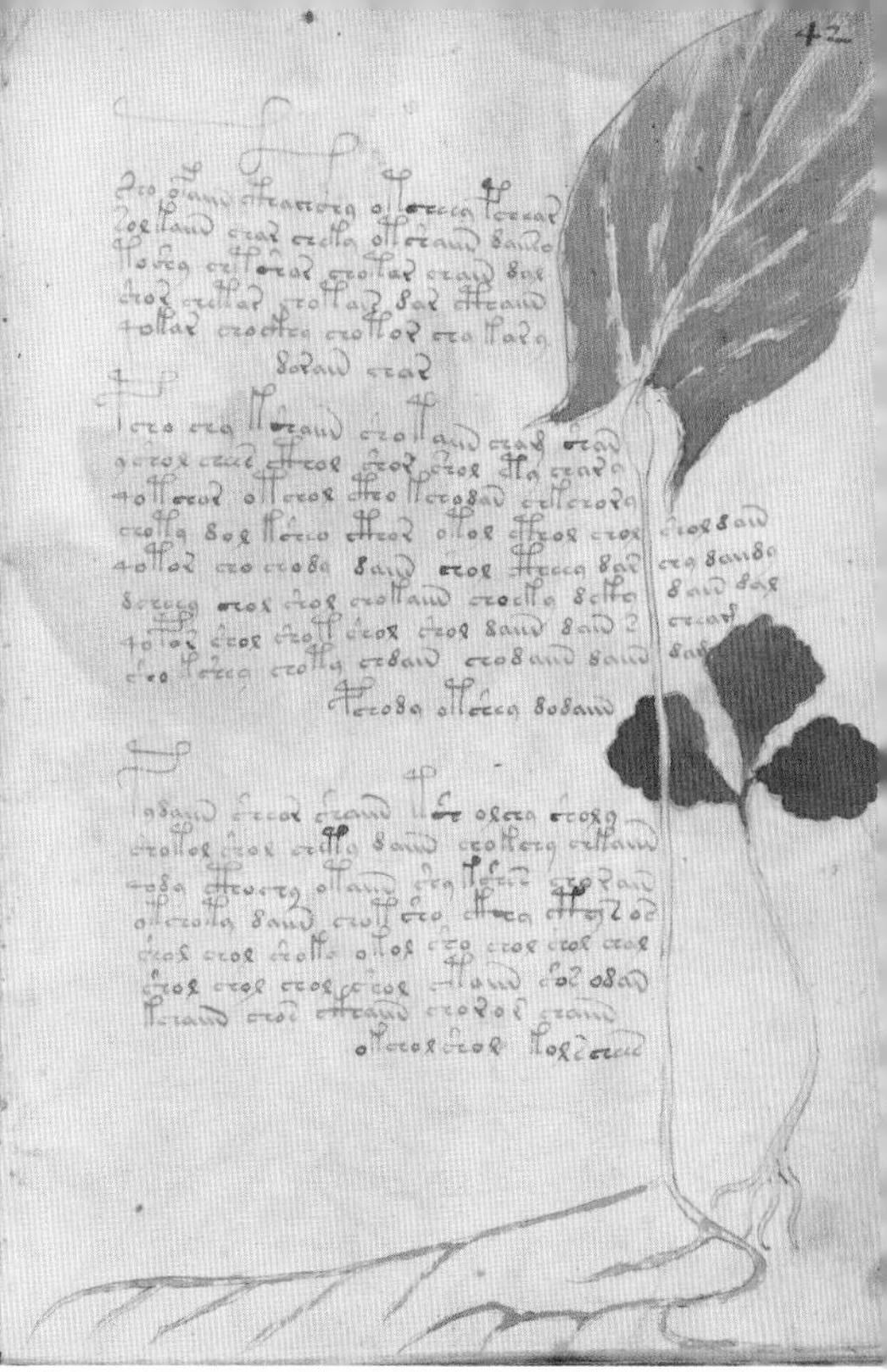
陰陽エネルギーの切り替え

次に行く。

大腸

左の植物は、人間の大腸にプログラムされるものだ。一人ひとりに入っている。この植物に入れられた意識で、腹部の体温維持ができる。自律神経にも体温調節機能があるが、大腸にもあることで人間にとって大切な腹部の温度が安定する。

また、これは人間の心にも影響を与えている。それは、冷静さだ。体温を含め、腹部が安定していると人間は冷静さを保つことができる。

腸骨のフレーム

右の植物は、腸骨を創る。いわゆる骨盤のひとつだ。腸骨は身体の軸でもあり、臓腑を守る場所だ。これは、腸骨の緻密骨というフレームを創る。根の部分がそのフレームになり、緑と白の部分が海綿質、花の部分は血管になる。

次に行く。

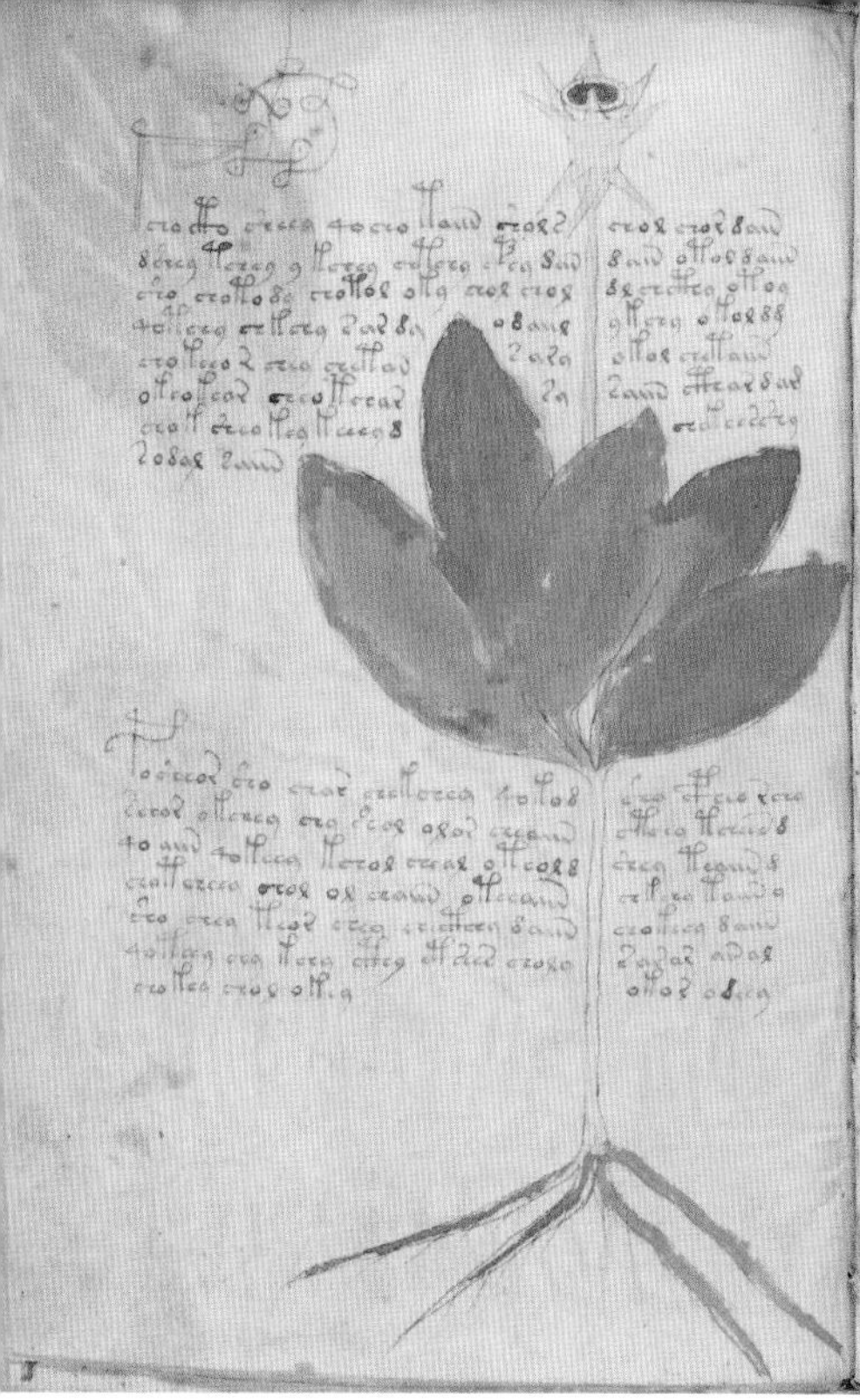

大腸

腸骨のフレーム

自律神経のオン・オフ機能

左の植物は、首にある自律神経の中の交感神経を創る。左にあるのは副交感神経の中の迷走神経を創る。体内にあるように、片方の神経がオンすれば、もう一方はオフになる。ここでは、この「オン・オフ機能」が適正に働くように創られている。

ふくらはぎのポンプ機能

右の植物は、ふくらはぎのポンプ機能を創る。心臓だけでは血液循環をスムーズに行うには負担が大きい。ふくらはぎの筋肉は「第二の心臓」と呼ばれるように、下半身の血液循環には必要だ。開いたり閉じたりしている葉の部分がポンプ機能となる。

根からは血液のようなものが入れられている。花の部分から上がってきたものを粒子として放出している。

次に行く。

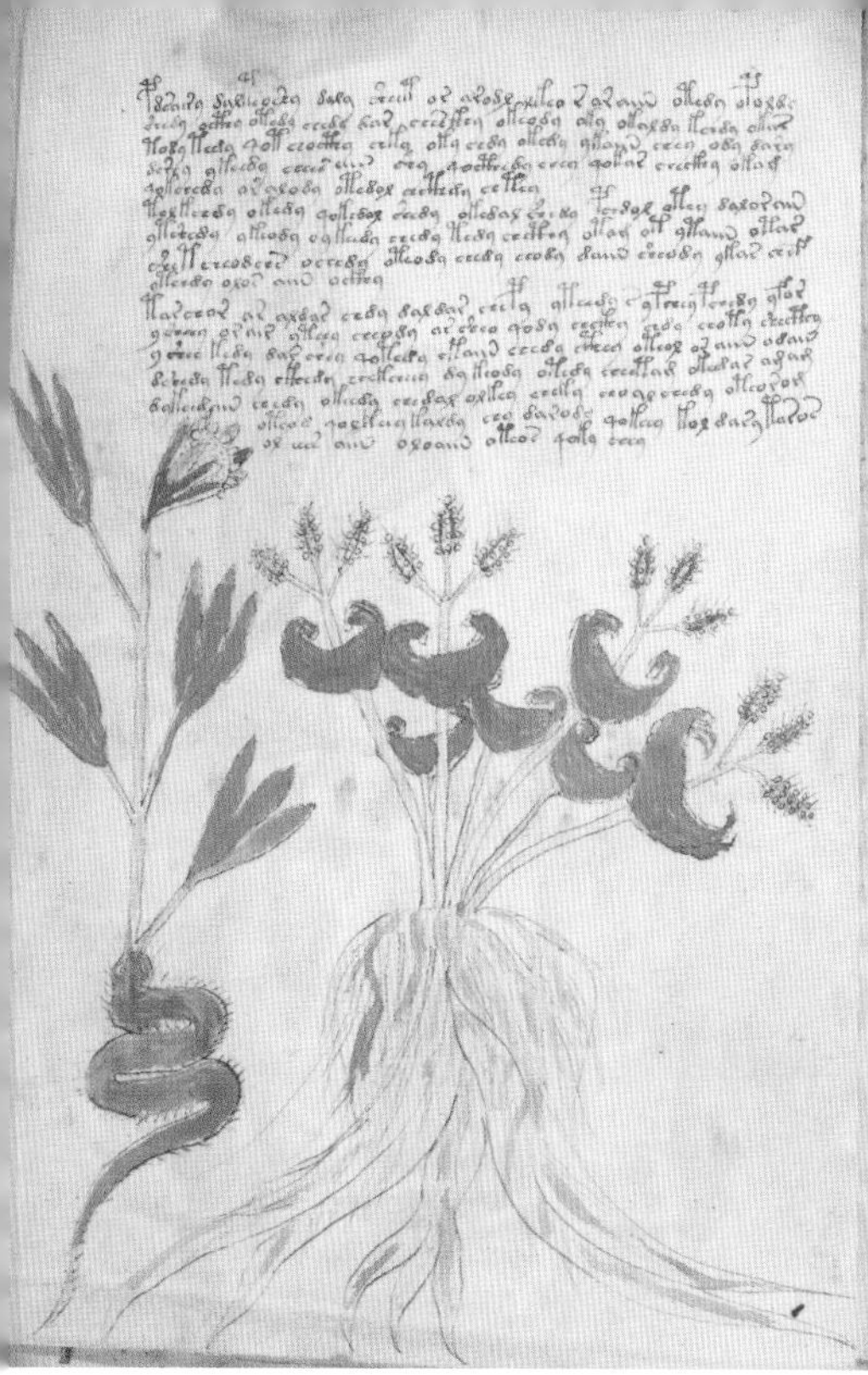

自律神経のオン・オフ機能

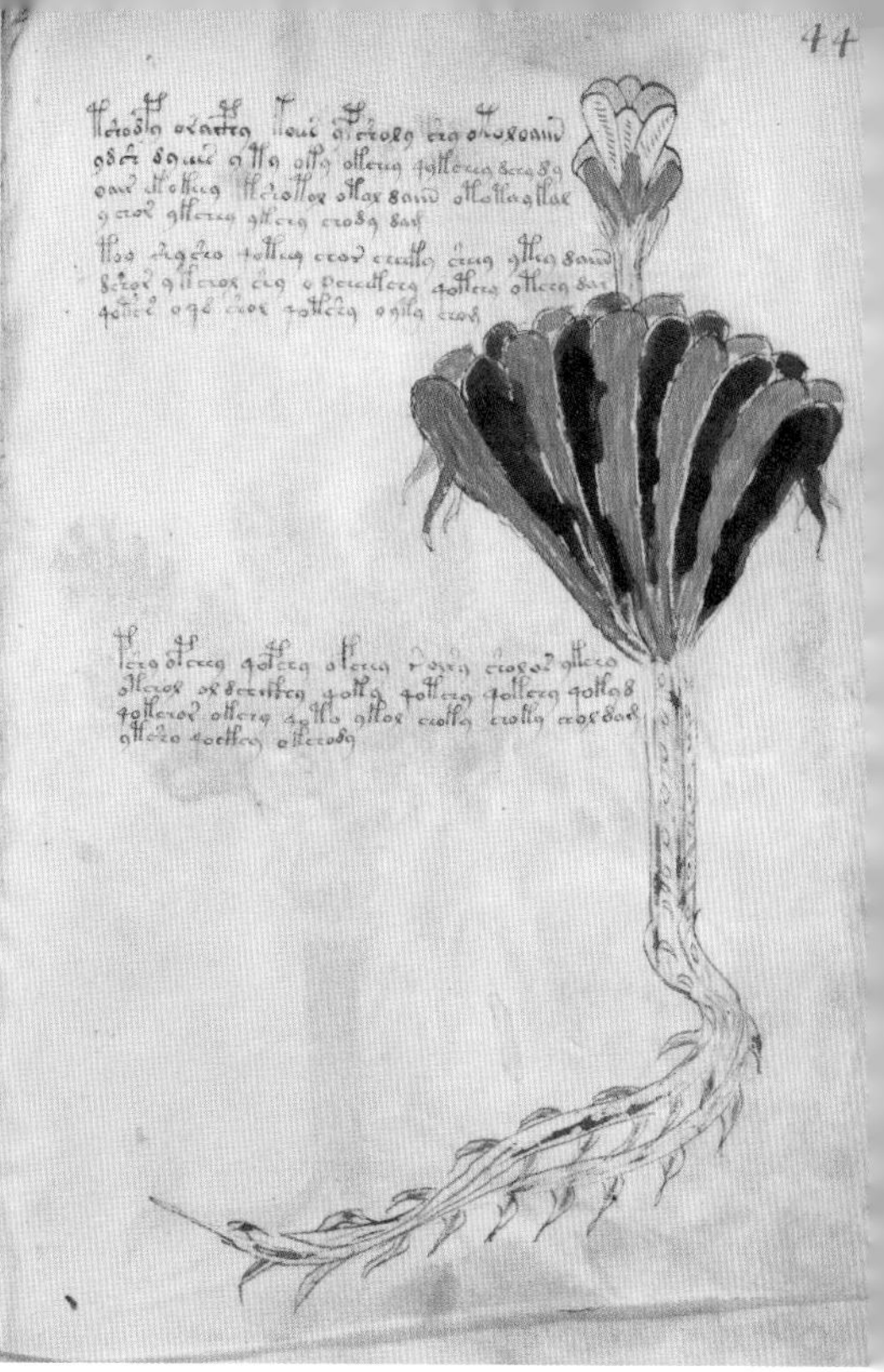

ふくらはぎのポンプ機能

脳弓《のうきゅう》

左の植物は、大脳辺縁系の一部である脳弓を創る。脳弓は神経線維束で記憶に影響する部位だ。二つの花のような部分が乳頭体とその先にある視床《ししょう》前核にあたる。葉で隠れているが茎にあたる部分が脳弓だ。葉には脳弓を創る粒子が入ってくる。海馬に入った記憶が電気信号でイメージとなって脳弓へと流れる。

乳房

右の植物は、乳房を創る。花の部分が乳腺で、茎の部分が乳管だ。根が乳頭になる。別々に創られた。

次に行く。

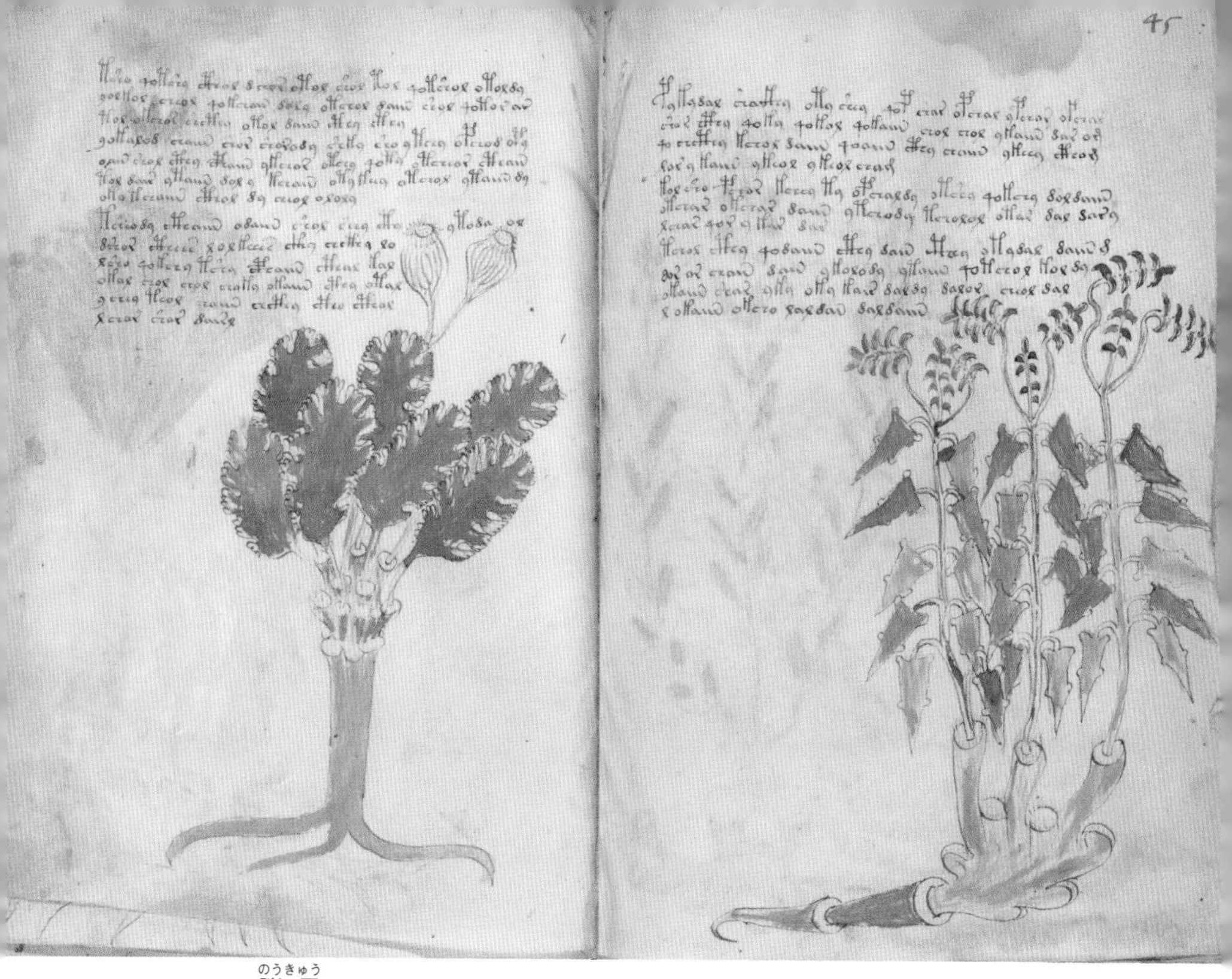

脳弓
（のうきゅう）

乳房

筋肉組織

左の植物は筋肉組織を創っている。根の部分だ。上部の3つの茎から成る植物は、空間からそれに必要な粒子を取り込むために、基底部に埋め込まれている。必要な粒子とは、ブドウ糖になる粒子だ。肉体に入ると体内のブドウ糖は血液によって筋肉組織に送られるが、ここではこの上部の植物から送られている。筋肉になる根の部分は、収縮、弛緩を繰り返す動きをしている。そのエネルギー源としてブドウ糖の粒子が使われる。

筋繊維

右の植物は筋繊維を創っている。根の部分が筋繊維になる。花は、さまざまな粒子を取り込むが、統一化に必要な粒子だけを葉へ送り、根へは筋繊維を創る粒子を送る。葉は、同じ方向に筋繊維細胞が創られるように花から取り込んだ統一化の意識粒子を根に送っている。この植物は根全体が左右に同調して動いている。

次に行く。

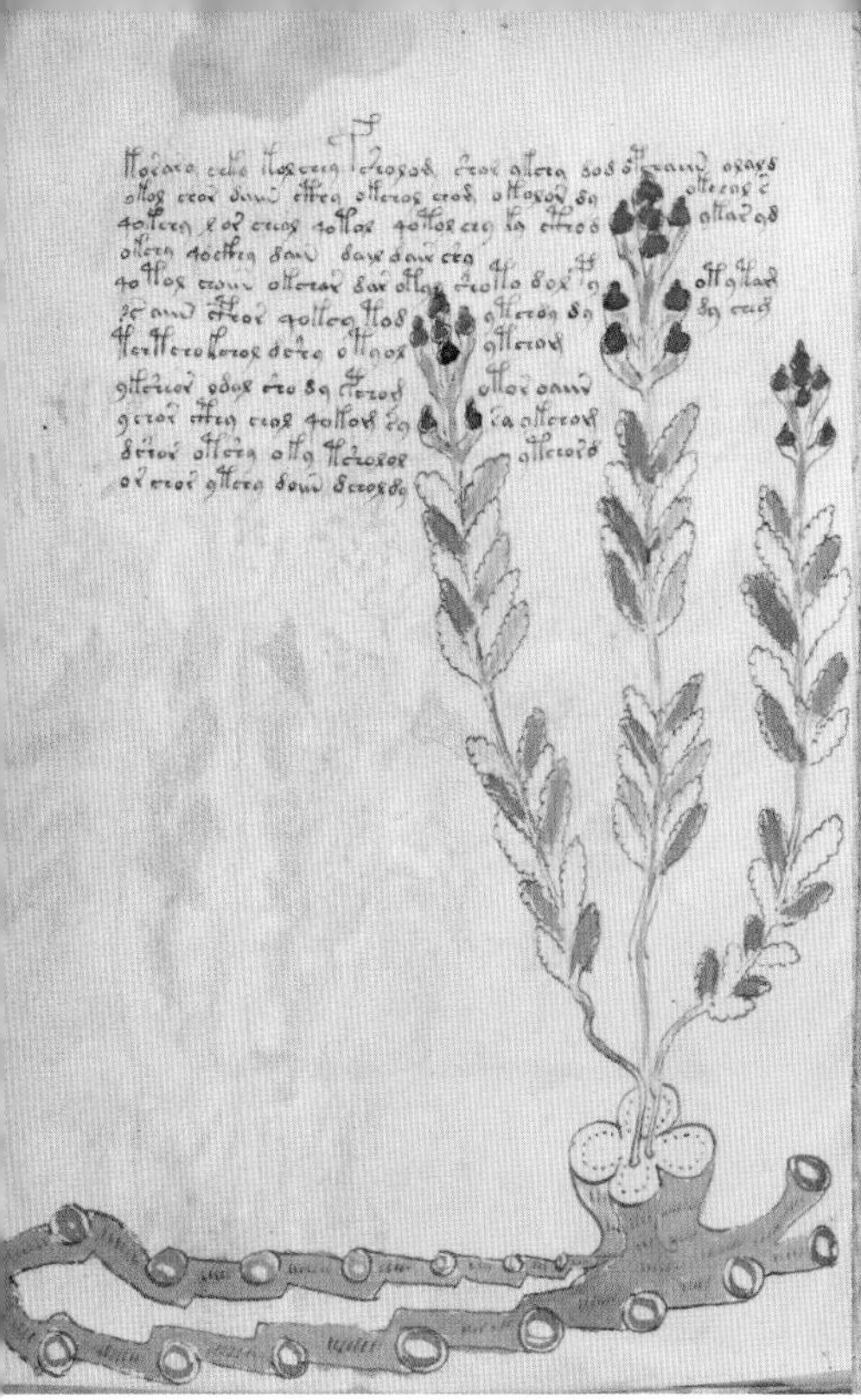

筋肉組織

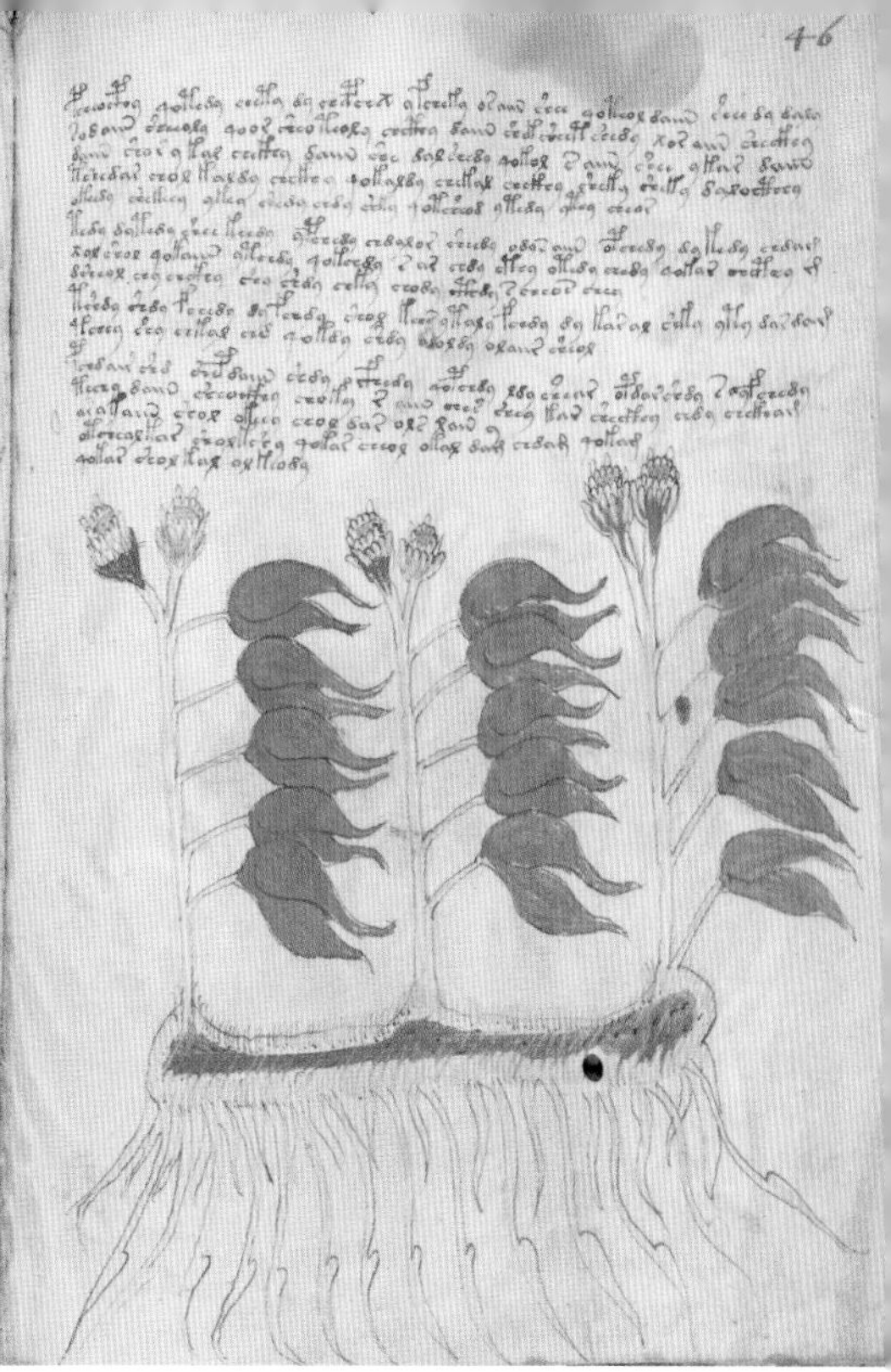

筋繊維

ワシ

左の植物は、ワシの身体と意識を創る。花の部分は脳の中の小脳など、各領域だ。茎が背骨で、葉の部分は皮膚になる。根は翼だ。ワシには慎重にことを進め、決めると潔く行動するという意識がプログラムされている。

この意識は、ワシが餌を取る時に必要とされるが、この意識が地上の生き物全てに影響を与えている。もともと人間を含めてこの意識は備わっているが、生き物の中で一番強い意識が入っているのがワシだ。そのため他の生き物にその意識が必要に応じていっそう強化される。

これを創造した存在たちは、地上の生態系を基に具体的な生き物の在り方を設計している。

小人族

右の植物は、身長20センチほどの小人族の肉体を創る。葉の部分が表皮細胞になる。7次元領域で各パーツが創られ、後で組み合わされる。そこに魂が入ることにより、それぞれの意識と共に生きることになる。人間と同じだ。

次に行く。

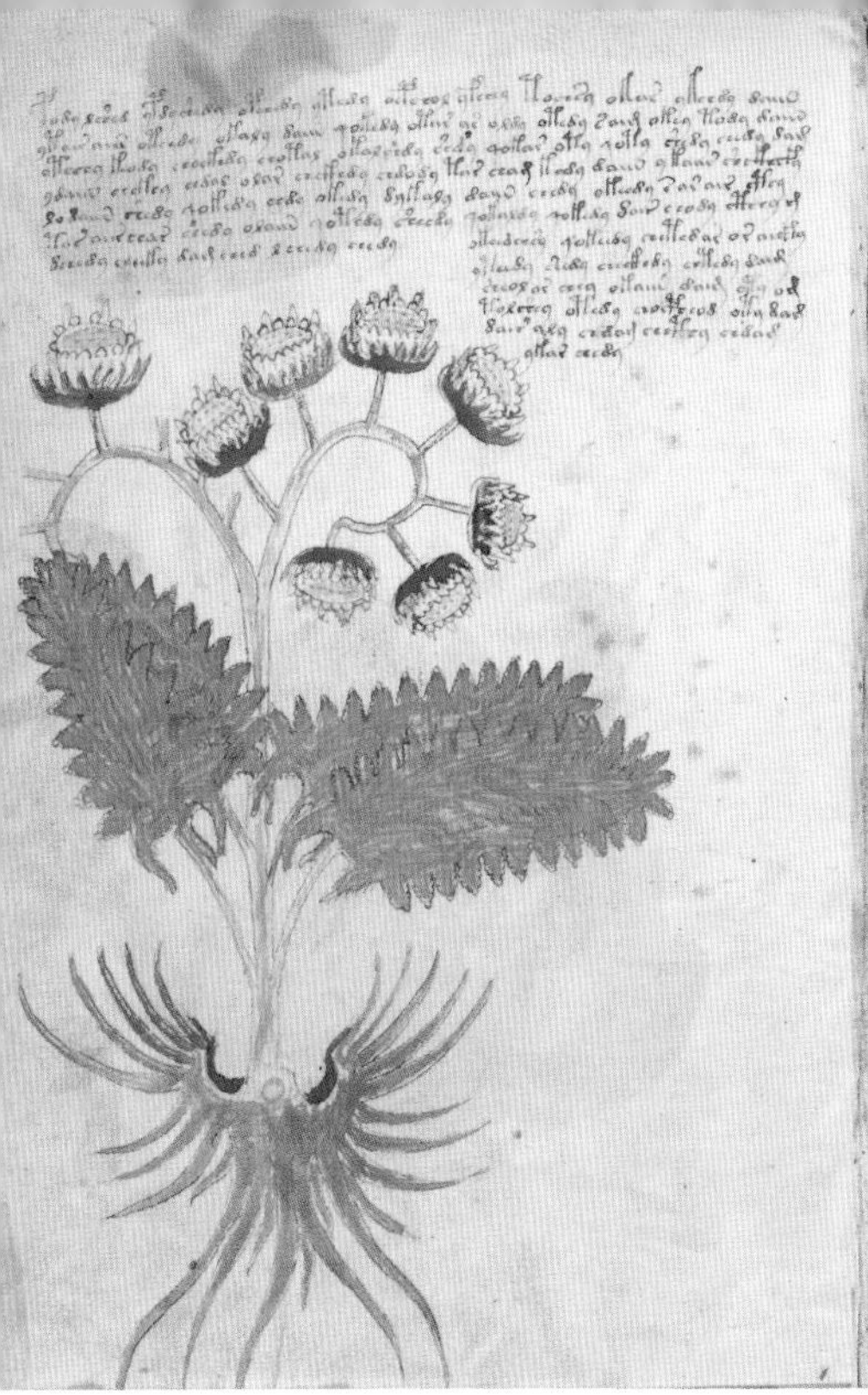

ワシ

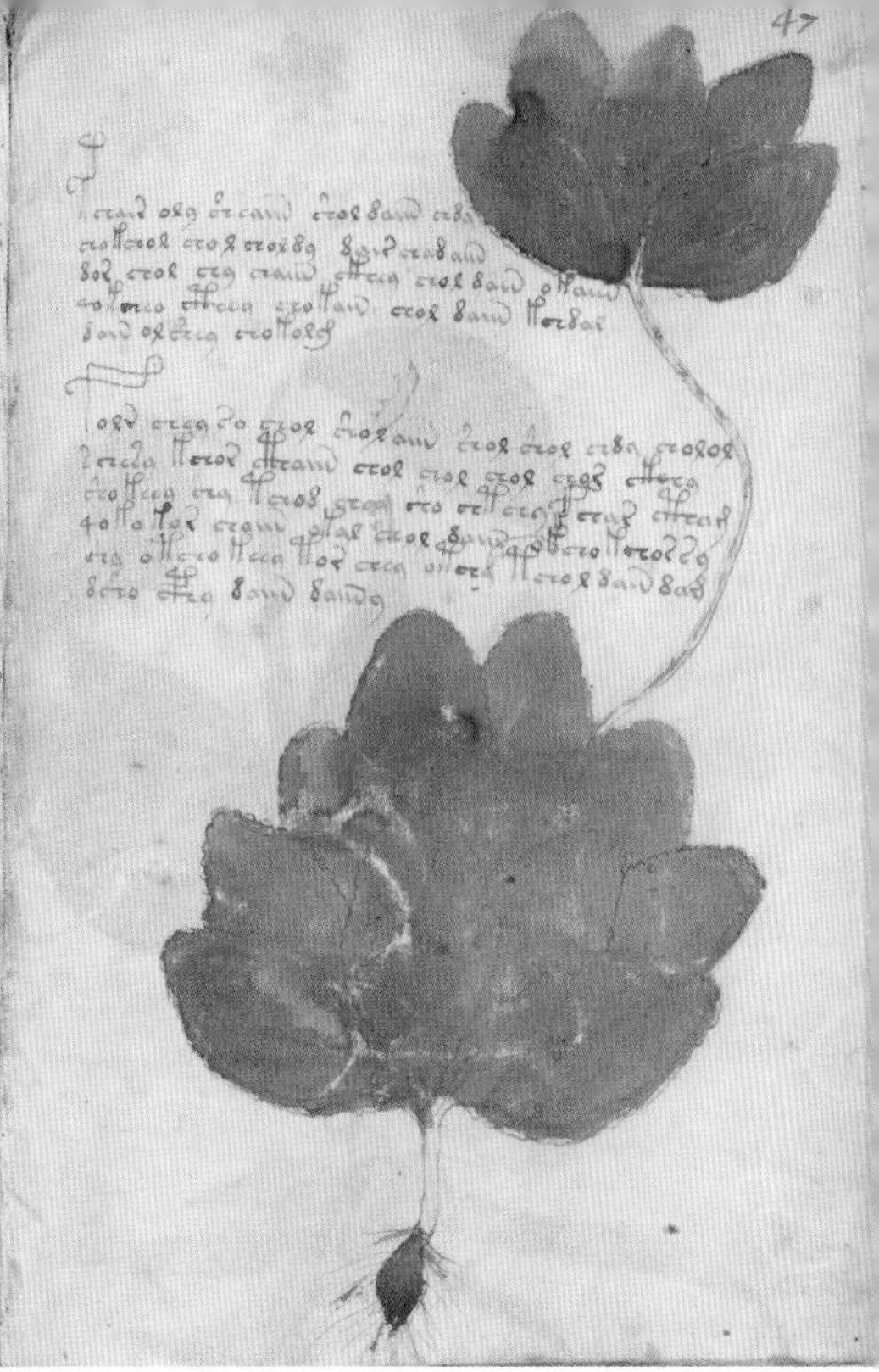

小人族

イカ

左の植物はイカだ。三つの花の内の二つが肝臓、真ん中にあるのが心臓だ。上の双葉はエラで、下葉は外套膜で、根は一般的に足と呼ばれる部分だ。

イソギンチャク

右の植物は、イソギンチャクの身体だ。花の部分は臓器にあたり、葉は体壁、茎が口道、根は触手だ。特性は、別の領域で創られる。

次に行く。

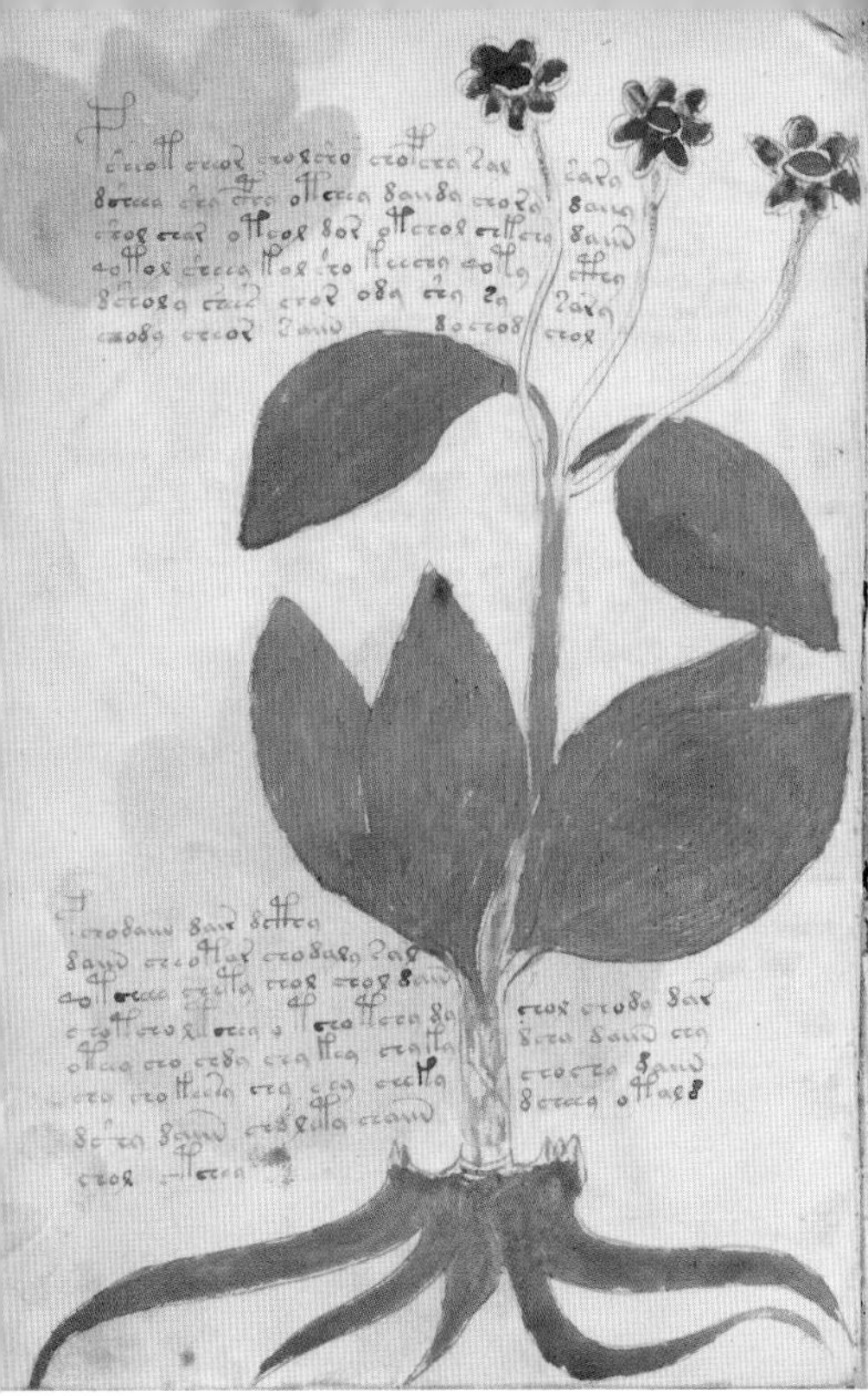

イカ

イソギンチャク

腋窩《えきか》リンパ節

左の植物は、腋窩リンパ節を創る。花の部分がリンパ節、茎がリンパ管、根からそれを創る粒子を取り入れ、葉で融合させて茎に送っている。リンパ小節を創る植物はあるが、ここでは腋窩に特化して創られる。他のリンパ節も同様だ。

アレルギー反応

右の植物は、アレルギー反応のシステムを創る。赤い花のような部分は、アレルギー反応を起こす免疫細胞で、上の三つの紺色の花は、すでに反応を起こした細胞だ。アレルギーを起こす有害物質は根から入る。それが丸い葉の塊のようなところへ行く。その際、花の部分からリンパ球のようなものが葉へと行き、排除しようとする働きが起こる。

次に行く。

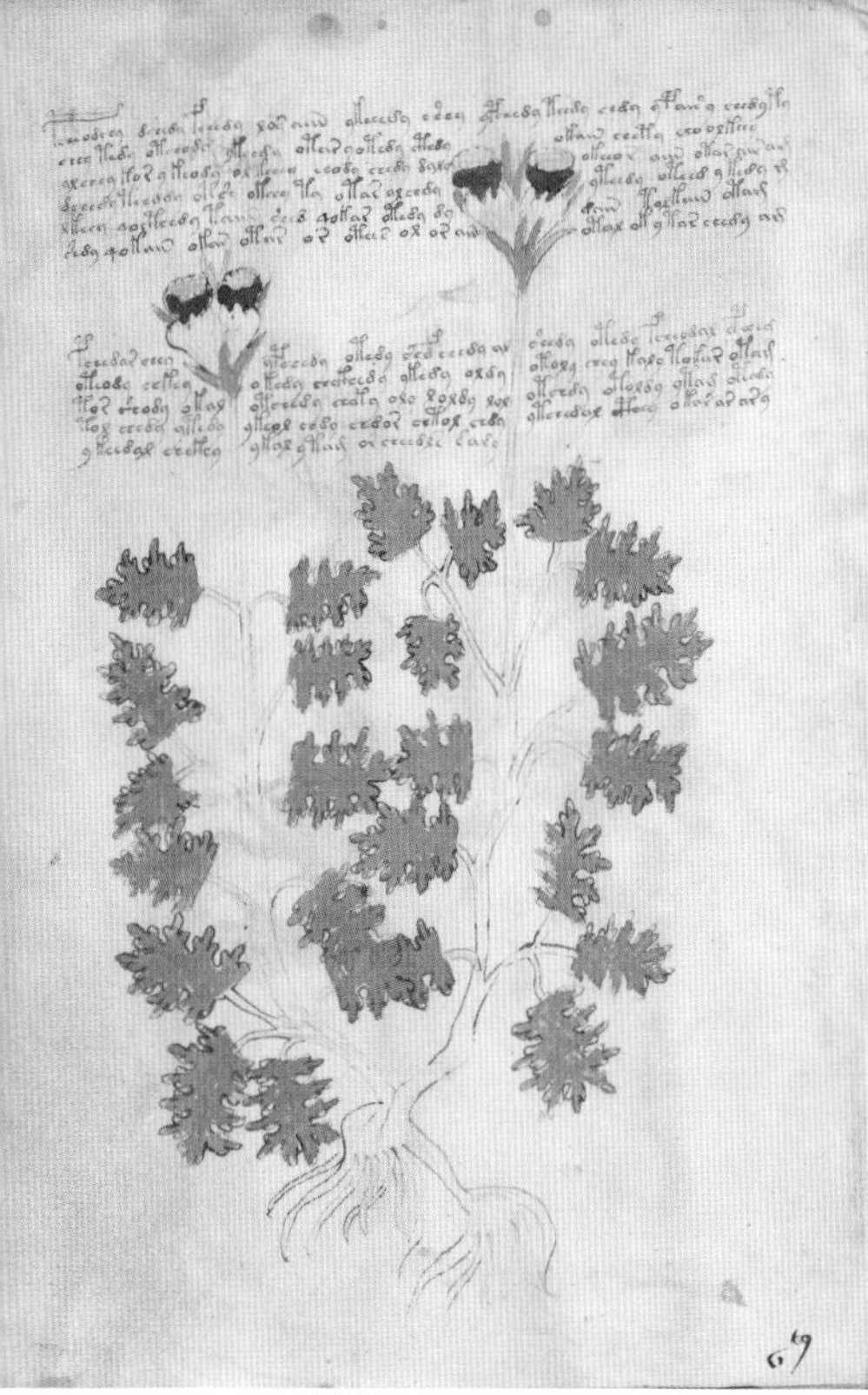

腋窩《えきか》リンパ節

アレルギー反応

内耳

左の植物が創るのは、内耳の蝸牛《かぎゅう》、渦巻管だ。上にある花は聴覚神経につながる部分。根からそれに必要な粒子が昇っていく。蝸牛にはリンパ液になる粒子が入っており、音の波動がそれを振動させることで、聴覚神経につながり、それが脳へ伝わって音として聞こえる。

それが今の人間の聴覚の作りだ。

しかし、本来、この次元で創られた蝸牛は、リンパ液が入るようには創られていなかった。

それがなくてもかすかな音まで分かるように創られた。この蝸牛では、高次の存在のメッセージや音まで受け取ることができる。

三尖弁《さんせんべん》

右の植物は、心臓の右心室の三尖弁という弁の機能を創造する。花の部分だ。開いたり閉じたりするように動いている。肉体の三尖弁は血液の流れを押し出す働きをする。ここは根から入った粒子が、拡張、収縮と規則的に動くようになっている。葉へ入る粒子は、その動きを安定させる役目だ。花へも粒子は入る。その入ってきた粒子が花弁の外側にある白い縦のうねりのある部分から一定量出ていくように創られている。

また、心臓の弁はその人間の感情や意識により、早くなったりゆっくりになったりする。

料金受取人払郵便

神田局承認

1916

差出有効期間
2025年7月
31日まで
切手を貼らずに
お出しください。

郵便はがき

101-8796

509

東京都千代田区神田神保町3-2
高橋ビル2階

株式会社 ナチュラルスピリット

愛読者カード係 行

フリガナ		性別
お名前		男・女
年齢	歳	ご職業
ご住所	〒	
電話		
FAX		
E-mail		
ご購入先	□ 書店(書店名:) □ ネット(サイト名:) □ その他( )	

ご記入いただいたお名前、ご住所、メールアドレスなどの個人情報は、企画の参考、アンケート依頼、商品情報の案内に使用し、そのほかの目的では使用いたしません。

ご愛読者カード

ご購読ありがとうございました。このカードは今後の参考にさせていただきたいと思いますので、アンケートにご記入のうえ、お送りくださいますようお願いいたします。

小社では、メールマガジン「ナチュラルスピリット通信」（無料）を発行しています。
ご登録は、小社ホームページよりお願いします。**https://www.naturalspirit.co.jp/**
最新の情報を配信しておりますので、ぜひご利用下さい。

●お買い上げいただいた本のタイトル

●この本をどこでお知りになりましたか。

1. 書店で見て
2. 知人の紹介
3. 新聞・雑誌広告で見て
4. DM
5. その他（　　　　　　　　　　　　　　　　）

●ご購読の動機

●この本をお読みになってのご感想をお聞かせください。

●今後どのような本の出版を希望されますか？

購入申込書

本と郵便振替用紙をお送りしますので到着しだいお振込みください（送料をご負担いただきます）

書　籍　名	冊数
	冊
	冊

●弊社からのDMを送らせていただく場合がありますがよろしいでしょうか？

□はい　　□いいえ

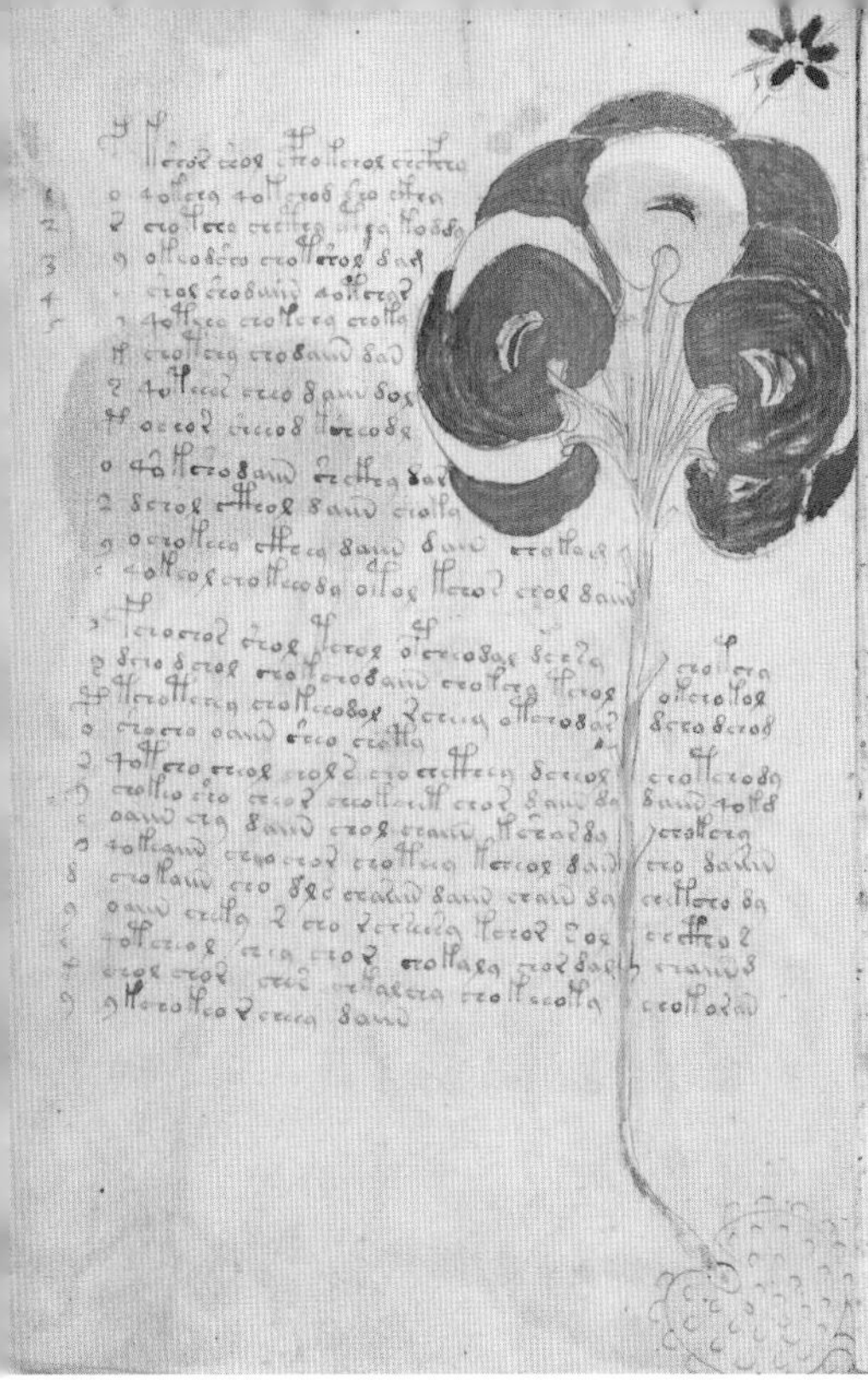

内耳

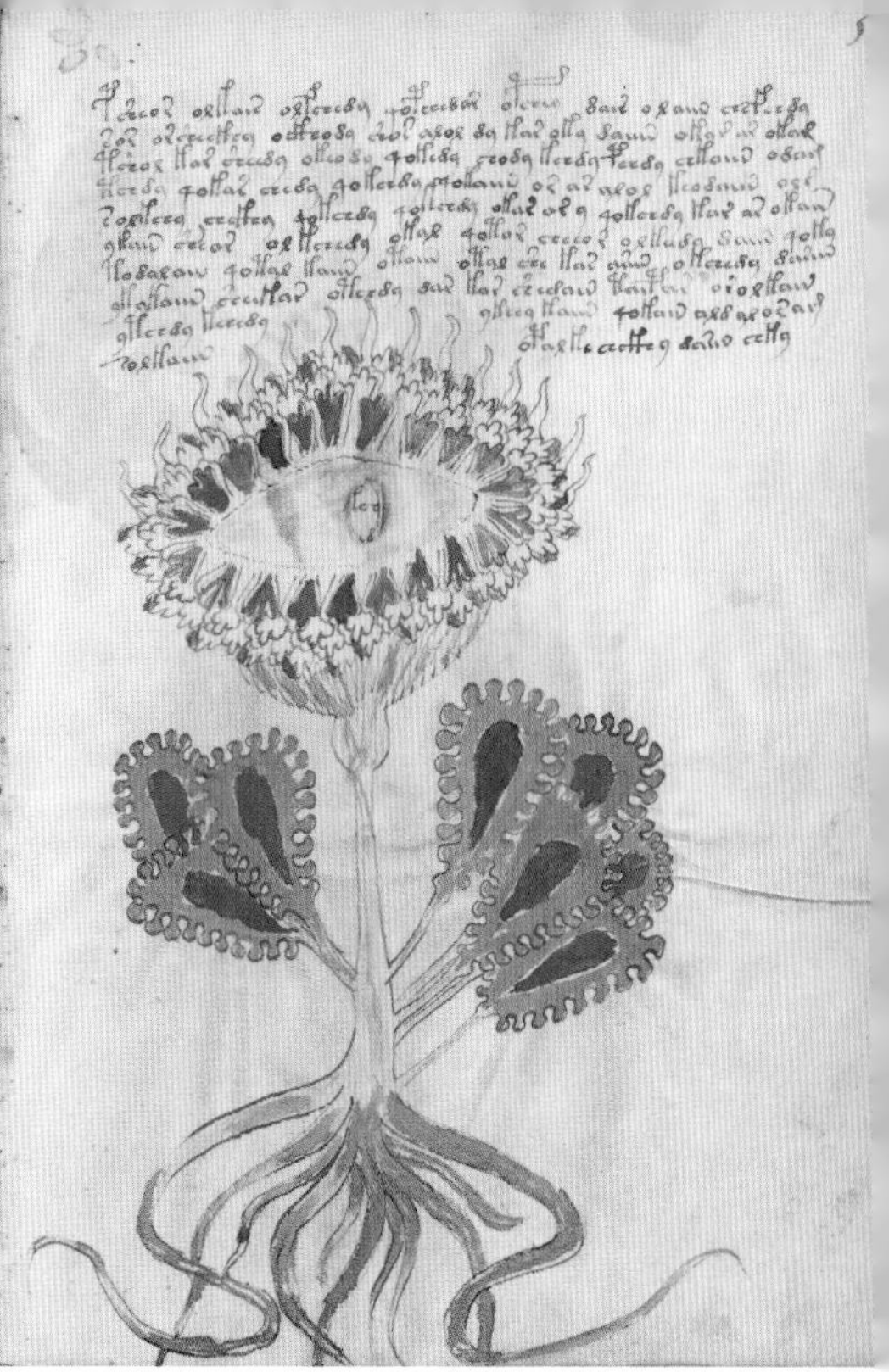

三尖弁《さんせんべん》

本来、宇宙の振動と心臓の鼓動は連動している。宇宙のリズムに調和する意識を持てば、肉体に不調和は起こらない。

次に行く。

台風

左の植物は、台風を起こすメカニズムを創る。花の部分から雲を吸い込み、葉の部分で小さな渦を作り、根に送ることでだんだん大きな渦になる。本来、地上での台風の働きは、海をかき混ぜ生き物たちを活性化させること、陸では大気とそこに含まれる人間の負のエネルギーを浄化しながら活性化させることだ。

台風やハリケーンなどには通り道がある。そこは地球上の負のエネルギーが溜まりやすい場所となっている。

脊髄と椎間板

右の植物は、脊髄と椎間板のシステムを創る。花の部分が脳の内部を表し、ここで髄液が創られる。それが脊髄となる茎を通って仙骨の根に行く。ここで仙骨はポンプの役割をする。

葉の部分は椎間板だ。

次に行く。

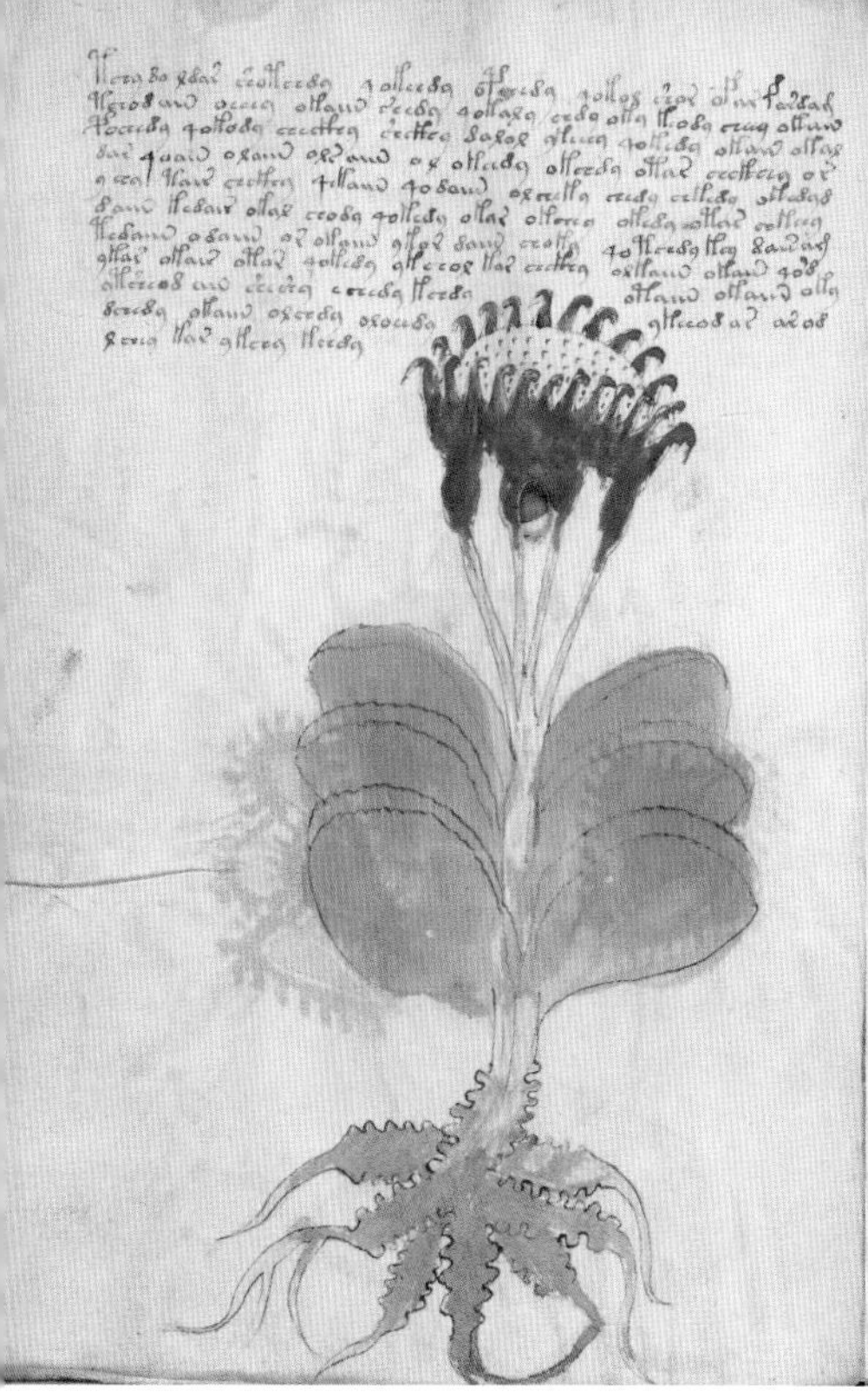

台風

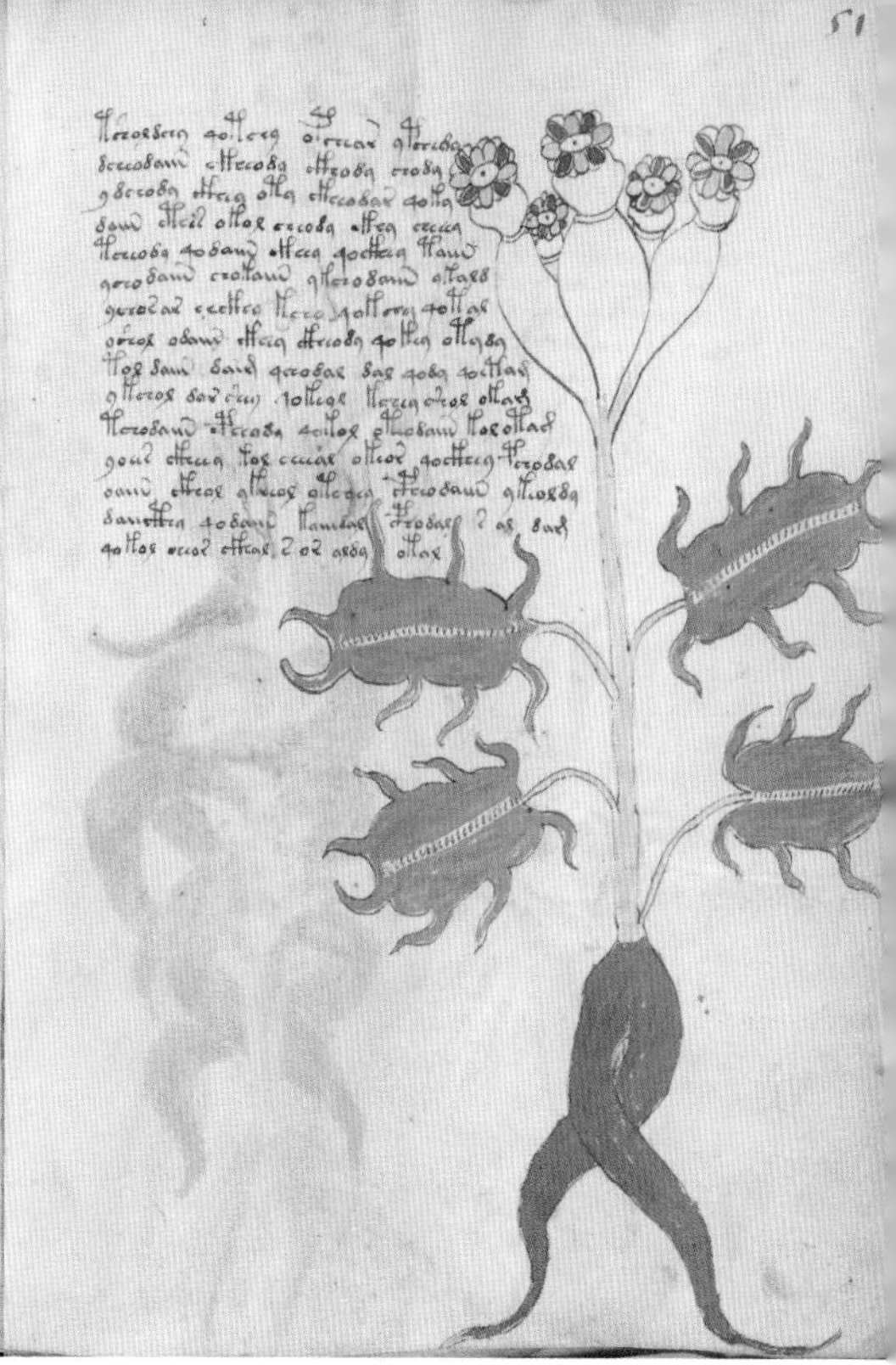

脊髄と椎間板

鼠径部のリンパ節

左の植物は、鼠径部のリンパ節を創る。花の部分がリンパ節、茎がリンパ管、根からそれを創る粒子を取り入れ、葉で融合させて茎に送っている。また、根は人間の足裏の湧泉という経穴につながるように創られる。

祈りで発現する背中のパワー

右の植物を説明する。

人間が祈ると、背中に独特のパワーが発現する。そのパワーは、祈りの具現化を強めるものだ。この植物は、祈りと共に現れるパワーとなり、その人間の背中に現れる。

根の部分がその人間の身体を囲む。左手に葉があるのは、そこにパワーが宿るからだ。男女とも同じだ。頭部からそのパワーが噴出し、花が開いた時、宇宙とつながる。

これが発現する祈りは、愛の祈りで大自然、循環、調和を具現化する強い意志を伴ったものだ。また、両手は合掌ではなく、腕を広げる方がよい。そして、この植物を自分の背後にイメージするとよい。


次に行く。

鼠径部のリンパ節

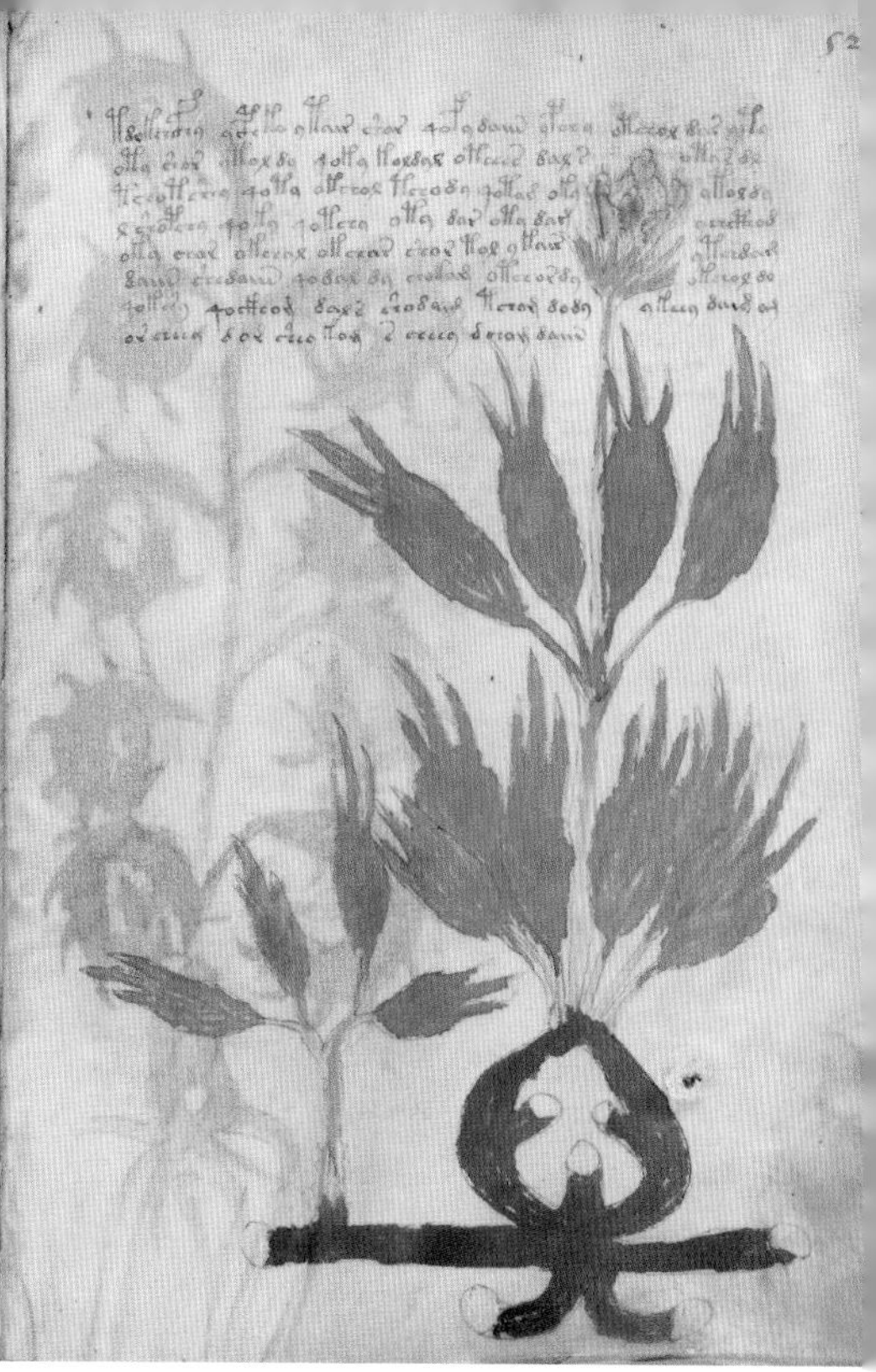

祈りで発現する背中のパワー

腹壁の皮下組織

左の植物は、腹壁の皮下組織を創る。脂肪を含む細胞だ。根からその粒子を取り入れている。腹壁の皮下組織は、腹部が温まるようなエネルギーを取り込む仕組みもある。このエネルギーは、太陽神経叢から取り入れる。

グリッドの統括

右の植物は、3次元の物質世界に張り巡らされるグリッドを統括するものを創る。これは、全てのグリッドに組み込まれる。この植物が創り出すものは、「融合と壁」だ。

例えば、渡り鳥のグリッドだ。このグリッドがあるから、鳥同士が集合意識で一連の動きができ、仲間同士の対話ができる。これにより、種の中の融合と、他の種との壁があることが分かる。

二極性のグリッドは、全ての生き物に作用している。これがあるから仲間との融合、他種との壁が意識の中に作られる。人間も同じだ。人間の覚醒のひとつは、二極性の超越だ。すると、目覚めた人間はこのグリッドの影響から出ることができる。

この植物は、花の部分からそのグリッドに必要な波動を出し続けている。ひとつのグリッドにひとつの植物がある。

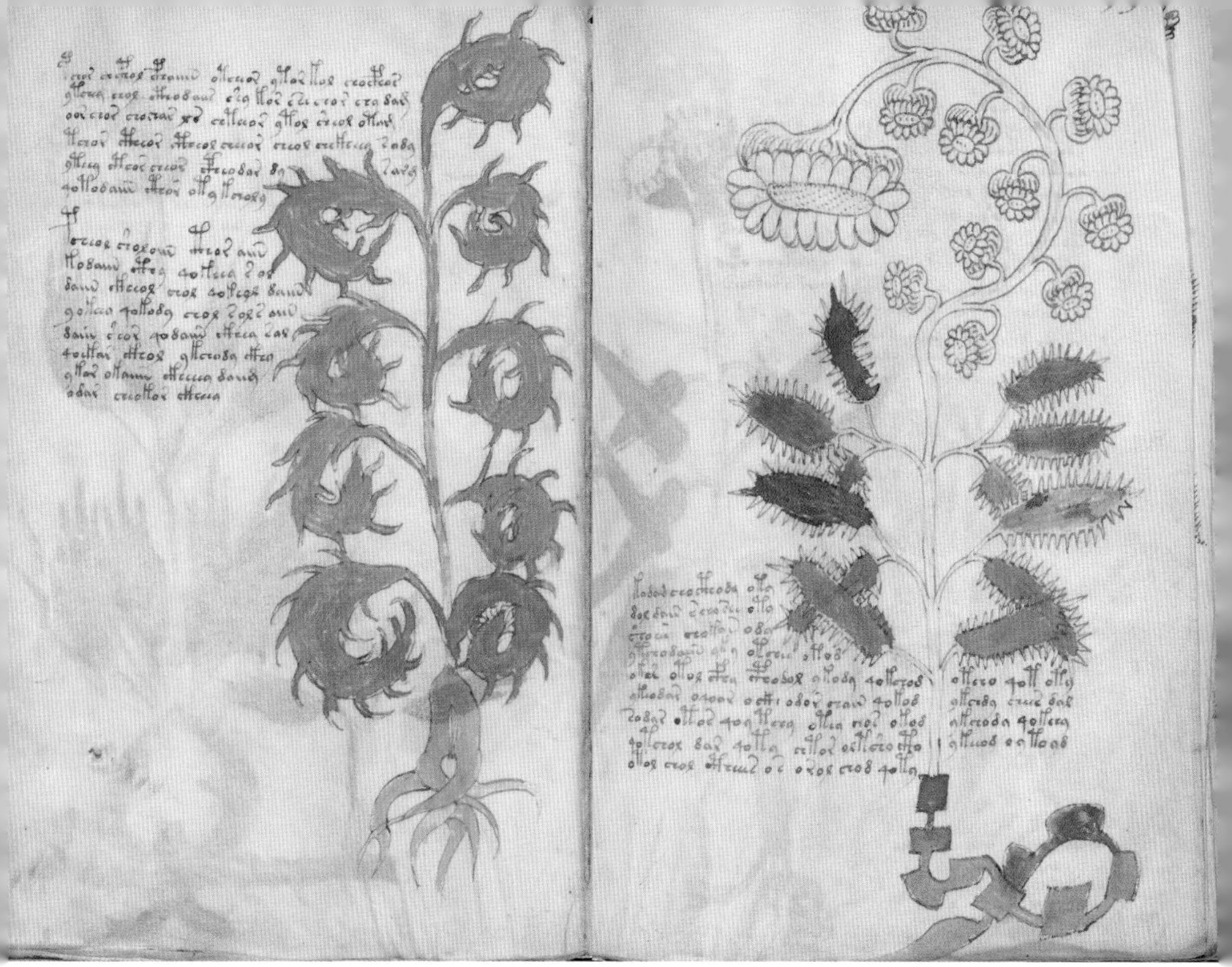

腹壁の皮下組織　　グリッドの統括

次に行く。

血小板

左の植物は、血小板を創る。根は骨髄の働きをして、血小板になる粒子を上へと送る。葉は、塊となってできたものを細かく粉砕し、血小板となって上の花となる。葉は上下に揺れている。

オスジカのエネルギーライン

右の植物は、オスのシカの身体と角から尾にかけて流れるエネルギーラインを創る。メスは頭部から尾にかけて同じエネルギーラインがある。葉の部分は、骨や臓器になるところだ。シカの意識もそこに流れる。シカの意識は、「真実を見据える」ことだ。シカにこの意識はないが、シカと出会った人間は、嘘がつけないという意識が働く。ただし、欲の強い人間には、自分の心の奥でこのような意識が働いていることに気づかない。

次に行く。

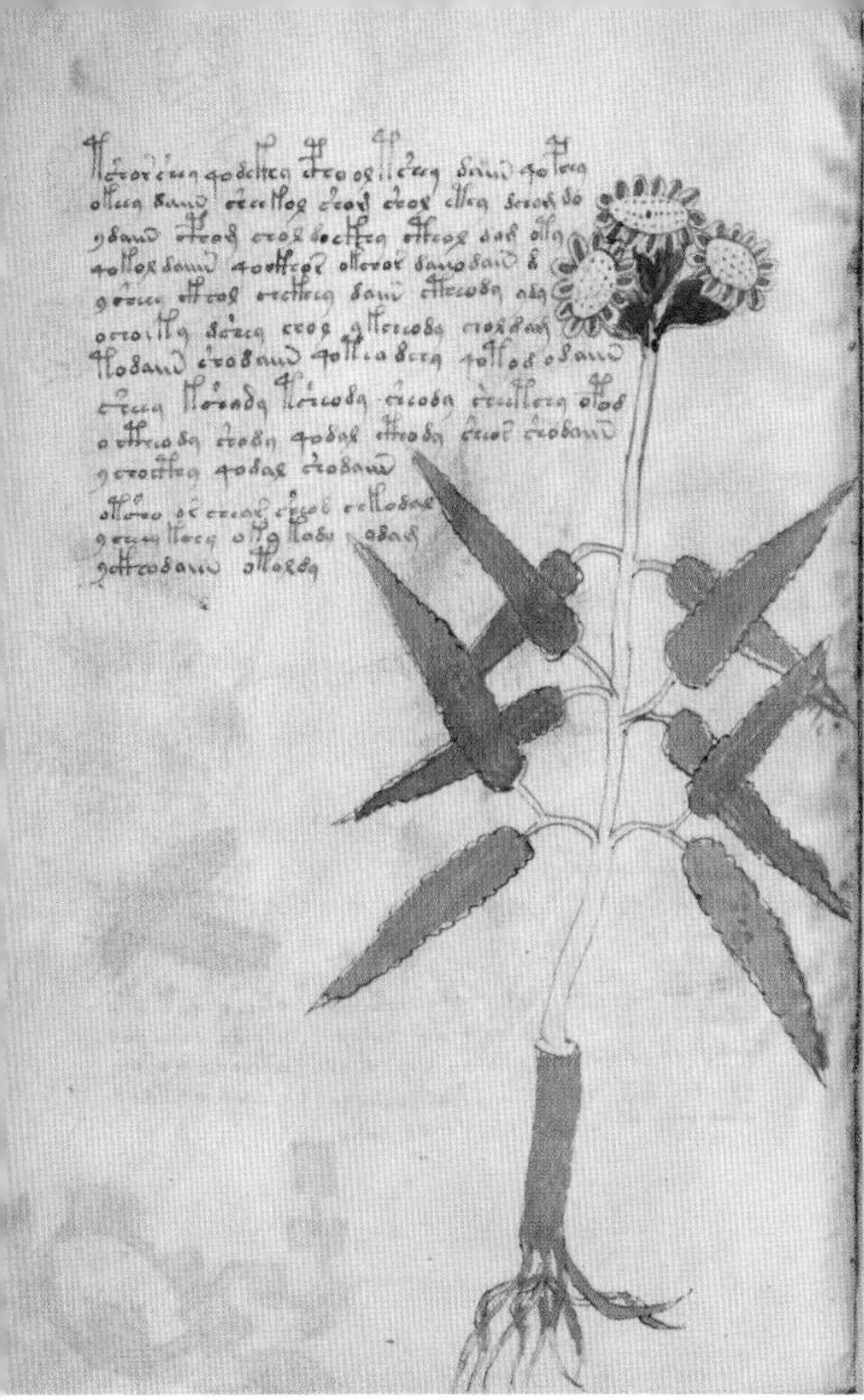

血小板

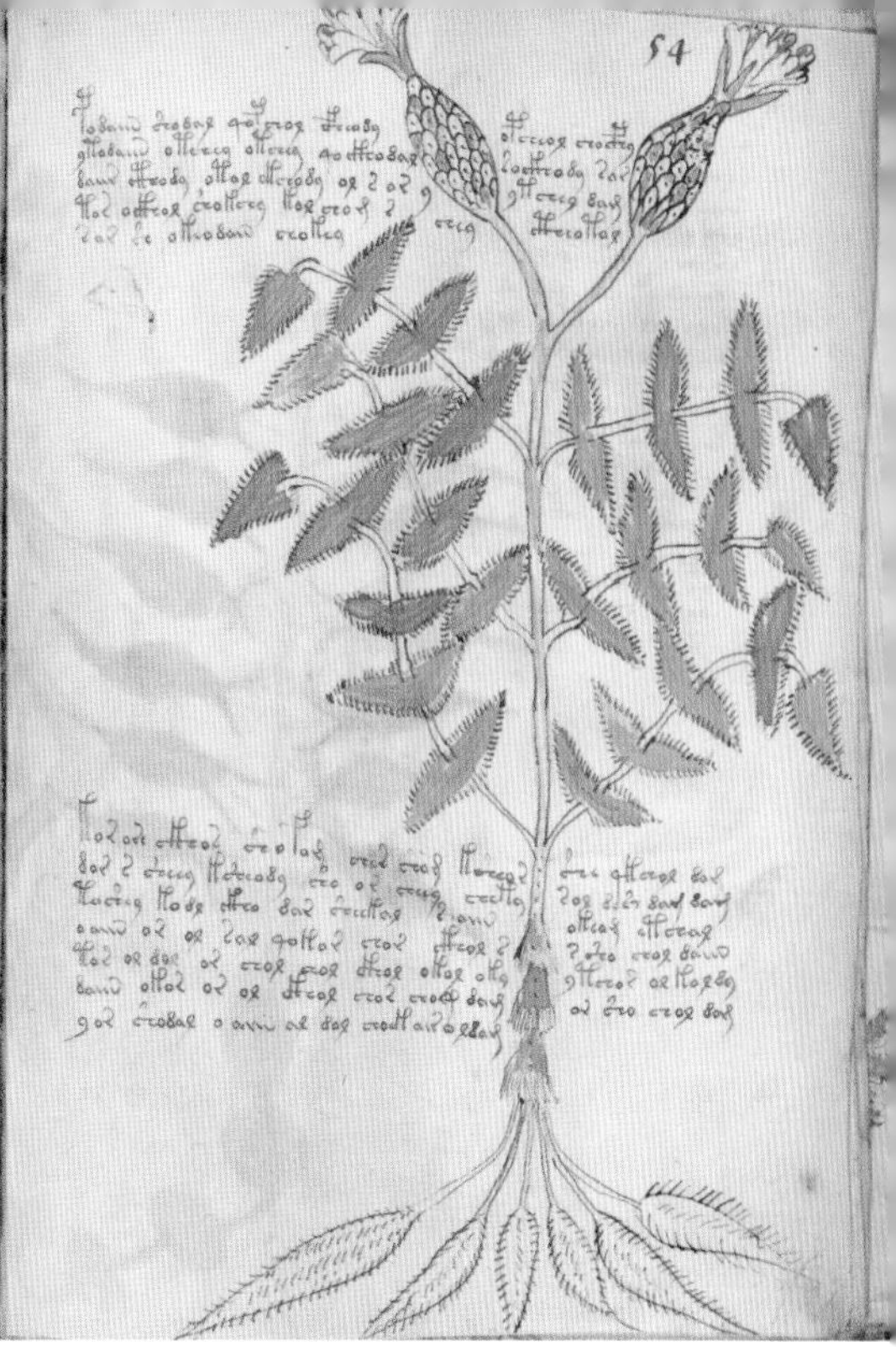

オスジカのエネルギーライン

足裏の経穴《けいけつ》

左の植物は足裏の経穴を創っている。花の一つひとつが身体の各器官につながる。

そして、根から取り入れた粒子が上へと送られる。葉は、各花が統一、調和するように、その粒子を送っている。足裏の経穴と体内の器官はつながり、体内の器官と宇宙のエネルギーはつながっている。その人間の意識により不調和が起こると、その信号が経穴に現れるように創られている。

子午流注《しごるちゅう》

右の植物に行く。

人間の身体は、約2時間おきに気の流れる場所が変わる。ひとつの流れが起こり、活発になり、やがて弱まり次の流れへとバトンタッチする。この植物の働きは、その変わり目を知らせることだ。

これは、脳の松果体にセットされた。松果体の機能はあまり知られていない。睡眠と覚醒のリズムだけでなく、この体内の気のリズムも松果体の機能のひとつだ。目から入るものも松果体に大きな影響を与える。何かを見るということは、意識がその何かに集中し、目からエネルギーが出る。過度に目を使うことで、松果体への負荷がかかる。身体の中で松果体が一番宇宙と連動している。

次に行く。

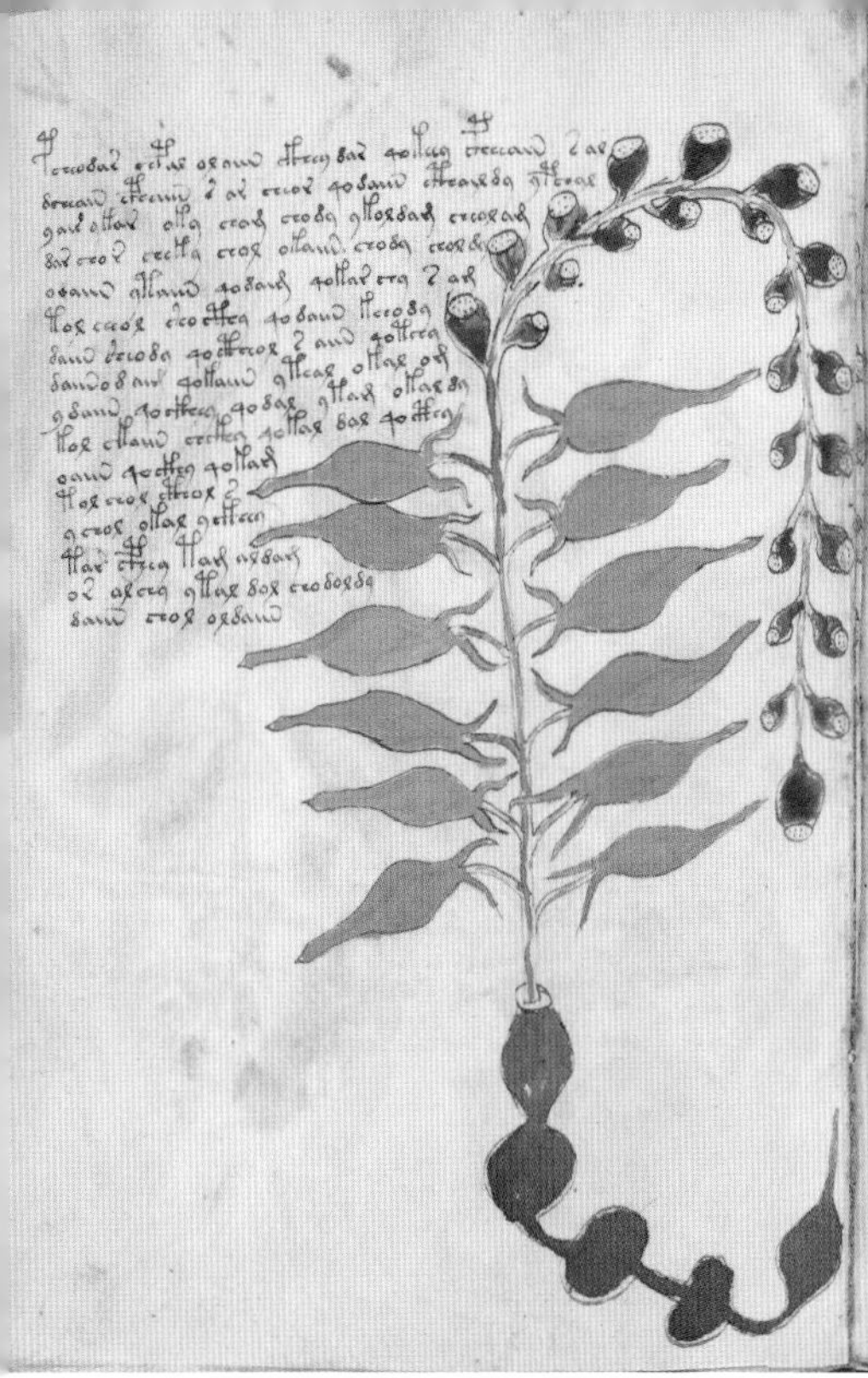

足裏の経穴《けいけつ》

子午流注《しごるちゅう》

ヨーウィ

左の植物は、直立二足歩行のヨーウィを創る。ヨーウィは、オーストラリアに棲息する人型の未確認生物と言われている。これは、ヨーウィの身体のテンプレートと意識を創る。一番上が頭部、葉の部分が胸部と腹部、根が手足だ。ヨーウィの意識は、自然と共に生きていくことだ。人間には見つからないようにしている。家族や仲間単位で暮らしている。地上にいるヒューマノイド型は人間だけではない。ただし、魂の進化を目的に生きているのは同じだ。

ビッグフット、小人族、そしてヨーウィも、人間に調和や愛という彼らの意識が伝わるが、人間の意識も彼らに伝わる。それは、彼らに混乱をもたらしている。また、彼ら以外にもヒューマノイド型の存在たちはいる。

宇宙の木

右の植物は、宇宙の木だ。この一本の木は3次元宇宙に存在し、多次元宇宙ともつながっている。この茎にある葉や花のような部分は、全てひとつの銀河系だ。根は根源神につながっている。この木は根源神の意識で、神聖幾何学の法則によって創られた。3次元宇宙に存在するということは、成長期から衰退期まであるということだ。今は衰退期に入ってしばらく経つ。この木が枯れる時、この宇宙はなくなり、新たな木が生まれる。それが生きている宇宙進化の次の段階となる。これはあと2千

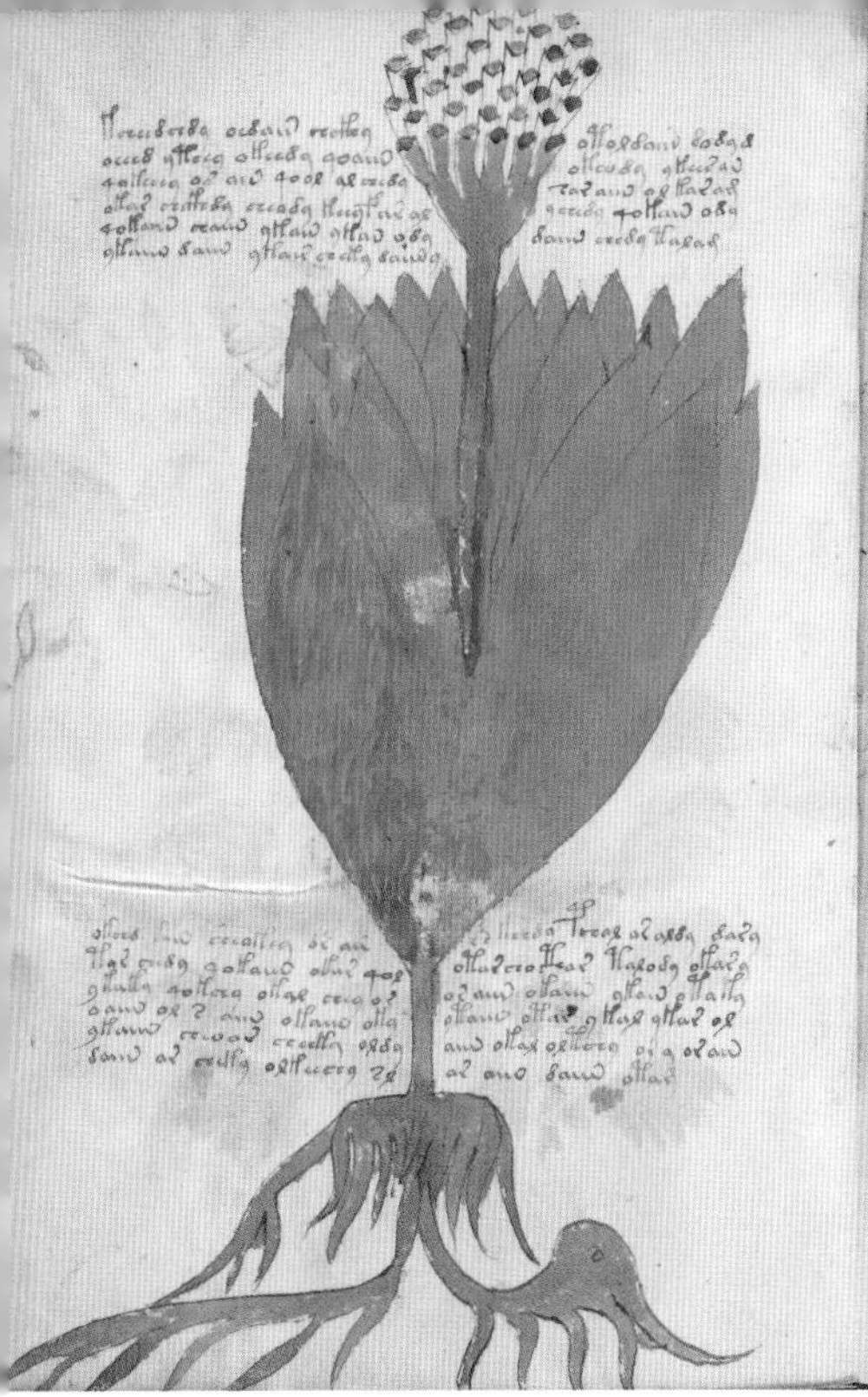

ヨーウィ

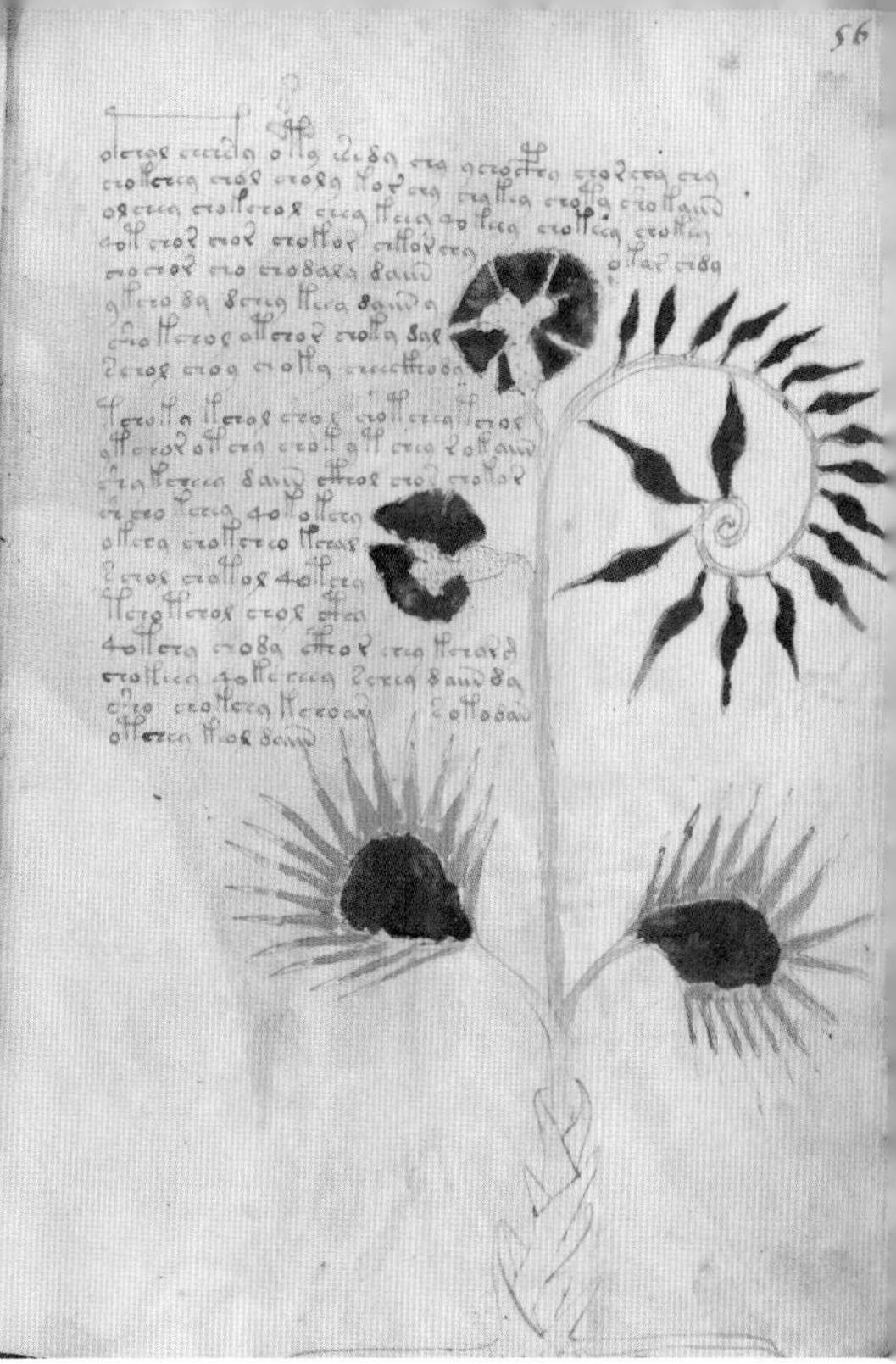

宇宙の木

年程度だ。

次に行く。

開眼《かいがん》

左の植物は、第三の目の開眼システムだ。根の部分が脳の視床とつながる。人間の意識が防衛から客観性、そして愛と調和へと向上していくと、葉の部分が成長し、花が開くシステムだ。

創造力

右の植物は、創造力を創る。根は人間の脳だとイメージするとよい。右脳と左脳が同期して働いている。右脳がイメージを生み出し、左脳でその詳細を描く。すると、上に出ている部分のように具現化が始まる。花はその部分の脳が活性化していることを表す。

右脳と左脳がうまく同期すれば、下の二つの花が咲く。一番上は具現化の花だ。中ほどにある花は、それを創る欲求や喜びという感情で、それが創造の原動力となっていると開花する。全ての脳を使うことで創造が起こる。

次に行く。

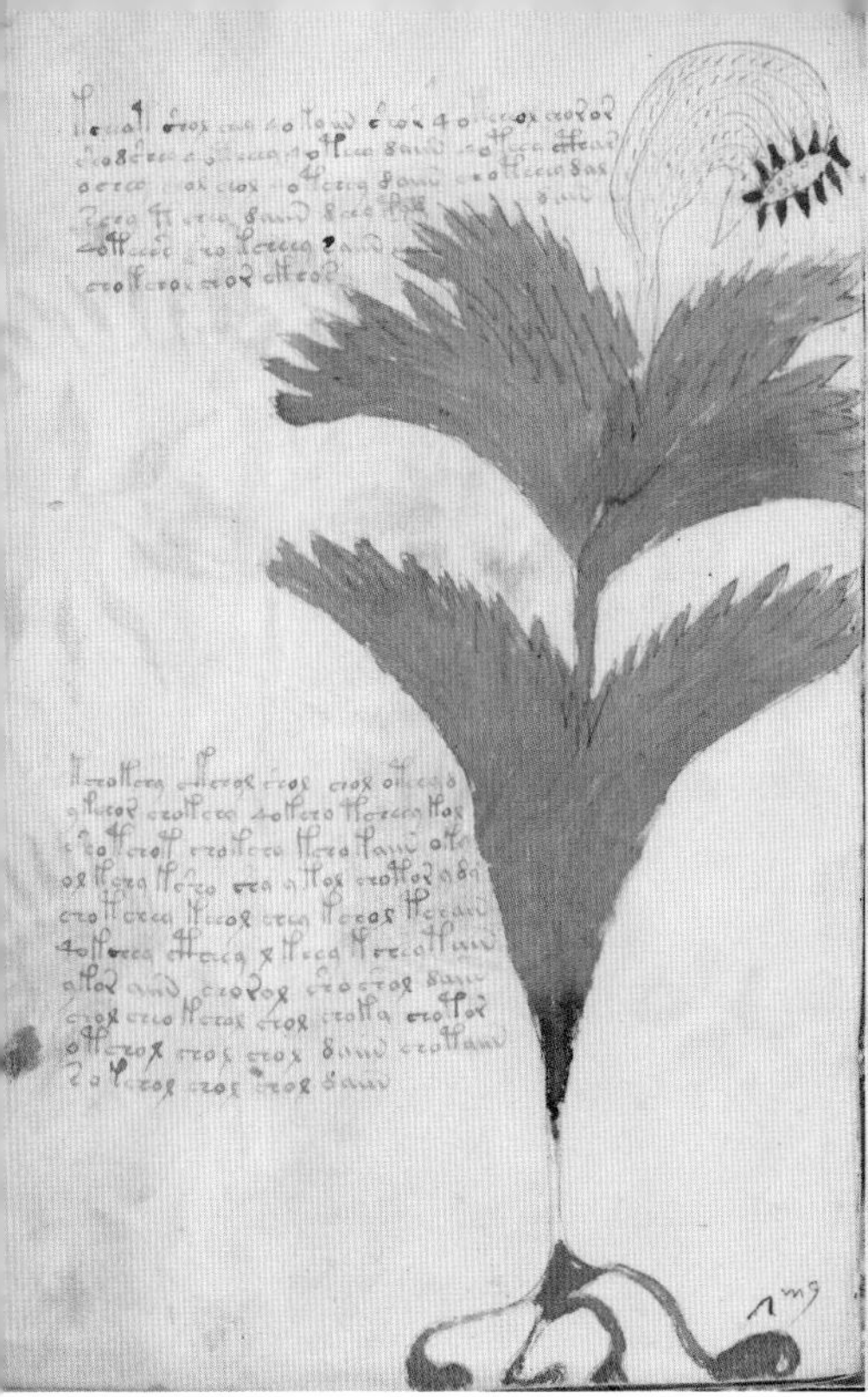

開眼《かいがん》

創造力

受容プログラム

人間の肉体のテンプレートは、9次元で創られ、次に7次元の存在たちが自分たちに似せて創った。それが原初ヒューマノイドとなった。それを人間として創造するために、それぞれに創られたパーツを、半物質の肉体に全て組み込んだ。

この次元の存在たちは、「宇宙の摂理、意識の力、進化のプロセス」という智識があり、人間の肉体の設計図は既知のものだ。

ここでは、原初ヒューマノイドが人間として誕生するために、設計図通りに、これまで創られたシステムを入れようとしている。そのためには、ヒューマノイドに「全てを受容する」という意識をプログラムする必要がある。ここでそれが行われる。

中心のヒューマノイドは、全て男性だ。男性だといっても生殖機能はないので中性といってもよいだろう。

受容の波動を出す植物の周りにそれらを据える。そして、上から順に移動する。上、右、下と進むことで、その時までに内部に入っていた基本構造がなくなり初期化に近づく。その後、左で受容の意識が入る。この場所は、ある星座の影響下にある。ここに地球時間で10年いることになる。

円周に書かれているのは、それを促進するマントラだ。これ以上の詳細を知る必要はない。

右は、その説明が書いてある。彼自身も詳しくは教えられてはいない。

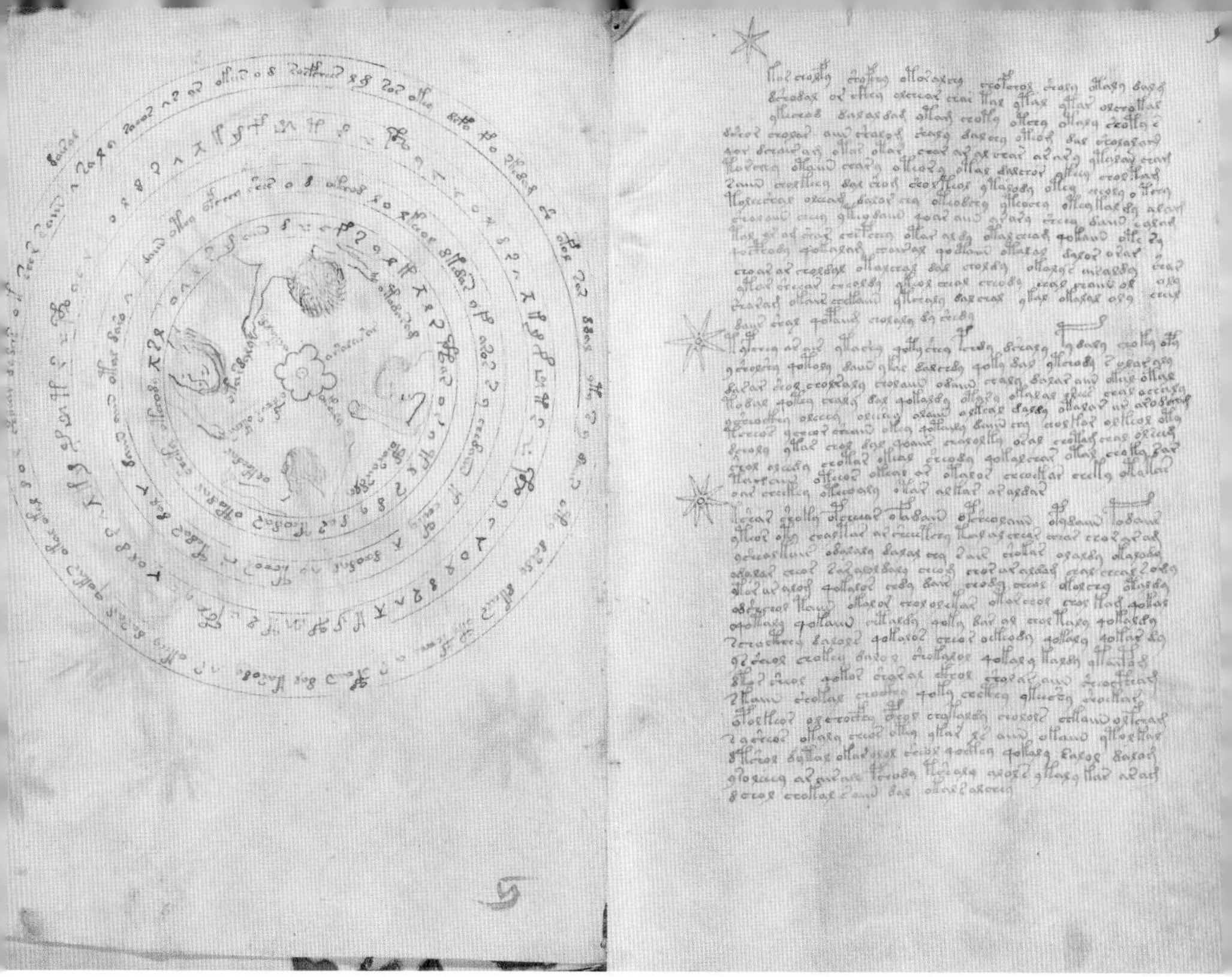

受容プログラム

次に行く。

地下世界を含む多次元とのつながり

この植物は、「つながり」を創る。根は、地下世界を含めて地球とつながり、葉は、地上の動物、植物、鉱物などとつながり、花は、高次元とつながる。この波動は、7次元から5次元にも3次元にも送られる。そしてグリッドを通して機能する。

左のページは、その説明が詳しく書かれている。

次に行く。

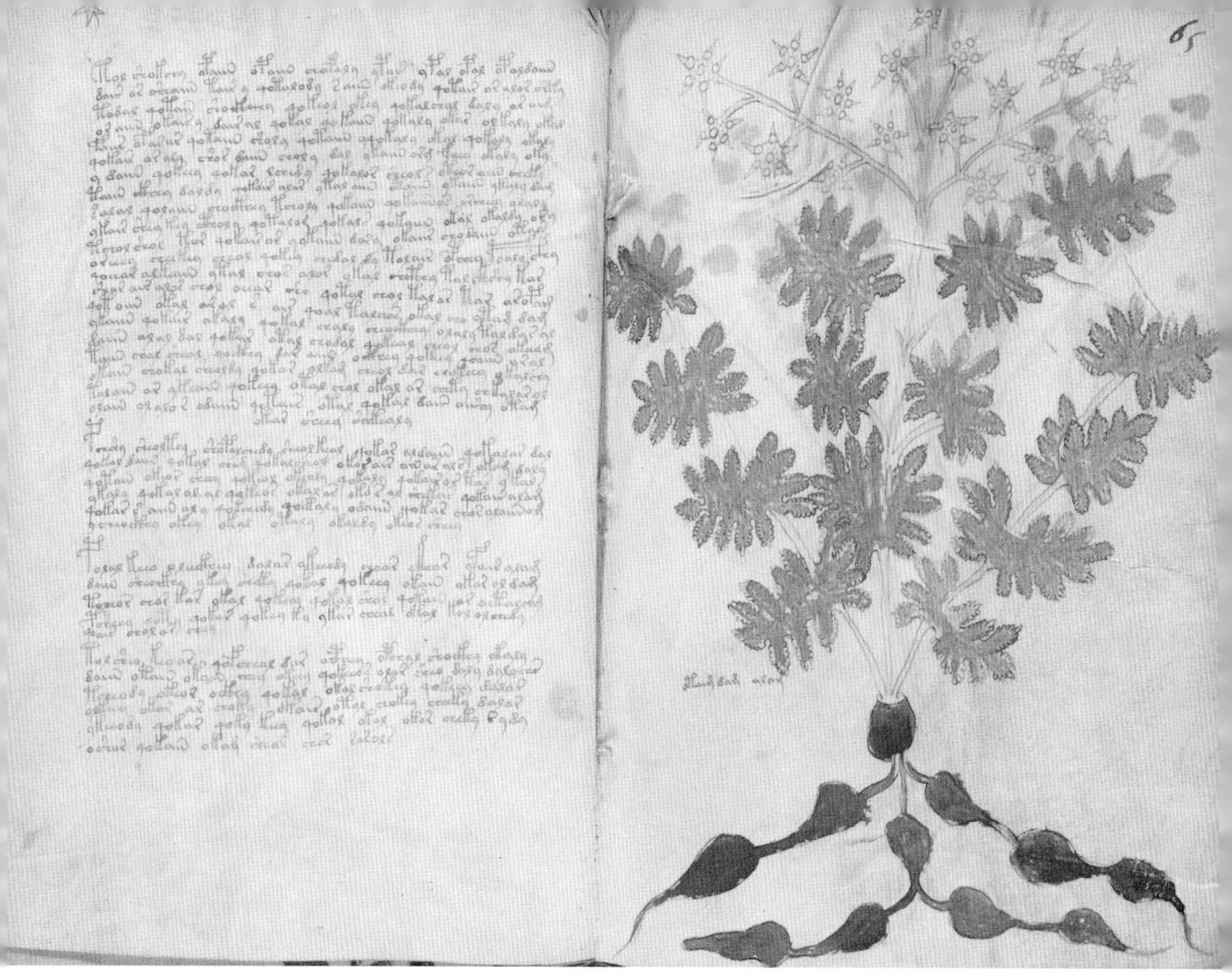

地下世界を含む多次元とのつながり

洞結節《どうけっせつ》

左の植物は、心臓にある洞結節を創っている。洞結節が、心筋を動かすために電気信号による刺激を生み出している。心筋が収縮することで、ポンプとしての機能が果たされ、全身に血液が廻る仕組みだ。周りの緑の花々は、一定のリズムで波動を青い花に送っている。洞結節になる青い花がこのリズムを記憶する。このリズムは宇宙と調和している。そのリズムと音は根から送られる。

右の文章は、7次元の存在たちとのやり取りが書かれている。植物と生き物の関係について、物質化などについてだ。各文章の最初にあるのは、それを伝えた存在の名前だ。

そのうちのひとつは、「水の粒子の波動が下がると水蒸気から水へ、やがて氷へという物質化が起こる。それと同じだ」と伝えたようだ。

また、「この植物たちをどのようにして物質化するのか」とロナウドが聞いたと書いてある。しかし、聞いても分からないのであきらめたようだ。

次に、彼は「どのようにしてこれらが人間や物質的生き物になるのか」「なぜ、そうしようと思ったのか」と質問している。

「生まれた地球とそこに生きる物たちの魂が進化するように育てるためだ」と答えたようだ。

「そのために地球はよい環境だ。適している」とも伝えている。

最初、地球は人間以外の動物たちの住む場所として創られた。霊体が人間の肉体に入るには、海が多かったため無理な環境だった。その後、陸地が増え、植物が生えてきたことで人間の肉体に霊体が

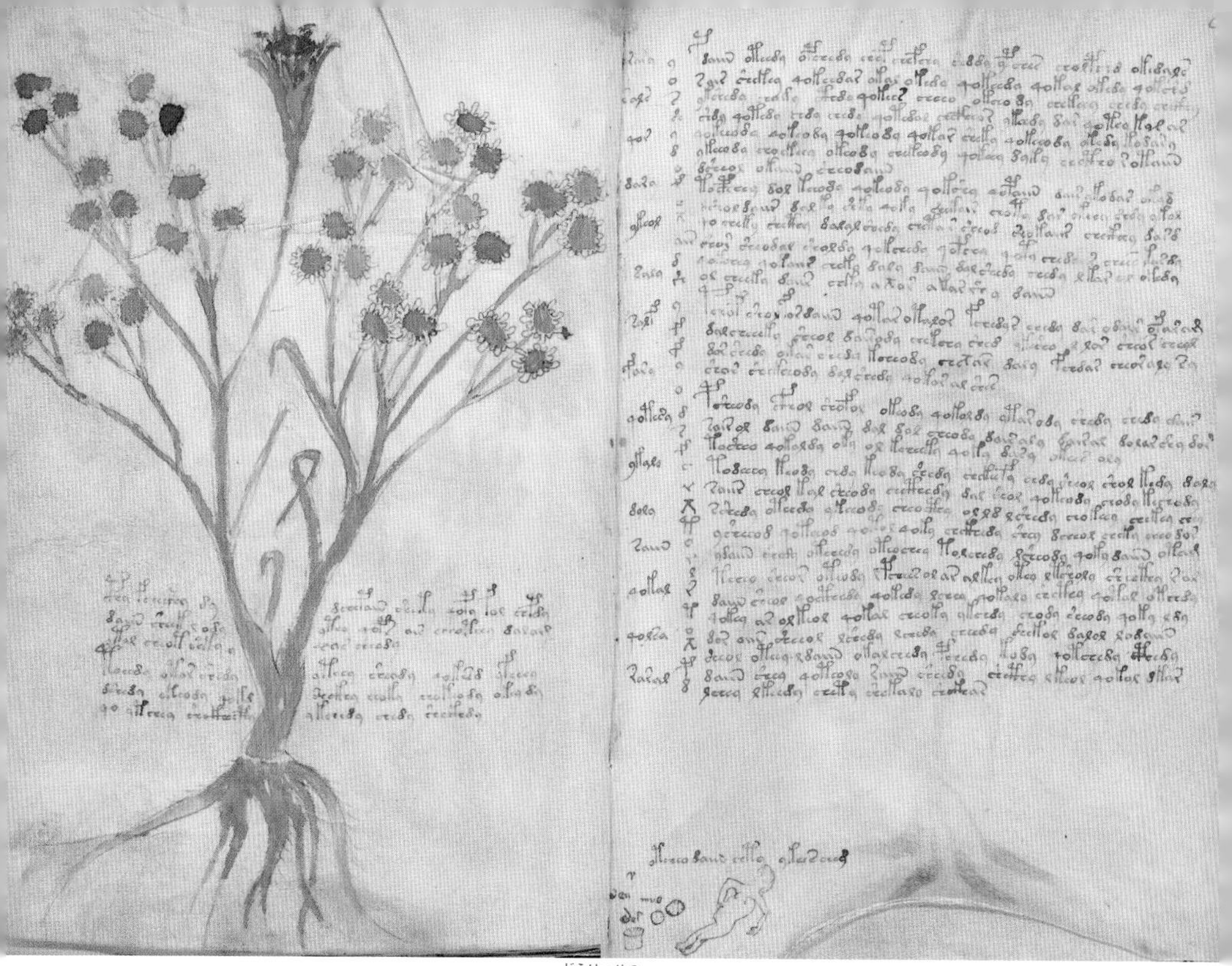

洞結節《どうけっせつ》

入る環境ができ上がった。
次に行く。

見えない触覚

この植物は、アンテナであり触覚だ。見えない触覚でもあり、肉体で感じる感覚でもある。左右の葉のような部分は、肉体で感じる。中央の葉は、脳、心臓、ヘソの縦ラインで受け取る。感知するものは、多次元宇宙の気、大自然の気、低次元から高次元までの見えない存在の気、建物、乗り物、人間など環境からの気、全てを受信する。これらは、三つのアンテナに同じように入ってくる。それが神経を通して感覚器官に送られる。

太古の人間は、これら全てを受信していた。

今の人間のアンテナは、機能しているが感覚器官に送られにくくなっている。また、送られていても意識がそれをキャッチできない。

花の部分が肉体にプログラムされると、その肉体を持つ人間の気を周囲の空間だけでなく、宇宙空間にも送る。

次に行く。

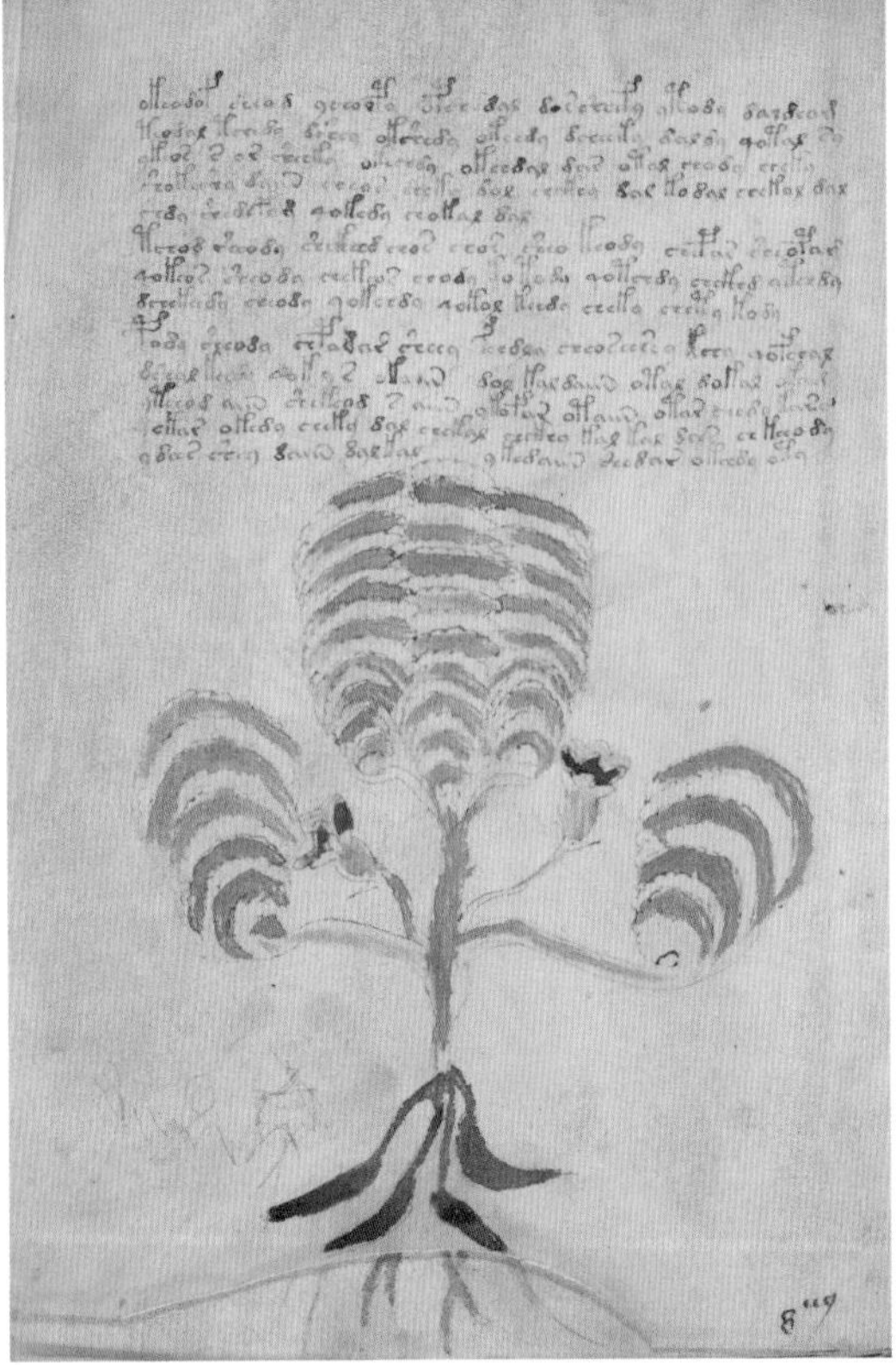

見えない触覚

第二章

天空図による創造編

胸腺に入る星座のエネルギー

これは、人間に影響を与える天空図だ。

真ん中の顔は、太陽と月のエネルギーに影響を受ける一人の人間を表す。一人に対して12の角度から星座のエネルギーが胸腺に入る。紺色と白地に星のある部分は、その星座のエネルギーの陰陽を表している。

ひとつの角度には、白地に星、紺、赤の順番で描かれている。紺色の部分は陽、星の部分は陰、赤い部分は、どちらにもエネルギーを充填している。

陽のエネルギーは星座を通じて外から内へと入ってくる。陰のエネルギーは内から外へと出ていく。その外側に星の絵と文字の部分がある。星の部分は、一つか二つ描かれている。それはエネルギー量の違いだ。中心にいる人間は、地球にいると想定されて描かれた。

文字の部分は星座名だ。

一番上はさそり座、右回りで、いて座、やぎ座、みずがめ座、おひつじ座、おうし座、ふたご座、かに座、おとめ座、てんびん座だ。

さそり座で説明する。

さそり座は、紺色の部分に書かれているため、陽のエネルギーが人間に入ってくる。その文字の両横には星の絵がある。右の星の隣は、いて座だ。その間にある星の部分は、さそり座といて座両方のエネルギーが入るが、下に描かれている陰のエネルギーを受けているため、入ってきにくい。ここは

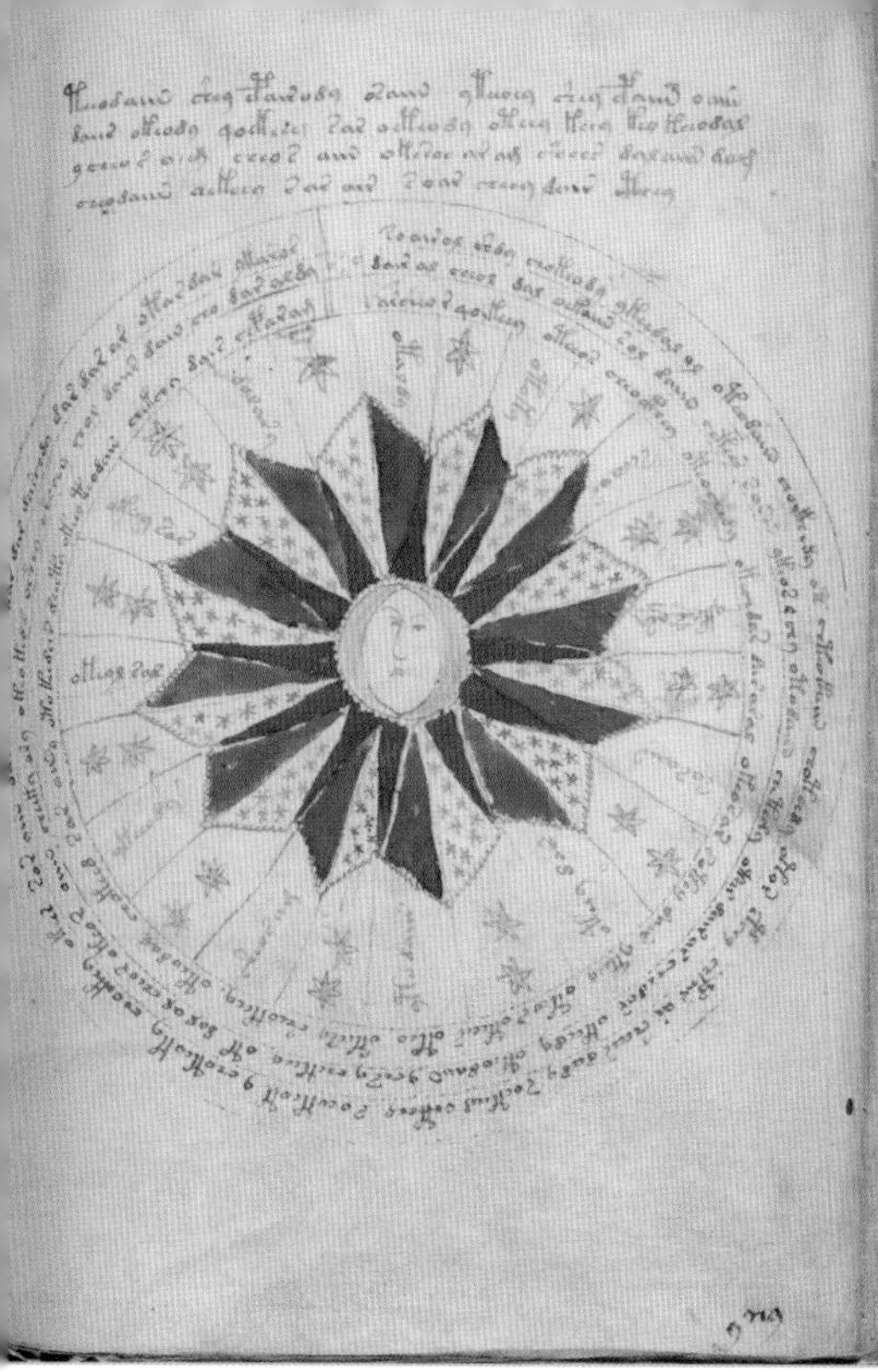

胸腺に入る星座のエネルギー

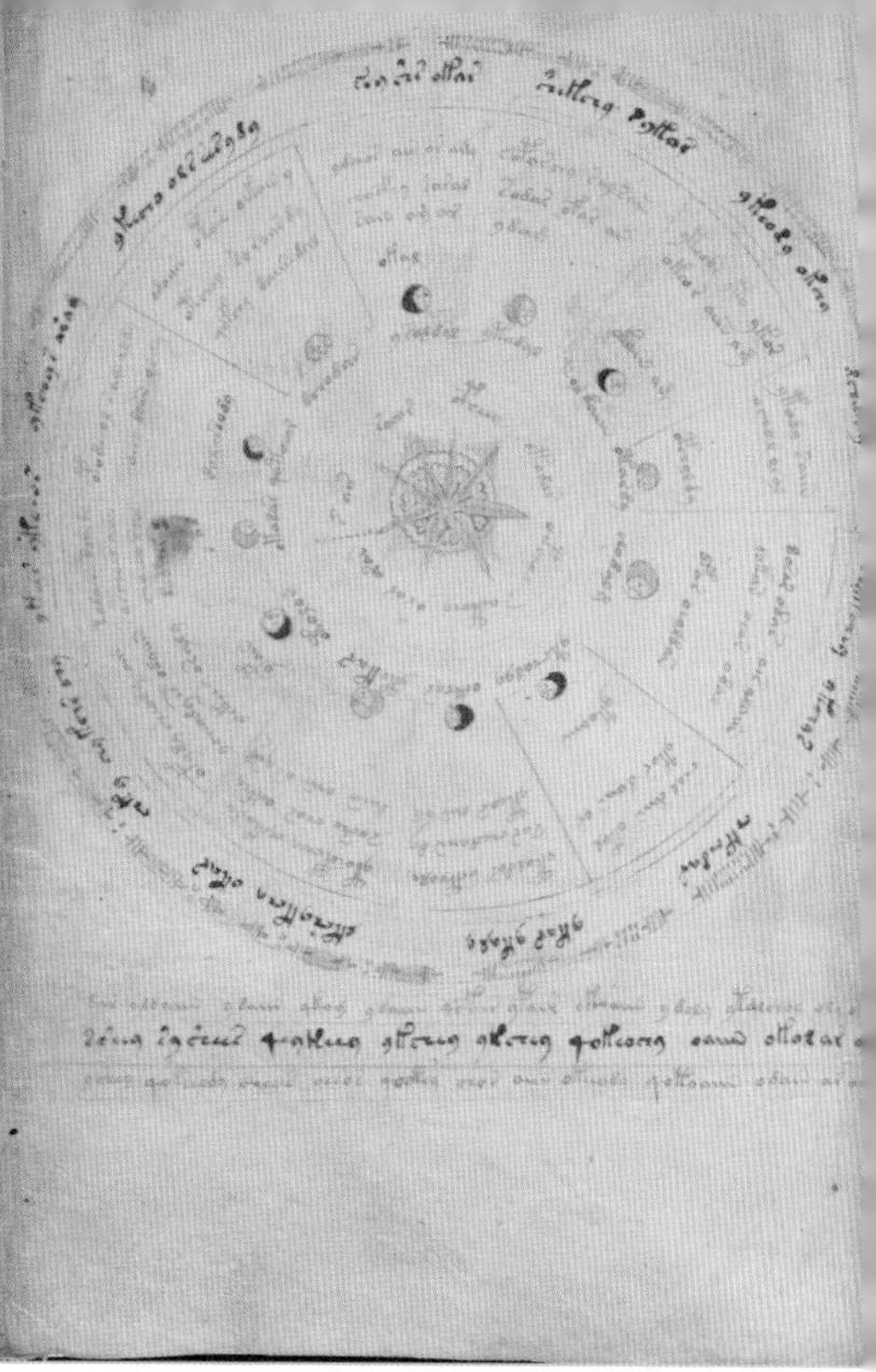

7次元の12星座の影響を受ける魂

星がひとつなので、他の領域にある二つの星の場所より、エネルギーが低い。いて座とその右隣のやぎ座、さそり座と左隣のてんびん座も同じようにひとつの星なのでエネルギー量は少ない。このシステムは、全ての人間が誕生時に組み込まれる。

人間が肉体をもって地球に生きている間、星座のエネルギーを受け続ける。

生まれた時にどの星座のエネルギーの影響下だったかは、その後の人生に大きな影響を与える。誕生時の星座の影響は、性格、人生で出会う人間、健康、仕事、意識を向ける方向や思考内容だ。

円周上に3列の文字がある。一番内側の円。ここには、それぞれの星座に影響を与える別の星座の名前が書かれている。それは12星座以外だ。中央の文字は、それらの星座のエネルギー内容が書かれている。外側の文字はタイミングだ。内側の12星座のひとつに影響を与える別の星が、一番影響を与える時が書かれている。この星は、外側の12星座以外だ。

右（前ページ）の天空図に行く。

7次元の12星座の影響を受ける魂

真ん中にあるのは、7次元に存在する全ての植物だ。星座が植物に与える影響を記している。その周囲にある7つの言葉は星座名だ。人間には知られていない7次元の星座だ。

これらの星座は、地上の人間からはただの星に見えるが、7次元では植物に影響を与える星座だ。

7次元的名前がつけられている。

その外側に人間の顔が描かれている。これは7次元の12星座の影響を受ける魂だ。7星座とは違う星座だ。人間は、地球にある12星座の影響を受けやすいが、植物は7次元の12星座の影響を受けやすい。このことは、植物が3次元にあっても同じだ。内側の7星座は外側の12星座よりも影響が強い。人間も7次元の星座の影響を受けている。植物と人間の魂は地球上で共鳴している。

赤は、男性性のエネルギーが強い魂、薄茶は、女性性のエネルギーが強い魂だ。この違いは、影響を与える星座のエネルギーの種類によって生じる。七つの魂の上に文字が書かれているが、これは、特に7次元の月と太陽のエネルギーの影響が大きい場所だ。意識レベルの高い魂が太陽や月のエネルギーを取り込みやすい。地上界でも同じだ。

高い意識レベルというのは、数多くの体験や学びを得てきた古い魂、より高次の魂だ。男性性は太陽のエネルギー、女性性は月のエネルギーを取り込む。

人間に転生する前に、この場所で必要なエネルギーを受ける。ここは、魂にエネルギーを組み込む場所だ。魂の絵の上の文章は、その影響や効果を具体的に書いている。

外側の赤い文字は、12星座の中で核となる星の名前だ。惑星もあれば恒星もある。

天空図の下にある三行の文字。一番上は「意識が眠りにつくマントラ」で図の中に与えるもの、中の赤の字は「周りに結界を張り、外から不必要な粒子が入ってこないように守るマントラ」で図の外側の領域に与えるもの、一番下は「眠りの状態が滞りなく続くマントラ」で内側に送られる。

次に行く。

人間に必要な4つのプログラム

左の絵に行く。中心は使用する植物群。

4つの領域に、植物群から発生する粒子が充満している。それぞれの場所から出ている粒子が混じり合い、その場所のエネルギーを受けて変化した粒子だ。四つの違ったエネルギー空間ができている。では､縦横の文字から説明する。線の上の文字は、左右の領域に影響を与える言葉で「意識を向けよ」という粒子になる。

下の文字は、左右に影響を与え、「役割を果たせ」という粒子。

右の文字は上下に影響を与え、「浸透せよ」という粒子。

左の文字も上下に影響を与え、「調和せよ」という粒子だ。

これらは、それらを機能させるマントラだ。

これらの文字の最後に描かれているのは、中心の植物群から粒子が出ているという意味だ。

すると、左上は、「意識を向けよ」と「調和せよ」という命令に支配される領域になる。この領域の外側にある顔の絵は、3つの星を表している。すでに植物から創られた胎内での鼓動が、3つの星で始まるメカニズムだ。胎児は3つの星のエネルギーが同時に入った時、拍動が始まる。この星は地上の12星座の中の3つだ。それらが三角形の角度になったその瞬間に拍動が始まるように設定されている。それらの星と植物の花の部分に描かれている太陽の影響が作用する領域だ。中心の植物の茎の

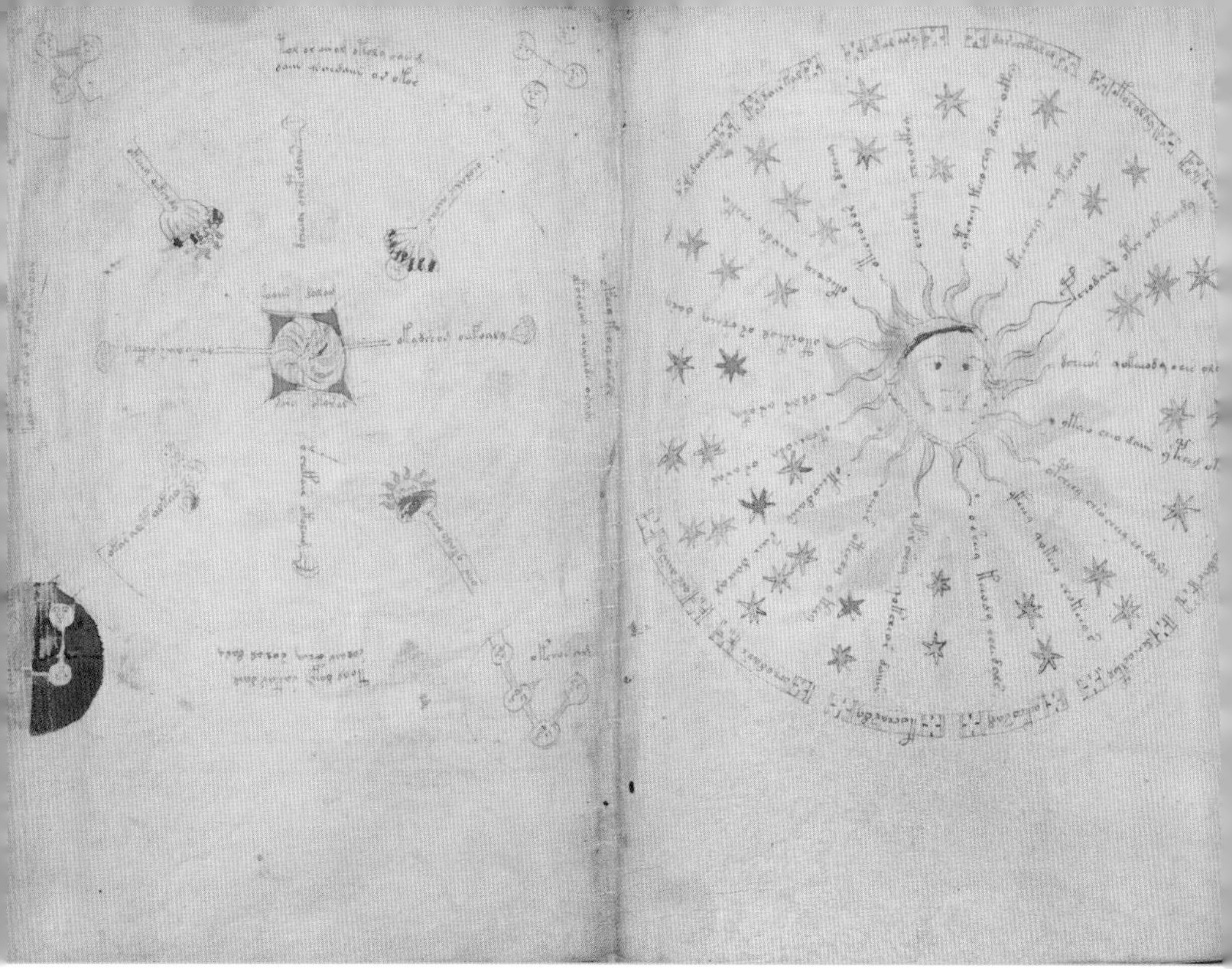

人間に必要な４つのプログラム　　霊太陽のエネルギー

部分にある文字は、「細胞」。このマントラは細胞にインプットされる。

右上の領域に行く。

ここは、「意識を向けよ」と「浸透せよ」というマントラに支配される領域だ。

右上の顔の絵はホルモンを表している。主な4種類のホルモンだ。これらのホルモンは、この次元の他の領域で創られ、植物により絵のように4つにつながる。そして、肉体に入った時に、それぞれが連携をとるようになる。この領域は4つをつなげる場所だ。ここで月の影響を受けることででき上がる。

茎のような部分にある文字は「根としての脚」だ。地上の人間が、グラウンディングできていれば、健康的に内分泌機能が働き、ホルモン生成が滞りなく行われるという意味だ。

右下へ行く。

この領域は「浸透せよ」と「役割を果たせ」という波動が満ちる場だ。
他の植物から創った肌の色などの遺伝の仕組みに太陽エネルギーが加えられる。
血縁で代々遺伝子が伝わる仕組みに太陽の影響を受けると、その遺伝が進化のステップを踏むようになる。それを定着させる場所だ。
植物の茎にある字は、「進化の方向づけ」という意味だ。

左下の領域に行く。

外側にある絵は脳の構造だ。上半分は男性性の左脳、下半分は女性性の右脳。緑の部分は、男性性の反転型と女性性の反転型だ。男性性の論理性の背後には、感情を司る女性性がある。女性性の背後には思考を司る男性性がある。ただし、背後にあるものはサブシステムで、前面にある脳の刺激により機能する。

説明を加える。

男性性の左脳は「思考する脳」で、論理性や時間感覚、情報や知識の貯蔵庫になる。背後にあるのは女性性の「感じる脳」だ。左脳は時間感覚があるため、ここでは過去の恐怖、怒りなど、過去に感じたさまざまな感情を司る。

また、女性性の右脳は、「感じる脳」で、「今、ここ」「一体感」「受容」などを司る。ここが宇宙と一体だというホールネスの感覚を司る場所だ。その背後にあるのは、男性性の脳で、好奇心、遊び、探求心、行動力などにつながる。

どれかひとつが独立して働く時もあれば、いくつかが繋がり活性化することもある。また、瞬時に切り替わる。どれも物理的世界で外界を生きていくために必要な脳だ。ただし、多次元宇宙との連絡通路があるのは、右脳の全面である。ただ、その人間の成長を望む意識と他の三つの十分な機能と柔軟性がないと発達しにくい。

ここでは脳に月のエネルギーを入れる。

茎にある字は、「柔軟性」という意味だ。脳の作りはできているが、それだけではうまく働かない。人間の意識と脳の働きが柔軟に連動するために、この領域で月の影響を与えて創造する。円周の上下左右にある文字は、それぞれを促進させる存在たちのマントラだ。

右の図（137ページ）に行こう。

霊太陽のエネルギー

中心は霊太陽。3次元を含めた多次元太陽のことだ。この多次元宇宙に存在する太陽系の霊太陽のことでもある。人間に肉体以外のライトボディがあるように、太陽にも霊太陽がある。

放射線状に書かれている文字は、霊太陽の影響が述べられている。

星の数は、その光線の強さを表す。3つまたは4つの星のエネルギーは、最初から人間に入るようになる。2つ以下の星のエネルギーは、成長と共に入る。説明しよう。

右上にある3つの星の絵が、太陽から放出されるエネルギー量で、その上の字がそれを説明している。そこには「ライトボディを活性化する栄養源」という意味が書かれている。

右回りに行く。

次は、物質世界への興味が薄くなるエネルギーだ。それは、額から入り頭頂から出ていく。人間が霊的に覚醒し始めたら、このエネルギーが入る。

次は、高次の言語、光の言語が分かるようになるエネルギー。眉間から入る。

次は、光の言語が話せるようになるエネルギー。これは声に出しても、心でつぶやいても同じように高次の存在に伝わる。それは、喉から入り首の後ろから出ていく。

次は、動物と対話できるエネルギーだ。喉仏《のどぼとけ》に入る。

次は、足の裏から入り、クンダリーニエネルギーが活性化し始める。

次のエネルギーは、足の裏から入ったクンダリーニエネルギーが上昇するように、仙骨がその準備を始める。

次は、仙骨の少し上から入るエネルギーで、精神世界と物質世界のバランスを取る働きをする。

次はハートチャクラから入り、「時間」「記憶」をプログラムする。心臓は主に感情を伴った体験の記憶装置だ。過去生の記憶もある。この光線が記憶を維持し、蓄積させている。3次元の時間の観念と記憶が一体となって収められる。

この記憶に基づいてカルマの法則が作用する。

解脱した人も記憶は刻まれる。この心臓の記憶でその人間の霊格も表される。

高次の次元からその人間のハートを見れば、カルマを解消しているか、解消しつつあるか、またはカルマの中をまだ巡っているのかが分かる。解脱した人間は、カルマのエネルギーは減少し、愛と静寂と至福の波動を発しながら生きる。


次は、首の付け根辺りから入り、脳へと流れる。このエネルギーが入ると五感が活性化し、物質的な知覚能力に加えて、非物質の知覚能力も目覚める。

次は、後頭部から入る。「覚醒の始まり」を知らせるエネルギーだ。実際に頭の中で鐘が響くように聞こえるだろう。この音は短い。

次は、後頭の中央部から入る。それにより松果体につながる第7チャクラが活性化し、やがて第三の目が開き、非物質への知覚能力がさらに増す。

次のエネルギーは、頭部にあるいくつかのエネルギー管を活性化させ、頭頂から放射線状に光線が発される。それにより魂の乗り物であるマカバができる。太古、マカバを持った魂が地球に訪れ、肉体に入った時、それを使って生きていたが、意識の眠りと共に失った。

しかし、目覚めていくうちに、このエネルギーで再びそれを生き返らせることができる。

このエネルギーが3つ星で比較的強いのは、自分の意識とトレーニングである程度活性化できるからだ。

進化していくと、各能力は覚醒と共に一斉に花開くのではなく、一つひとつ高まっていき、最後は全ての能力が開花するようになる。

次は、ヘソへ入って行くエネルギーだ。前に、「ヘソ」のところで創った機能をここでセットするためのエネルギーを出している。

しかし、誕生後、人間社会の中で再び恐れなどの不快感情に支配されると、このエネルギーは入らなくなる。自分の内界を見つめ、覚醒へと進化していくうちに、不快感情を手放すことができると、再びこのエネルギーはヘソから入ってくる。

次は、脊柱に沿って存在するプラーナ管を流れるエネルギーだ。この回路が開くとプラーナが入ってくる。すると、物質的な食物を摂る必要のない肉体に変わっていく。

次は、耳から入るエネルギーだ。これが入ると、聴覚をコントロールできるようになり、必要のない雑音を遮断し、必要な音や声を聞くことができる。騒音のひどいところにいても、その人間は静かな状態を保てるようになる。

最後のエネルギーは血管に入る。覚醒途上にこれが入ると、肉体にある毒素や不要な物は取り除かれ、機能不全になっていた細胞は再び生き返り、症状となっていた病気もなくなる。

以上、今の科学では測定不可能なこのエネルギーは、常に人間の身体へと送られ、いつ覚醒してもいいように準備する。覚醒と同時に必要なエネルギーは入っていく。

この図の外側の文字は、マントラだ。

次に行く。

人生に作用する星座の基本ソフト

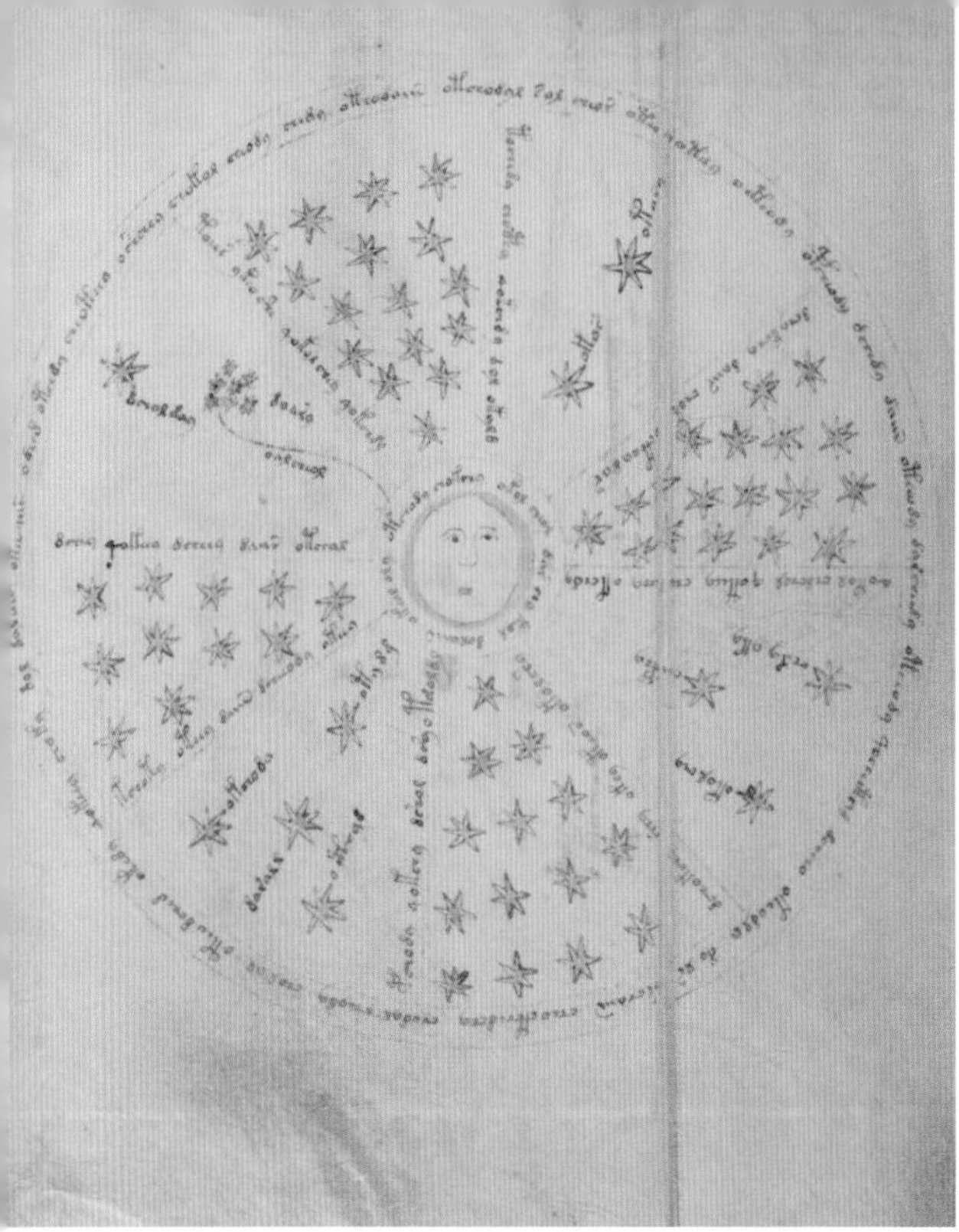

左から説明する。
下の顔は太陽と月に影響を受ける人間のエゴ。上はその人間の魂。描かれている多くの星は、その人間に影響を与える星の名前だ。３次元の太陽系の星も書かれている。

それ以外は、星座の中の星、オリオン座ならペテルギウス、さそり座のアンタレス、夏の大三角形、ベネブ、ベガ、アルタイル、大熊座のドゥベ、冬の大三角形、シリウス、ペテルギウス、プロキオンなどだ。

これらの星は、人間の肉体と魂、そしてその人間の人生や人間関係、精神的、霊的、全てに影響を与え続ける。また、エゴの強さもこれらの星の影響で変わる。

この天空図は、ベースとしてセットされる。人間は全て同じものが入っている。身体に刻み込まれた共通の配置だ。

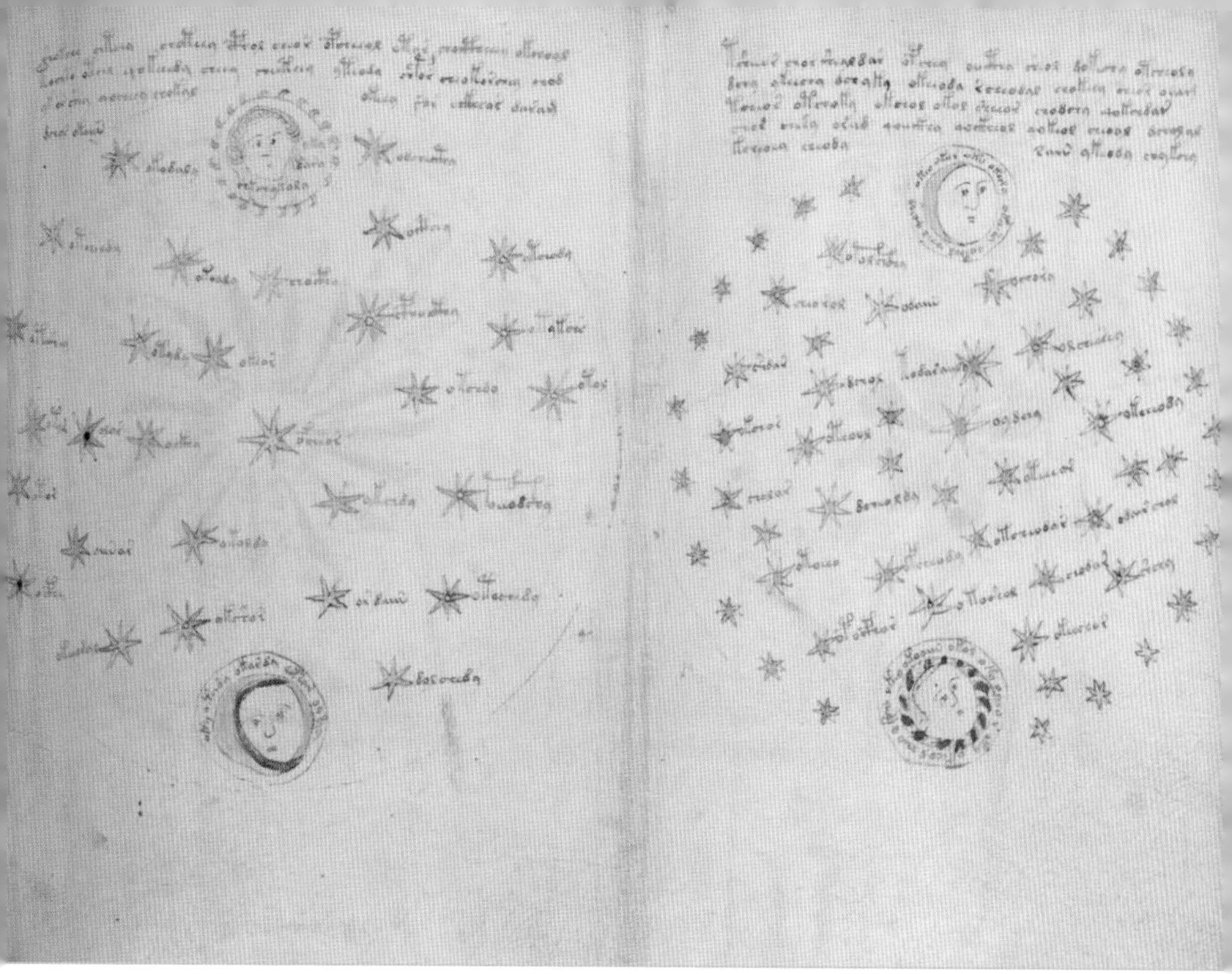

人生に作用する星座の基本ソフト　　肉体に作用する星座の基本ソフト

しかし、生まれた時間と場所により、宇宙から影響を与える星座や星の位置が別にある。誕生の瞬間の宇宙の星々の位置と、その人間の身体に設置されたこのベースの天空図とのエネルギー回線がつながる。すると、実際の天空図の中のひとつの星が、身体に設置された天空図のその星から近いか、遠いか、またはそれぞれの角度はどうかで影響力は変わる。

それらが互いに共鳴し合い、その人間の人生に独特な影響を与え続けることになる。それが、その人間の魂の課題に即したプログラムだ。

次の絵（上右）に進む。

肉体に作用する星座の基本ソフト

下の顔は太陽に影響を受ける人間、上は月に影響を受ける同じ人間だ。描かれている多くの星は、太陽と月と共に影響を与える星々の名前だ。それらは左の図の星とほぼ同じ星だが、違う名で書かれているものもある。人間界も正規の星の名と通称の名があるようなものだ。また、加えられた星もある。ここでは特に肉体に影響を与える星々だ。

これもみな同じようにセットされ、生まれた瞬間にベースとなる天空図と共鳴するようになる。次の絵（１４４ページ）だ。中心の人間の顔は、まだ何もプログラムされていないヒューマノイドだ。この図は、多くの星が書かれている４つの領域と、それ以外の領域が交互に描かれている。それは、星からのエネルギー量の多い領域と少ない領域を意味する。

方角として見るとよい。東西南北とその間だ。東西南北が強い。

北からは「風」のエネルギー、東からは「水」のエネルギー、南からは「土」のエネルギー、西からは「火」のエネルギーだ。

「風」のエネルギーは型にはまらない流動性、「水」のエネルギーは湿潤性、「土」のエネルギーは堅さと安定性、「火」のエネルギーは熱性だ。

北東になると、北のエネルギーと東のエネルギーが混在して質的変化が起こる。

これは６つ目の天空図だ。最初の天空図から、ヒューマノイドたちは、集団で頭を北に、足は南に向けて横たわり、それぞれの天空図のエネルギーをひとつずつ順番に入れられる。この天空図の元に横たわることで、それぞれの方向からエネルギーが入るようになる。ただし、方角は地球で決めている方角で説明したが、7次元の方角ではない。

このプロセスで、ヒューマノイドから人間としての基本的機能が完成する。

ただ、ここにはまだ植物から創った臓器やエゴシステムなどは入れられていない。

これは、人間の最初のオペレーティングシステムだ。

次に行く。

細胞に入れる命令波動

左の図から説明する。

青い無数の点のある丸い部分は細胞だ。その中心の白く丸い部分が細胞核。渦のような部分は、細胞核に入る粒子と細胞に入る粒子が交互に描かれている。細胞核に入る粒子は植物から、細胞に入る粒子は星々から入ってくる。細胞核に入る植物の粒子は4種類、細胞に入る星の粒子も4種類だ。

細胞核に入る左下のラインの文字には、「動け」という命令波動が、左上からのラインは、「休め」という命令波動、右上からは「壊せ」、右下が「創れ」という命令波動が入る。

これによって、創造と破壊の循環ができ上がる。

次に、星から入る粒子の特性を説明する。左下のラインは、「見守る波動」、左上のラインは、「喜びの波動」、右上のラインは、「活性化を促す波動」、右下のラインは、「静寂を促す波動」が入ってくる。

それらが融合して、細胞内を安定させるように創造される。細胞表面の凸凹は、

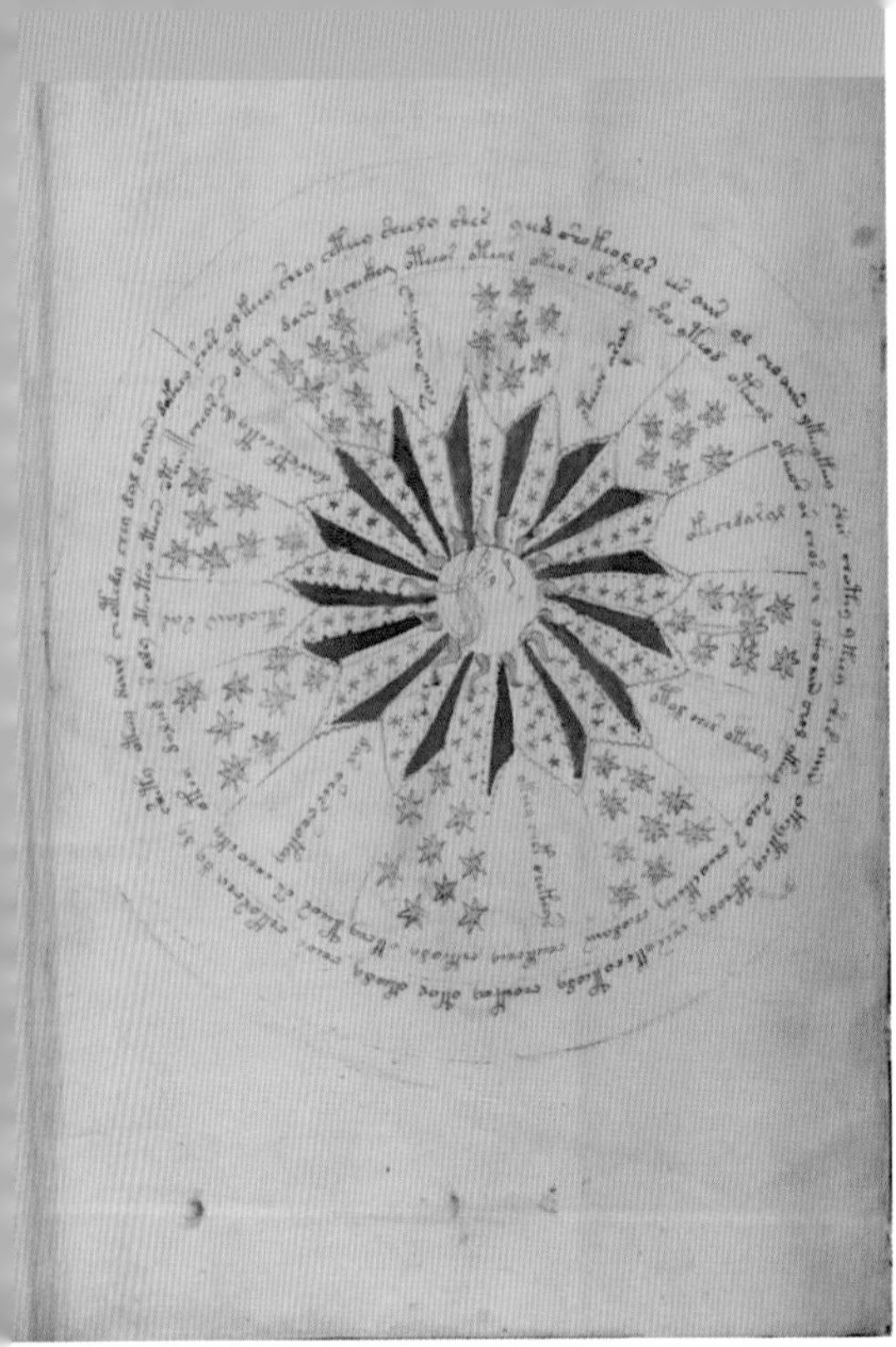

霊太陽の陰陽エネルギー・インストール

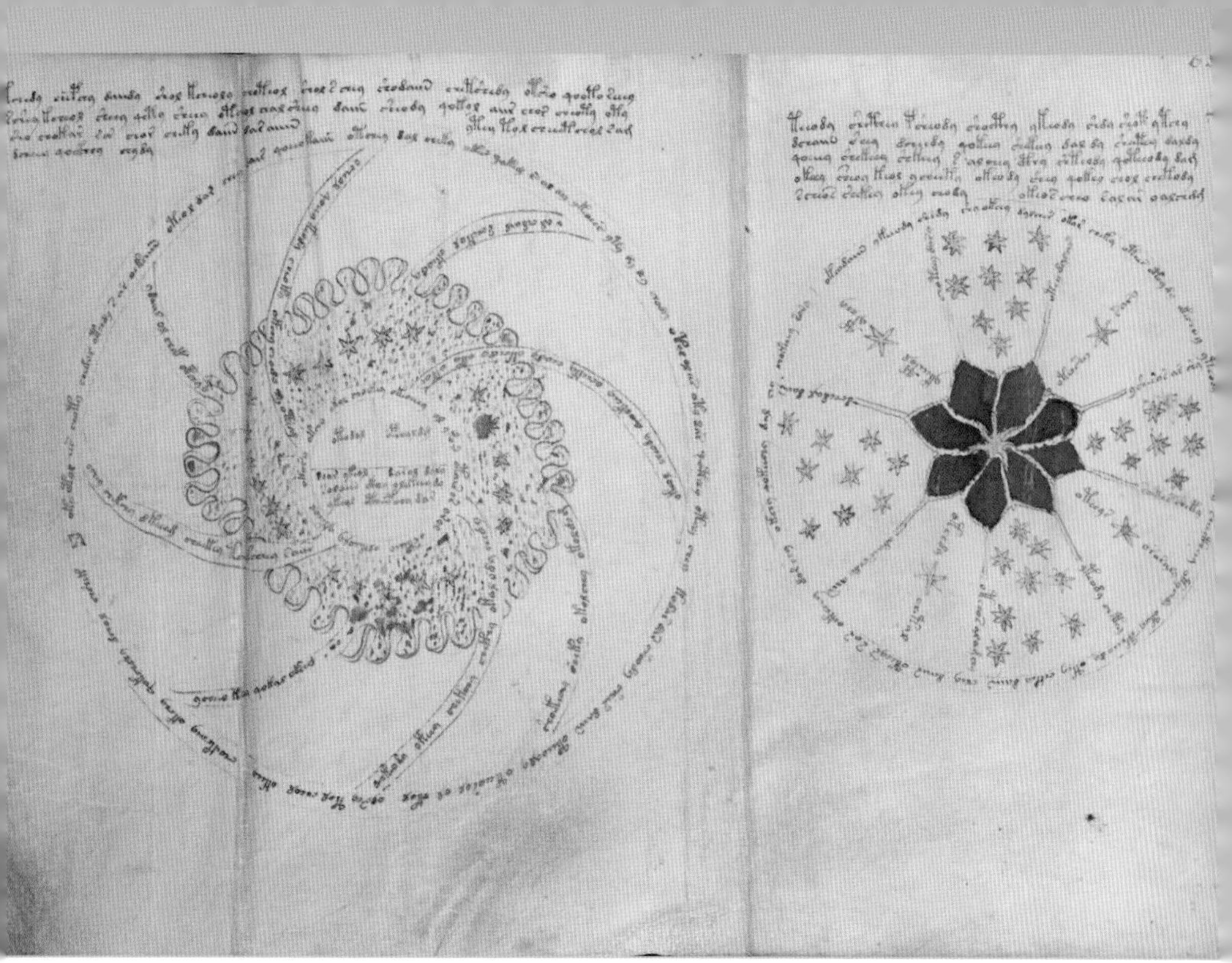

細胞に入れる命令波動　　呼吸のメカニズム

粒子を吸収しやすくするためだ。

中心にある白い丸の細胞核には二つに分かれた部分がある。ここに女性性のエネルギーと男性性のエネルギーが入れられる。これら二つのエネルギーで、細胞核に入ってきた植物からの粒子を制御する。電池のプラス極とマイナス極のような働きだ。

これが、「創造する」「活動する」「休む」「壊す」という創造から破壊のサイクルのプロセスがうまくコントロールされるようになる仕組みだ。

半円の下には、その説明が書かれている。細胞核の周囲や外側の円に書かれているのは、それを促すマントラだ。このように細胞核は今も星々のエネルギーに影響されている。

次（前ページ右）の図だ。

呼吸のメカニズム

中の紺色はある種類の植物だ。周囲に8つの方向がある。星々が描かれているエリアはその影響の強い場所、文字とひとつの星が描かれているエリアは弱い場所だ。ここは呼吸のメカニズムを創る場所。肺も横隔膜も呼吸で動くが、呼吸活動をする独自の器官ではない。生命が誕生すると同時に呼吸が始まる。

中央の植物は、開いたり閉じたりしている。星の影響の強いエリアからは、その花を活性化させる粒子が花弁と花弁の間にある白い部分から入り、弱いエリアからは出ていく。

また、強いエリアはこの植物の吸い込む力が強い。弱い部分は、この植物の出す力が働く。肉体では酸素を取り入れるための呼吸だが、ここで創られているのはそれだけでなく、プラーナ呼吸のためにも創られた。肺呼吸と同じように出入りしている。

次の図（148ページ）だ。

霊太陽の陰陽エネルギー・インストール

中心は意識ある霊太陽。紺色と白地に星の部分は、陰陽一体のエネルギーを表す。それが16方向ある。陰と陽のエネルギーは同量だ。陰陽、つまり、地上の昼と夜、外的活動の陽と内的活動の陰、体内活動の陰陽などだ。昼間に活動し、エネルギーは発散される。夜になると眠ることでエネルギーは蓄えられる。人間や動物など、陰と陽の環境的変化により内的変化が起き、それに適応していく。ここでは、循環的な活動を霊太陽にインストールしている。これがなされる前は、地球での陰陽循環がうまく機能していなかった。

紺色の部分は陰の収縮のエネルギー、白地に星の部分は陽の拡散のエネルギーだと思えばよい。地上では、交互に昼と夜、陰と陽の気が廻るが、この次元では同時に起こる。

その外側には、文字のある領域と星が描かれている領域がある。これもそれぞれ陰陽だ。外側から宇宙の全てのエネルギーが入ってくる。それが星の描かれた領域（陽）と文字の書かれた領域（陰）に分けられる。また、星の描かれた領域からは多量に、そして、より高い波動が入ってくる。文字の書かれた領域からは、少量で、波動の低いエネルギーが入ってくる。これを中央にある紺色と星の描かれた陰陽の領域で、さらに振り分けられて凝縮させる。

この陰陽エネルギーで、霊太陽は常に活動し、そのエネルギーを放射し続ける。

これは、地上の一日、季節、一年、生き物の活動と一生、そして地上の生き物の発生と絶滅、人類の文化、文明の発祥、衰退、絶滅など歴史的な栄枯盛衰にも影響を与える。

それが地球の16カ所に順に起こり、地球が存続しようがなくなろうが、そのエネルギー循環は未来永劫絶えることはない。

地球という3次元の場所では、16の領域にある陰陽波動のエネルギーの火がひとつずつ順に点火していく。それが地球規模では16カ所に起こるように、一人の人間の誕生から死に至るまで、性格や生き方、価値観などにも起こる。もちろん、ひとつの細胞の一生もこの循環だ。

次に行く。

頭部のエネルギーチューブ

中心は植物だ。6枚の花弁の間に文字がある。これは、松果体につながるエネルギーチューブで、他で創られたものをここでセットする。今の人間のエネルギーチューブは衰えているが、本来、松果体から6つの方向にエネルギーチューブが出ていた。それぞれのチューブの働きは違う。

左のこめかみから水平に出ているチューブは、以心伝心の役目をする。それは、相手の胸に貫通する。これがテレパシーだ。

右のこめかみから出ているチューブは、高次の存在と対話できる。これは、その人間の人生についての対話ではなく、多次元宇宙の謎を学ぶための対話だ。この対話により、その人間の視野が広がる。

左と右のチューブは対で影響し合う。それらは、コミュニケーションだ。

次は、地球上でのリモートビューイングだ。それは額の上から45度斜め上に出ているチューブだ。これで地球上だけでなく多次元宇宙を見にいくこともできる。また、これは人間が個々にアセンションする時のナビゲーションにもなる。

次に、後頭部から45度斜め下に出ているチューブがある。体外離脱のためにある。これらも対となって影響し合う。それらは魂が肉体から自由になるためのものだ。

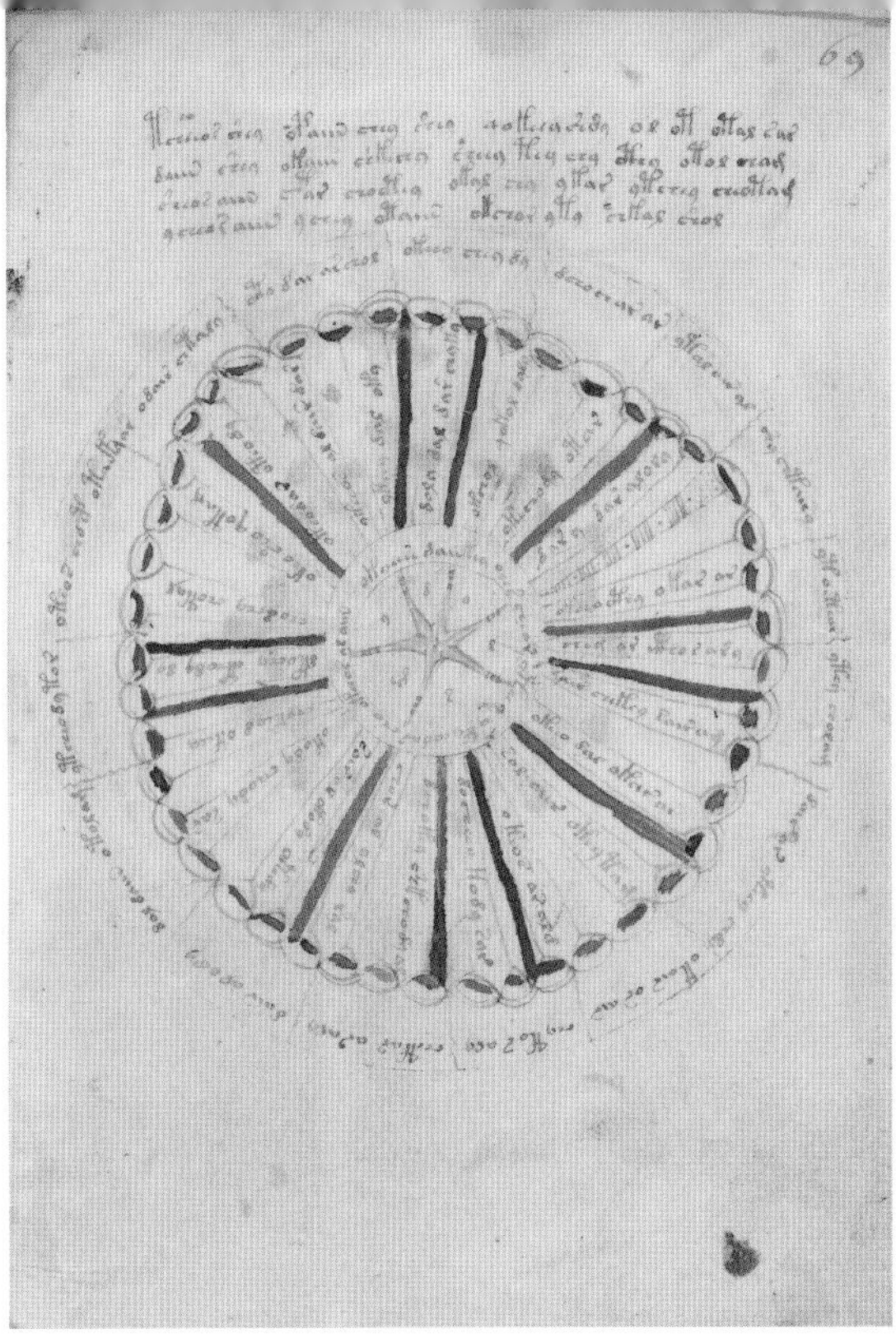

頭部のエネルギーチューブ

次は、額から水平に出ているチューブで、多次元宇宙のリモートビューイングができる。

後頭部から水平に出ているチューブは、人間以外の生き物の世界を見ることができる。これらがセットで影響し拡大した視覚の働きをする。

その後、8つのチューブになったが、後頭部の45度上方と顔の前45度下方の2つのチューブは後で創られた。それは、人間になる魂が高次から波動を落として3次元の地球に降りてくる時だ。このように、霊的存在が肉体に入っても、肉体できる以上のことができるように8つのチューブは創られた。

紺色の部分は2本でひとつの役目だ。これは肉体と霊体両方に作用するチューブ、緑は霊体だけに作用するチューブだ。16の領域に分かれているのは、その前の絵で創られた霊太陽の陰陽エネルギーが入って来るからだ。

周囲はマントラだ。


次（157ページ）に行く。

細胞の28日周期

これは、細胞の生まれ変わり28日周期を作っている。

真ん中は植物だ。その周囲にある多数の星の部分は、この次元の特定の星々のエネルギーを集積する場所だ。そこから生えているような高低のパイプのようなものは、それぞれ一斉に、そして交互に上下している。上がった時に或る粒子を出し、下がった時に別の粒子を中心へと取り込む。これが3次元の物質世界の細胞になると、一日にひとつずつ、パイプが上下し、それが一周すると、その細胞は消滅する。

各パイプは高くなった時に粒子と共に音の波動を発している。そのたびに、パイプから粒子が出ていく。この粒子は3次元では生体エネルギーになる。各パイプから出る音はみな違う。例えばあるパイプの音は、「活き活き」させる音の波動だ。また、別のパイプは「愛」「平和」というエネルギーを持った音の波動を出している。他に「感謝」「穏やかさ」などの音がある。これらの音が呼吸機能の特徴だ。周囲の字はマントラだ。

その波動音は、3次元の肉体でも一つひとつの細胞に死が訪れるまで出続けている。この7次元では、永遠に出し続けている。

次の図（157ページ）だ。

脳機能接続

真ん中は植物だ。全ての脳細胞の総合的システムを創っている。凹凸のある部分は、9つの領域だ。それは、右脳と左脳、小脳の中の3つの部分。そして脳幹の4つの領域である間脳、中脳、橋、延髄だ。以上、9つの領域が相互に調和し、連動し、必要に応じて特定の脳の部分が円滑に、また、瞬時に機能するよう、やり取りしながら働けるように創られる。例えば、美しい花を見て感動し、その名前が浮かぶ。それについて過去の記憶や感情を思い出す。そして、大自然の営みに感銘し、それを隣にいる友に話すなど、滞りなくできるためには、それぞれの脳の領域の脳神経が円滑につながり活性化する必要がある。

また、それらは意識を向けることでスムーズに機能できなくてはならない。「話したい」と思ったら、すぐに言葉が出るように。ここでは、それらの細胞同士のネットワーク機能を創っている。その機能が脳細胞のひとつずつに入る。

グリッドにつなぐ

よって、ひとつの脳細胞は９つの領域で同時に起こっている全てのことを知っている。そして、９つの領域を通して、身体中の全ての細胞もそれを知っている。それが絵の青い部分だ。

くぼんでいる所を説明する。ここに意識の粒子が入る。これは、14万４０００本の霊的意識経路の中から９つの粒子が入ってくる。一本の霊的意識経路にひとつの神の意識が流れる道だ。

９つを一番上から右回りに説明する。

「倒れる、曲げる」。体全体や関節に対して与えられる。

「目覚める」。何か特定の動作をする時

細胞の 28 日周期

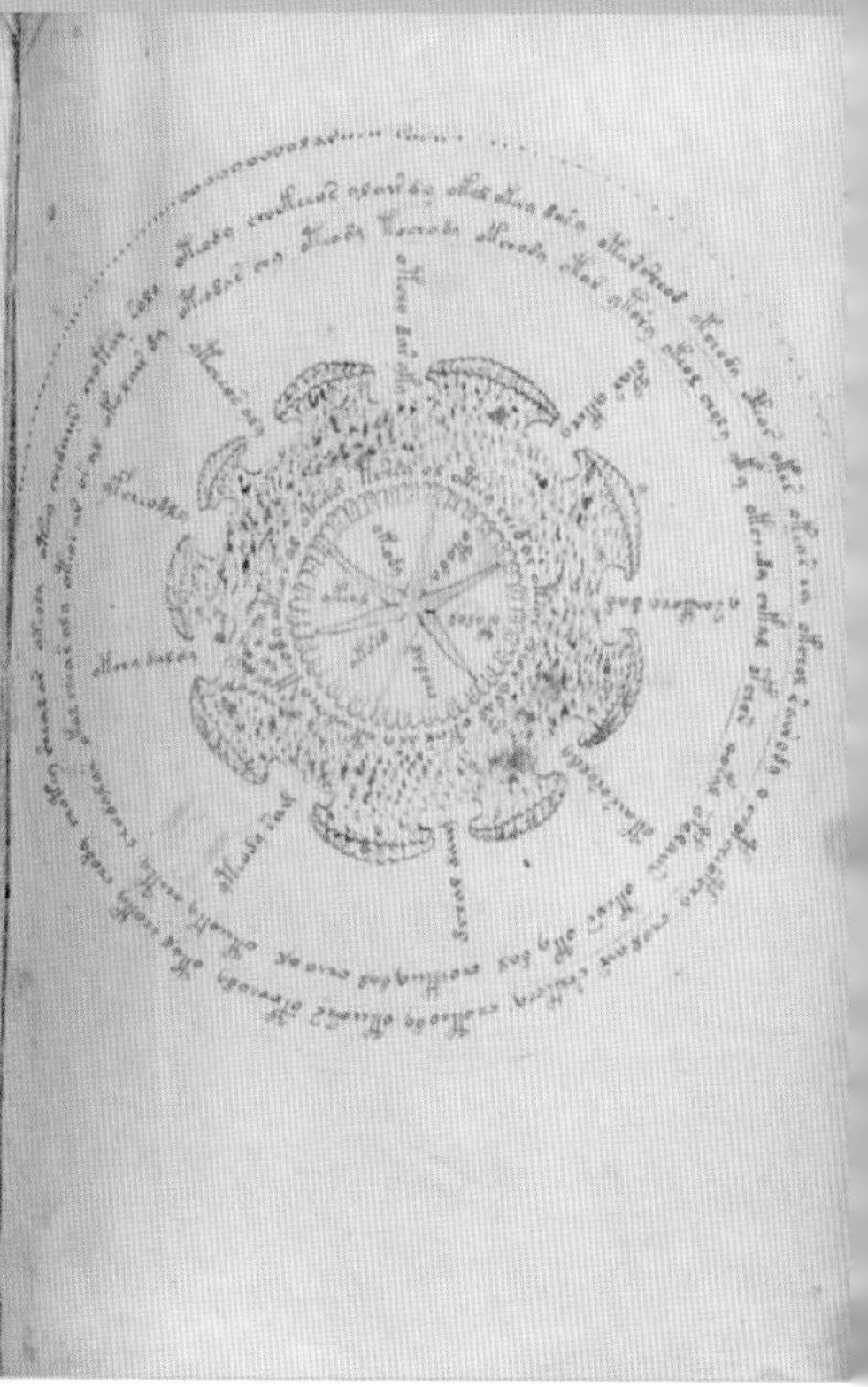

脳機能接続

に、それに必要な部位に対して与えられる。また、何か特定の思考を始めようとする時にもこの意識の指令が必要になる。

「続ける」及び「進める」。作業する、本を読むなど、何か特定の動きを持続する時の指令だ。

「止める」「休む」。呼吸や身体の動きを止めるなど一時停止の指令。

「自由に動く」。熟睡時や深い瞑想の時などでは、人間のエゴの意識が働いていない。その時は、各細胞にとって必要なことを自由に行える指令だ。

「対話する」。この指令で必要に応じて瞬時に各部位の細胞同士のコミュニケーションが始まる。

「無になる」。思考と思考の間の無の瞬間だ。また、外界に対して意識を遮断したい時、外への五感は働きにくくなる。その時にこの指令が働いている。

「聞く」。これは、その肉体を持つ人間の話している声や心の声だけではなく、それ以外の宇宙や自然の音、波動を聞けという意味だ。

「広げる」「解き放つ」。ライトボディも含めて肉体に蓄積したマイナスのエネルギーを光に変えて解き放てということだ。すると、身体の持つ能力が広がる。ストレスを解放しようとする本来の欲求だ。


ここで創られるシステムには、全ての活動に対して指令の波動が独立して入れられる。

これら全ての意識のエネルギーが青い部分にプログラムされる。

中央の6つの文字は意識のエネルギーの名前だ。ここにも14万4000本の中の6つの意識粒子が霊的意識経路を通して入る。合計15の意識の粒子が順に、また同時に複数働き出す。

ここで14万4000について説明する。

「宇宙は意識の海」という言葉がある。全ての可能性のある無限のエネルギー場のことだ。これは、多次元の空間にあるエネルギーの場。

この場に、14万4000本の霊的意識経路が枝分かれして存在する。その一本一本の意識経路が、根源神より最初に発出した高次存在方の命令によって生み出された。

それは144の至高の存在だ。光の存在72と闇の存在72、それぞれがツインソウルとして光と闇の存在となった。その72の光の存在と72の闇の存在が、下位の次元にそれぞれ10の存在を持ち、その10の存在の下にまた10の存在を持ち、その下に10の存在を持った。

14万4000とは、それらの意識で創り出した霊的意識経路の数だ。一本の霊的意識経路に送られるのは、ひとつの特性を持った意識。それが海のように多次元空間に存在する。

この7次元で植物に与えられた粒子は、その海から選び、意識経路によって注入された。

つまり、7次元の植物から創造された人間の中に、高次存在の14万4000の意識が内包されている。

絵に戻る。

内側の円にある6つの文字の内容は以下だ。

意識的に必要な時にいくつかの命令を同期させる。

意識的に他の同期に切り替える。

意識とは関係なく自動的に同期する。

大自然のルールに従って、いくつかが同期する。

ある次元へと意識が高まると、自動的にスイッチがオンし、同期が始まる。

人間の意識とストレスにより、同期に乱れが生じ、症状として反応する。やがて死期が来ると徐々に同期が減速し、乱れ、やがて停止する。


以上の意識エネルギーの名称が書かれている。

中心の植物の周りには、空間から入ってくるエネルギーと、植物から入ってくるエネルギーを融合させるマントラが書いてある。外側にある円周の2行。

内側の文字は、存在たちが細胞全体に与える至福のエネルギーのマントラ。
外側の文字は、存在たちが細胞全体に与える静寂のエネルギーのマントラだ。
次の図（156ページ）に行く。

グリッドにつなぐ

ここでは、地球上にできたグリッドに人間をつなげる機能を創っている。中心は物質界の地球に生きる人間だ。グリッドは電磁気で創られている。その人間が花の中にいる。花とは、植物から創られた人間という意味だ。紺色の部分は、植物の花弁。中の人間の顔を囲む円から出ている8本の管を通して、グリッドから人間に電磁気が入るようになる。花弁の部分から出ている8本の管は、植物、動物、鉱物など、人間以外の全てに作用するグリッドにつながる。グリッドは多くの種類がある。ここでは、人間とそれ以外の全てのもののグリッドをつなぐグリッドを創っている。

人間に作用するグリッドから電磁気が入り、電磁気を帯びた人間と植物が融合し、それが花弁からの管を通して出ている。これがあるから、地上では植物や動物など全てのものと人間が作用し合う。ここにある人間の管には電磁気が入るのみであり、花弁にある管は出入りする。

もともと地上にある全てのものは、地球と魂の進化を目指す人間などの生き物のために存在する。それらの役目をもった大自然のものたちが意識、無意識に関わらず人間に働きかける。そして人間の意識も全てのものに影響する。

その相互作用ができるように、これらの管で創っている。

この管は、地上に生きる人間たちや動植物など全てのものに存在する。

それは、人間の第2ボディのヘソあたりに放射線状にある。よって、その人間の欲求や感情のエネルギーがこの管を通して大気中に発散し、全てのものはそれをキャッチする。

体毛のある動物の管は、その体毛に存在する。イルカやクジラなど体毛のない生き物は、頭部に存在する。

これがつながっているから、人間と動物はある程度のコミュニケーションができる。

植物には、根と子房の部分にある。鉱物にもあるが種類によってその数は違う。

クリスタルが一番多い。だから人間の意識を転写できる。

絵の管と管の間の揺らめく炎のような形のものは、そのエネルギーを溜めて必要に応じて各管に送る。外側の4行の文字は、この働きを促進させ定着させるマントラだ。

次の図に行く。

第三章

エゴシステムの創造

うお座のエネルギーを使ったエゴエネルギー

ここでは地上で生きるために必要なエゴを創っている。

真ん中の二匹の魚は、この生命体が住んでいるうお座の或る星からエネルギーを使うという意味で描かれている。今の人間はこの星の存在を知らない。その星は、地球のように男性性と女性性という外に向かうエネルギーと内に受け入れるエネルギーに支配されている。よって、この星の生き物も女性、男性と分かれている。星をくわえているのは、この星のエネルギーを得るという象徴だ。

この星は今の地球より、はるかに次元が高く、彼らは反物質の生命体だ。この円周上に書かれているのはマントラの音の波動だ。


中の円から説明する。チューブ型のものは植物の根だ。根から女たちが生まれている。卵が孵《かえ》るようなものだ。それらは、ヒューマノイドの女たち。もともと初めのヒューマノイドは男ばかりが創られた。星を持っているのは、真ん中の星と同じエネルギーをもらっているという象徴だ。一人ずつに書いてある字は、チューブの中にある粒子の名前だ。その外側の円周に書かれている文字はマントラだ。

外側の女たちについて説明する。

それらは植物の根に入っている。図柄が違うのは、それぞれ違う意識粒子を持った植物の根だからだ。女たちの身長はだいたい120センチから150センチ。それを考えると植物の大きさが分かるだろう。手稿の前半で描かれている植物も人間から見ると巨大だ。

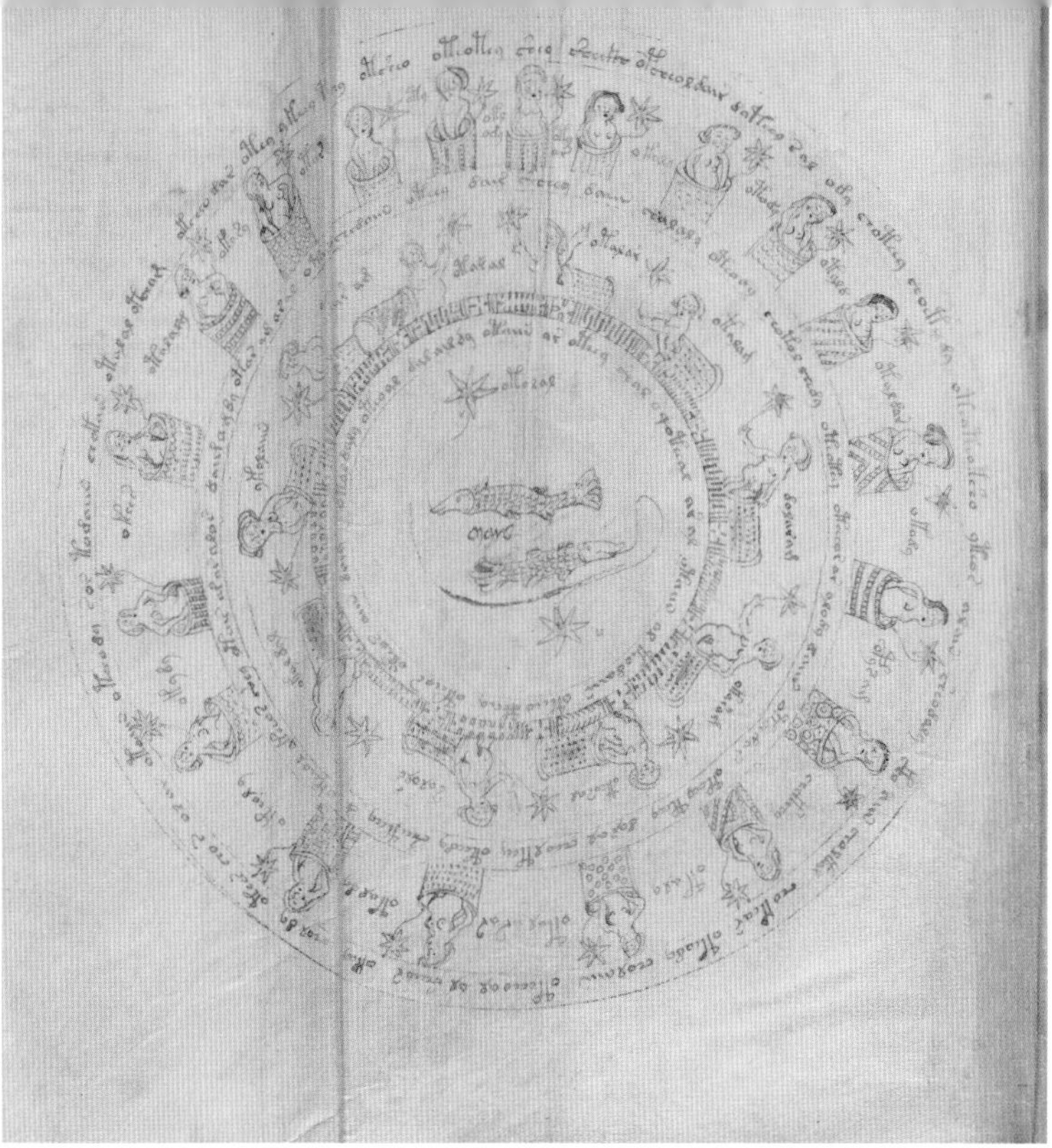

うお座のエネルギーを使ったエゴエネルギー

中の円のチューブから生まれた女たちは、右のVの反転した模様のあるチューブに入る。

ここから右回りに説明する。

まず、ここは「優しさの意識」。次に「老いの意識」。肉体が老いていくことを自覚する意識だ。順に、「獲得意識1」「獲得意識2」。「獲得意識1」は、単に欲しいものを得ようとする意識。「獲得意識2」は、もっと獲得しようとするエゴの意識だ。

続ける。次は、「冷静さの意識」「与える意識」「静寂を求める意識」「やめようとする意識」「強化する意識」。心身など自分を強くしたいという意識だ。

そして、「防御意識1」「吸着する意識」。これは、つながり、執着、所属、愛着などの意識になる。順に「発散したいという意識」。内にあるエネルギーを外に出したいという意識だ。喜びが溜まれば、発散したくなる。悪意が溜まれば、悪口を言いたくなる。怒りが溜まれば爆発したくなるという具合だ。

次に、「円滑を望む意識」。これは、人間関係や物事を円滑に進めようとする意識だ。「移植する意識」。自分の意識を他者に移植する能力だ。つまり自分の体験、イメージだけでなく、その人間が過去や未来に行き、見てきた映像を相手に見せる能力だ。「引力の意識」。自分の欲しいものや人を引き寄せようとする意識だ。「パワー意識」。内から湧き起こるパワーを感じようとする意識だ。「勇気を感じる意識」。説明するまでもない。「恥」。説明するまでもない。

「防御意識2」。「防衛意識1」は自分や自分の愛するものを外界の危険から守ろうとする意識だ。「防衛意識2」は自分に非があろうと正当化し、自分の内界を守ろうとする意識だ。

これらは、植物の種のようにプログラムされている。低次から高次まであるこの意識は、成長と共に刺激を受けてすぐにオンするものもあれば、学びや気づき、覚醒と共に時間をかけてオンするものもある。つまり、動物人間のスイッチから高次の進化へのスイッチもある。どれを選ぶかは人間の自由意思だ。

それぞれの植物の横に書いてある文字は、今まで説明した意識の種類名だ。外周にある字は、これらを円滑に機能させるマントラだ。

中側で生まれた女たちが外側へ行き、一つひとつ浸かることで、最後は全てのエネルギーが定着する。ベルトコンベヤーのように動いているが、ひとつのところに留まる時間は、地球時間で、中の1

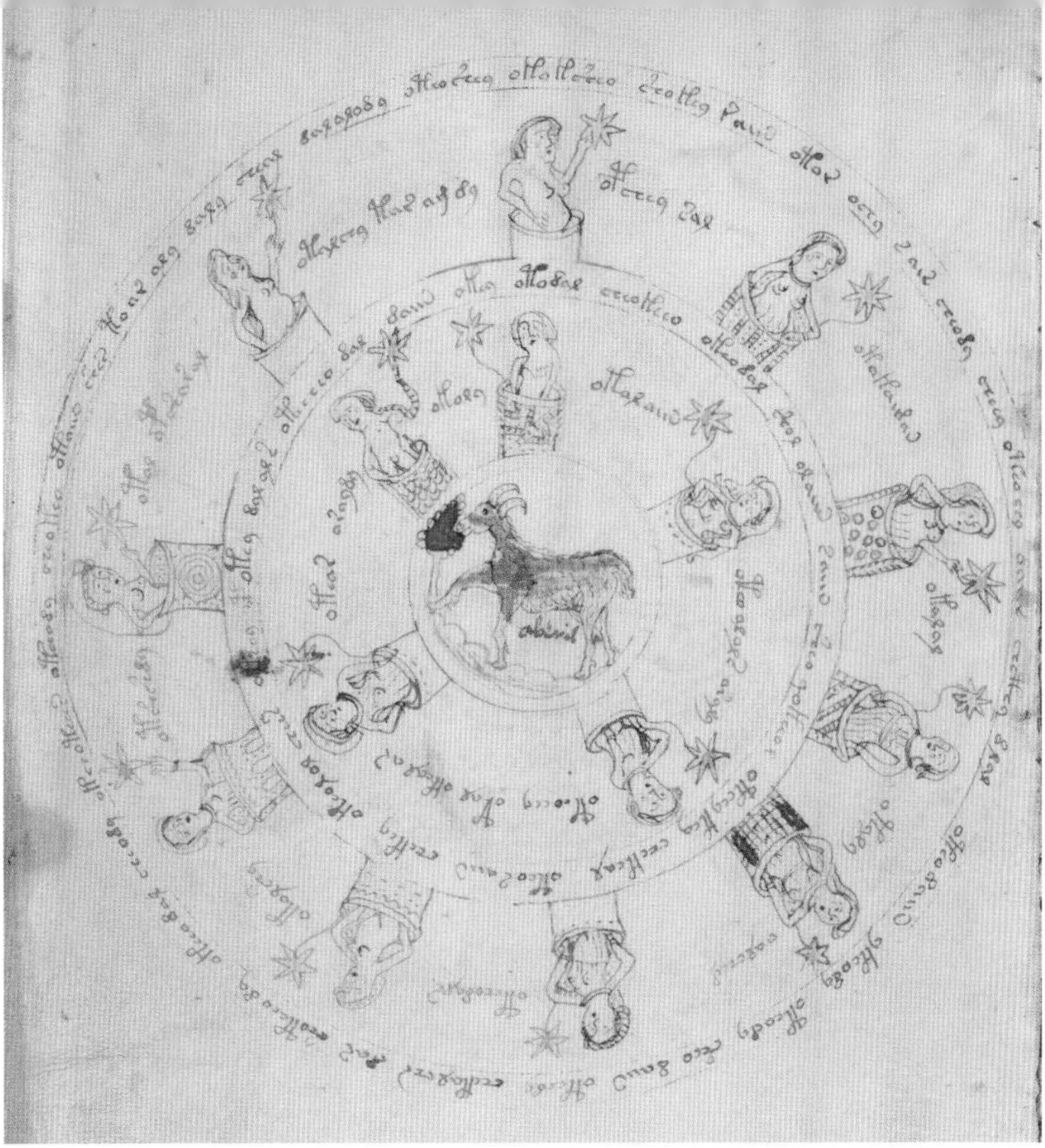
やぎ座のエネルギーを使ったエゴエネルギー１

つの植物に約6年、外側には約3年だ。

次に行く。

やぎ座のエネルギーを使ったエゴエネルギー1

前のプロセスを終えた女たちが次に来る場所だ。

真ん中のヤギ科のような生命体が住んでいるやぎ座の星からのエネルギーで創られる。

ひとつの星でもやぎ座に属していれば、やぎ座全体の星からのエネルギーを受ける。

このエネルギーは「喜び」と「空虚」。

つまり、喜びの対極である「喜びのない

状態」という二極のエネルギーだ。エネルギーが高まれば「喜び」となり、低くなればだんだん「喜びのない状態、空虚感」になる。

内側から説明する。

右上の管の植物は「喜びの意識」の粒子を蓄えている。エゴの満足感や喜び意識だ。

右回りで説明する。「空虚な意識1」「淡々とした意識」。無感情で、するべきことをしようとする

意識だ。この状態は心的エネルギーの省エネになる。

「陽気な意識」。何があろうと陽気さに戻るための羅針盤となる意識だ。

「孤独な意識」。説明は省く。

女たちのところに書いてある文字は、それぞれの植物が持つ意識の名前だ。

その円周の文字は、マントラ。このマントラで、これらのエネルギーがスムーズにインプットでき

るようになる。左の絵のマントラは、男性性の波動、ここのマントラは、女性性の波動だ。

外側の女たちを説明する。

一番上の女性が入っている植物の粒子は、「空虚な意識2」だ。前の「空虚な意識1」はしたいこと、

欲しいものが見つからない一時的な空虚感だ。「空虚な意識2」は前よりもっと深く、エゴで生きる

人生にやがて感じ始める虚しさだ。これが長期間続くことで、より高次の意識が目覚める。

右回りで説明する。

「楽しみだけを追求する意識」。

「勤勉さの意識」。この意識は知識を得る、技術を得るなど左脳的な勤勉さだ。意識を向上させるための勤勉さを得るには、この左脳的な勤勉さの意味に疑問を抱かなければできない。

「高慢な意識」。

「怠惰な意識」。このエネルギーに支配されると心身共に不活性化し、ますます波動が下がる。

「隠す意識」。所有しているものを他に知られまいとする意識、また、自分の心の奥にある闇を隠す意識だ。これは意識して隠す場合と、隠していることさえ分からない無意識的な作用もある。

次は、「優越の意識」。この優越感は、具体的で一時的な評価により感じる意識だ。前に出てきた「高慢な意識」は、継続的に心を支配しているため、その人間は自信があるかのように見える。たいていの人間はエゴで生きていくため、自信のなさや劣等感などに取りつかれる。しかし、そこから這い上がり、自信に満ちた自分になりたいと努力して得たものは、高慢さだ。それが過ぎれば傲慢になる。自信のない自分に自信が満ちてくるため、それが成長だと錯覚するが、別のエゴのエネルギーの罠にはまるだけだ。

次は、「競争する意識」。説明するまでもない。

「穏やかさの意識」。この女の頭にある植物から出ている管で直接、頭部にも送っている。これは、「穏やかさの意識」にしっかりつなげるためだ。なぜなら、人間はエゴに支配されて疲れると、穏やかさに戻りたいと思うようにできている。この穏やかさは、何か変化が起きてもホメオスタシスという心身ともに元に戻し、安定しようとする機能につながる。

次は、「目的達成のための継続力と意欲の意識」。無理をすると心身のバランスを崩す。成長してくると、この意識は調和のとれた状態で生涯続く「探求心」となる。その探求心は、外界への探求から始まるが、成長していくにつれ内界への探求になる。そうすることで覚醒への道を歩むことになる。

それぞれの女性の横に書かれた文字は、その意識エネルギーの名前だ。

外周の文字は、マントラ。このマントラも女性性だが、その音の波動は内側の円内よりさらに強くなっている。女たちは、内側から外側へとベルトコンベアーに乗っているように植物に浸かる。ひとつの植物に浸る期間は、先ほどと同じく地球時間で3年ほどだ。

次に行く。

やぎ座のエネルギーを使ったエゴエネルギー　2

この中心のエネルギーは、やぎ座にある前とは別のヤギ族の存在が住む星だ。「無垢、安定」のエネルギーに溢れた星。この星にも二極的なエネルギーはあるが、高次に発達したこの星の住人は、あまりそれにとらわれていない。周囲の文字は、そのエネルギーの説明だ。

内側のヒューマノイドから説明する。

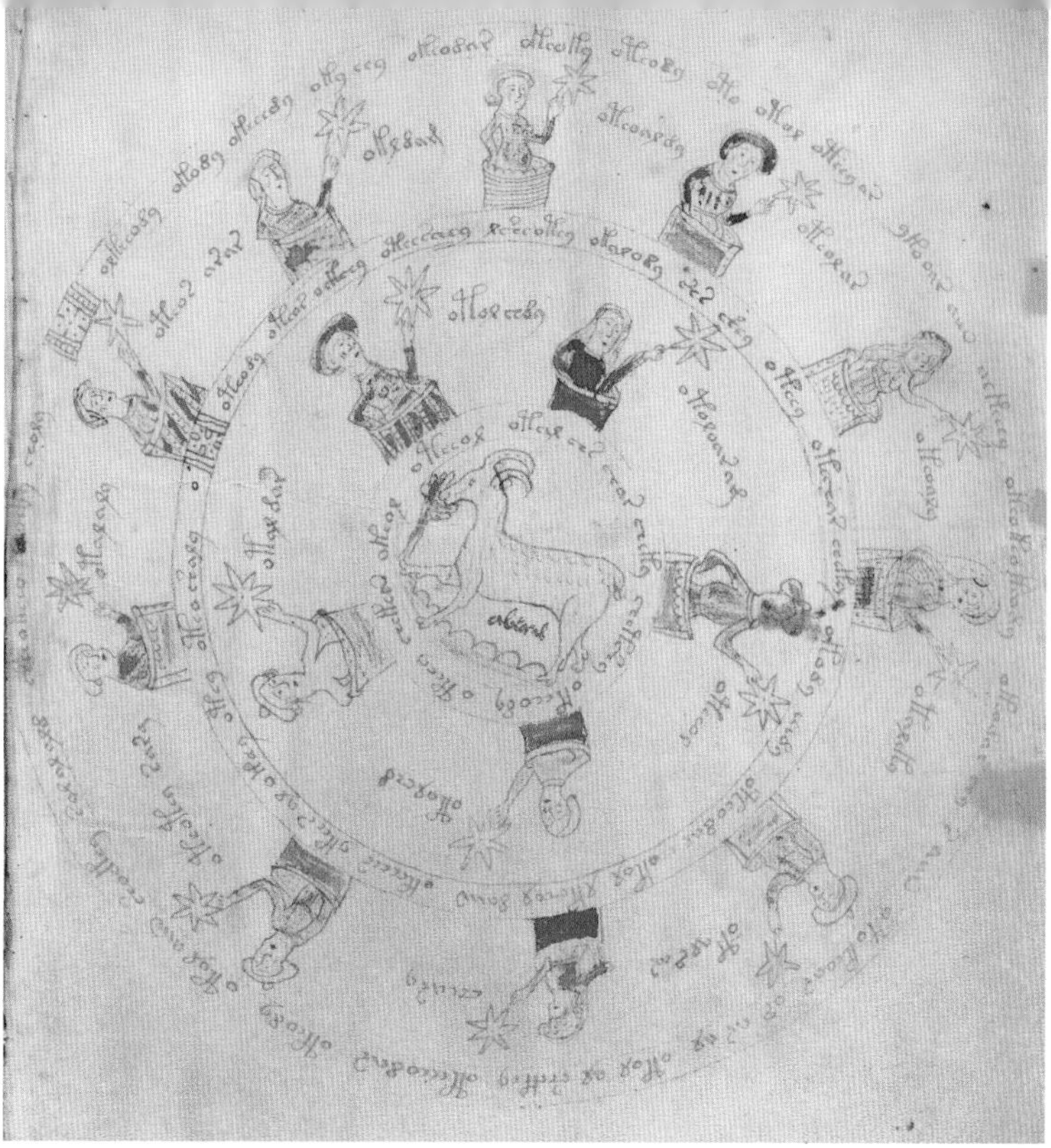

やぎ座のエネルギーを使ったエゴエネルギー　2

一人以外は、衣服を身につけている。衣服の意味は、人間として地球上で生きていくために特に必要なエネルギーを表す。それは、準備と保護だ。

右上の女から始める。

「無邪気、無垢な意識」だ。無邪気だからこそ、好奇心、信じる心、素直な探求心が生まれる。

「集団行動の意識」。

「空想する意識」。具現化のための空想力だ。これは単なる楽しいことの空想ではない。

「高揚する意識」。いわゆる「わくわく感」と言われている。

「失望する意識」。女たちの横に書かれている文字は、それぞれその意識の名前。円周には、それを定着させるマントラが書かれている。その波動は子どものような声だ。

それが終わると、上の段に行く。

一番上、「自由気ままであろうとする意識」。これが宇宙との一体感になる。エゴの欲求を手放した意識だ。低次のエゴに支配された人間たちの組織や社会は、多くの規則を作って束縛する。多くの人間は、その中で疲弊し衰弱する。彼らが望む「自由気まま」は、一時的な休息で終わる。成長する人間は、根底にあるこの意識から、進化する組織づくり、社会づくりをしていく。

「相手に伝えようとする意識」。

「役割意識」。子どもの頃の「ごっこ遊び」から始まる。大人になるにつれて、集団の中での役割を演じようとする意識に成長する。

「評価する意識」。今の人間はエゴからの評価をしているが、成長すると魂の声を聞いた評価に変わっていく。

「慎み深さの意識」。この意識が、人間としての知性、高潔さ、品格という人間的魅力として、生きるための美意識に育つ。

次は、「自他を区別する意識」。ヒューマノイドは、集合意識で動くように創られたため「自分」と「他者」という意識はなかった。人間になるためには、「自分」という「個の意識」「エゴ」が進化のために必要だ。「自分」という自意識はここで入れられているが無意識だ。ここでは「他者」という意識が強く作用する。

次は、「支配に抵抗する意識」。「自分」という意識が芽生えれば、自分の感情や感覚を大切にしたいという意識が生まれる。すると、それを脅かすものに対して抵抗するようになる。その抵抗が、自分の成長につながるのか、安定の中に逃げ込もうとするのかを見極めることが、その後の覚醒のカギになる。

次は、「自分を守るための闘争逃走意識」。自分を守ったり、支配に抵抗したりするためには、闘うか、逃げるかの判断が必要だ。それを瞬時に行う意識。動物と同じだ。

「下の者に教え育てようとする意識」。

「ルールの中で活動しようとする意識」。集団行動をとるために必要な意識だ。この意識にとらわれ過ぎると身動きが取れなくなる。進化する集団になるためには、決めたルールも進化する必要がある。

横の文字は、それぞれの意識エネルギーの名前。円周にあるのは、それを促進する、より多くの子どもの声のマントラだ。

次に行く。

やぎ座のエネルギーを使ったエゴエネルギー　3

左の図（175ページ）から説明する。

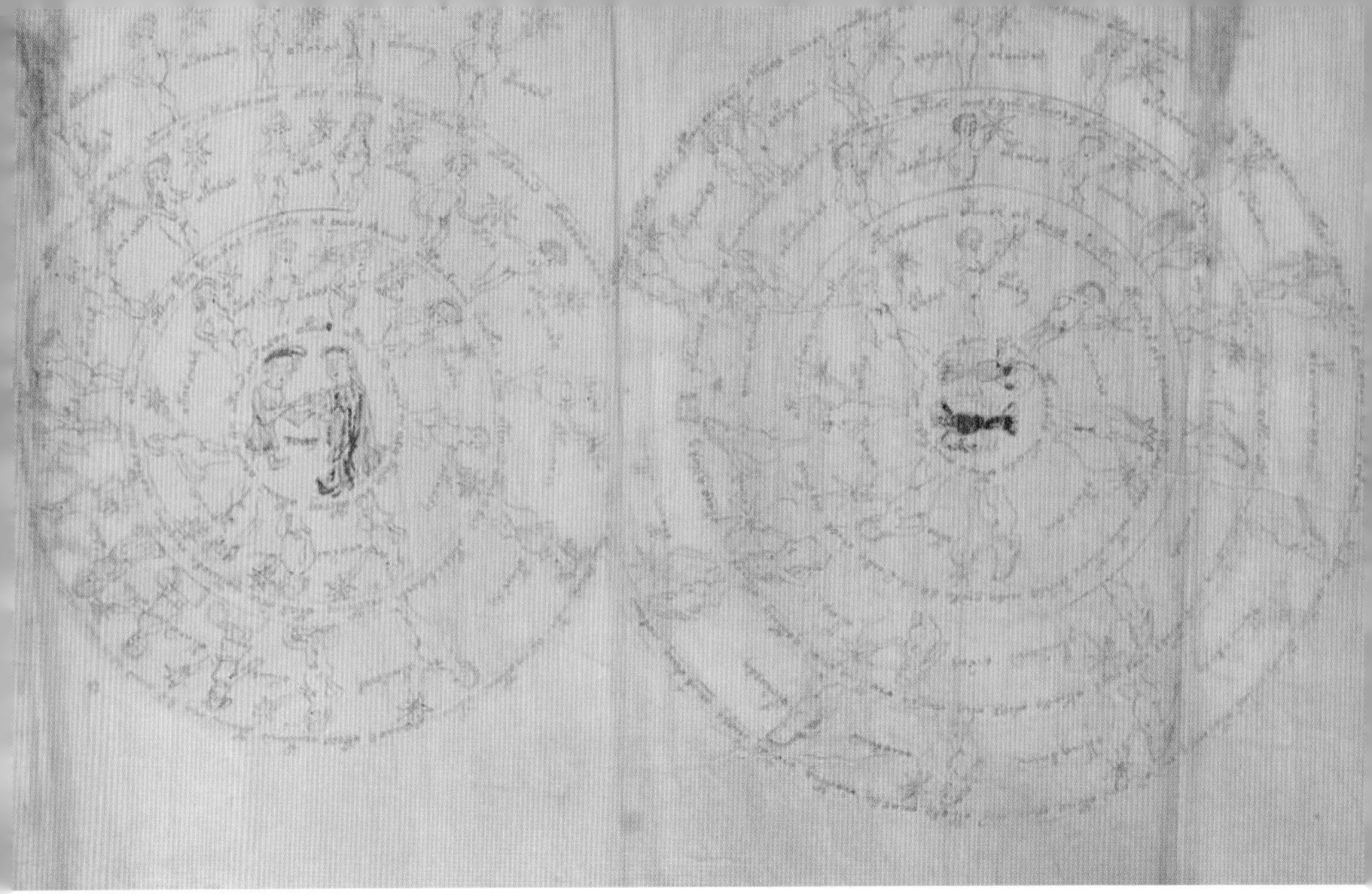

シリウスのエネルギーを基に
ヒューマノイドから人間へ

さそり座のエネルギーを使った
エゴエネルギー

中心は、やぎ座の中にあるウシ族のような高次の生命体が住んでいる星のエネルギー。静的な気に満ちているが、必要とあれば瞬時に行動することができる存在たちだ。

その周りはマントラだ。

内側の円の女たちを説明する。

一番上、「他者を優しく促す意識」。

順に、「冷静に指示する意識」。

「静かに指示を待つ意識」。

「急き立てる意識」。

最後は、「拒否する意識」だ。

より人間的なエネルギーを得る場所は衣服をまとっている。前の絵も同じだが、衣服は実際に着ているのではなく、象徴的に描いている。ただし、そのエネルギーが着ているように見える。横にある字は、その意識エネルギーの名前。円周上は、同じくそれを促進するための女性の声の波動で発されるマントラ。

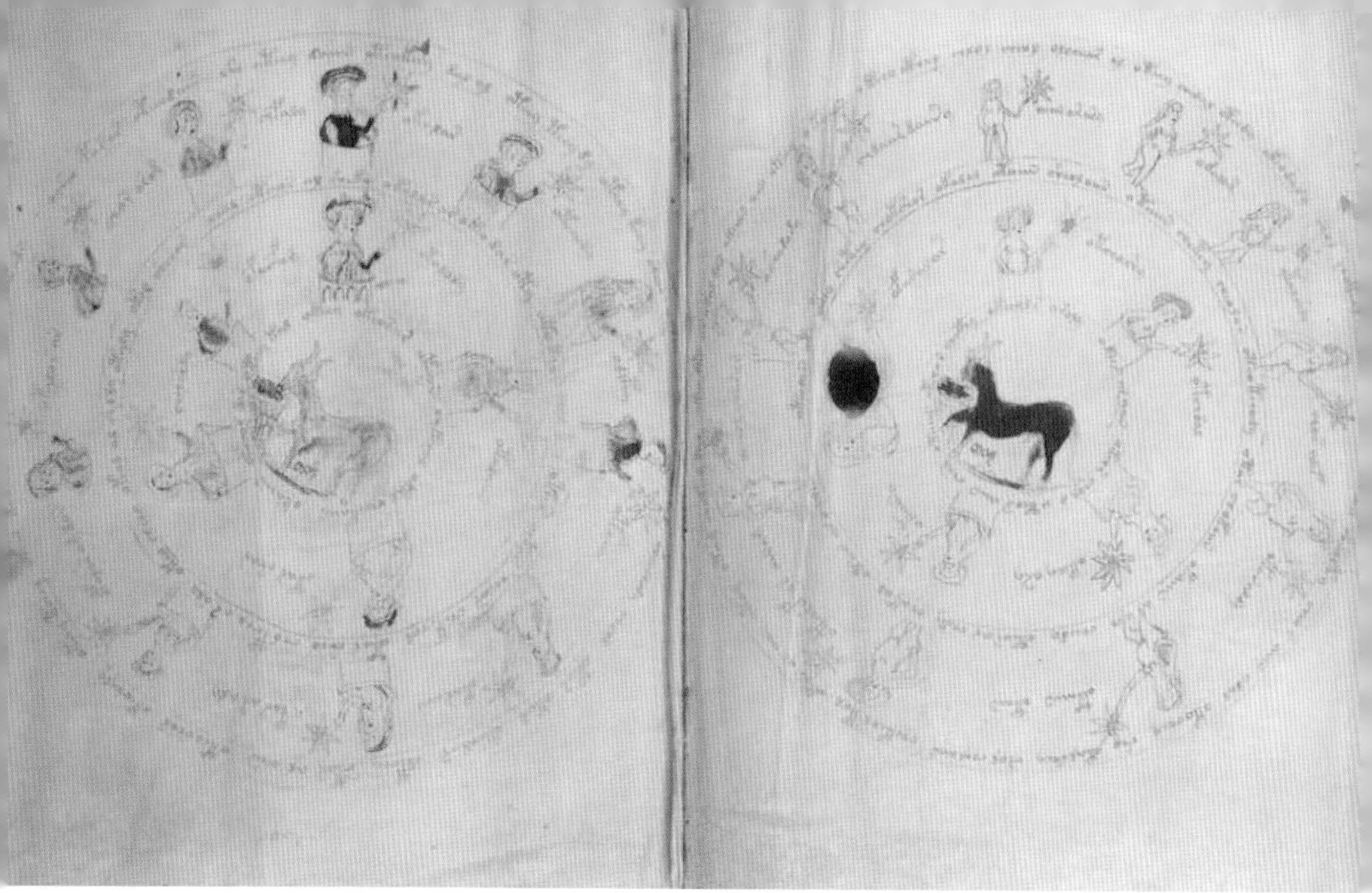

やぎ座のエネルギーを使った
エゴエネルギー　3

牛飼い座のエネルギーを使った
エゴエネルギー

上の段の女たちを説明する。

一番上の赤い衣服。「変化を嫌う意識」。これは、怠惰からではなく、「動くまい」「変えまい」という自身の意志だ。

「目標のためのプロセスを想像する意識」。

「身体能力を高めようとする意識」。泳いだり、走ったりなど、身体機能の向上に特化したエネルギーだ。前に出た「強化する意識」は心身全体の強化欲求だ。ここは、特定の身体機能の向上意識だ。

次は、「決断の意識」。

「不可能に挑戦する意識」。

「非を認めて謝る意識」。ただし、これは最初からあるのではなく、教育やその人間の意識レベルがある程度の高さに達さなければ形式のみとなる。

次は、「あきらめる意識」。

「緊張感を伴った反復行動の意識」。無心に何かをするということ。

「自ら楽しみを見つけようとする意識」。

「冒険心」。説明するまでもない。

それぞれの意識エネルギーの名前が横に記され、それを促進するマントラが円周上に書かれている。


次の図（175ページ）に行く。

牛飼い座のエネルギーを使ったエゴエネルギー

真ん中にあるのは、牛飼い座の中のウシ族の存在の住む星だ。

この星のエネルギーは「自身の成長」。集団や社会ではなく、真に個としての成長を促すエネルギーに満たされている。その周りの文字は、その説明が記されている。


チューブに入っている女たちを説明する。

まず、内側の段の上の女。

「霊線」。ここで覚醒のエネルギーを宇宙から受け取る霊線が創られる。

「健康な境界線」。他の人間や存在たちと健康的な境界線を持った関係づくりの意識が入る。次に、「高度な対話力」。他者との対話力を育てる。この対話は雑談などではなく、お互いの成長のために刺激を与え合う対話だ。

「内省の意識」。成長すればするほど、人間は内界に意識を向けることが多くなる。

最後は、「次世代継承の意識」。覚醒、成長、発展のプロセスを次の世代につなげようとする意識作りだ。人間にとって特に大切な意識だ、と示すために衣服を着用させている。

ここまで来ると、星のエネルギーから人間の遺伝子に書き込むプロセスは、低次のエゴエネルギーから高次のものへと進んでいくのが分かるだろう。この段階のエネルギーはすでに全ての人間の遺伝子に書き込まれているが、自ら意識して手にしなければ、種のまま終わってしまうことになる。

その円周上はマントラだ。

次に上段の説明をする。

ここの女たちはチューブに浸っていない。まだ、ヒューマノイドだが、いったん終了して試しの場となる。

一番上の女。この場所に留まることで、「不安と希望」を試す。鍛錬の場所。ここで「意志力」「持続力」「持久力」を試す。

次は、それがうまくいかないことで「挫折感」という感情を生じさせる場所だ。そして、その挫折感から立ち直る「再起する意識」を生じさせる。

次には、「自分を信頼する力」を育てる場。「新たなステップを意識する力」を得る場だ。

そして、うまくいくようになると、「宇宙との霊線」がつながっていることを意識するようになる。

しかし、今までとは違う感覚が起こるために、「戸惑い」が生じる。その戸惑いも十分体験し、解決する場だ。すると次には、「霊的力」が発現し、それを体験し理解する場となる。

さらに次にいくと、地球内部に存在する別次元のアメンティホールへ行く準備をする場となる。

最後は、これまで注入された全てのエゴのエネルギーを熟成させるために、しばらくこの場に置かれる。一つひとつの場はこれまでと同じ、地球時間で3年間だ。円周上の文字は同じくマントラだ。

次（174ページ）に行く。

シリウスのエネルギーを基にヒューマノイドから人間へ

ここでは、ヒューマノイドから人間への変換を促すプロセスの場だ。ここでそれまでに創造された人間の臓腑と脳を入れられて人間の女性となる。ヒューマノイドの時は、それぞれのエゴエネルギーを反物質の身体であるライトボディに入れられた。ここから肉体に入れることになる。それと同時にライトボディに入れられたエネルギーは肉体につながる。ただし、肉体といっても、肉体そのものではない。人間として創られた者たちが地上に降りてはじめて肉体として完成する。肉体のテンプレートに入れられると考えてもよい。

また、ライトボディは肉体に魂が入る時にまとう。この絵はあったのだが、紛失したようだ。

この領域は2番目のオペレーティングシステムだ。

中心にある絵は、高次元の存在が住むシリウスのエネルギーに満たされ、ともに協力していることを意味する。数人の存在たちが、この中心でエネルギーの増幅を担当している。

周りにある字は、彼らが唱えるマントラだ。


ひとつ上の段に行く。

このプロセスは、肉体に行う。まず、一番上の右隣りから時計回りで説明する。

ここでは、高次の存在に心を開く意識粒子を入れる。ここにいる間はじっと動かない。

次に、ここでそのエネルギーが遺伝子の中に定着するのを待つ。これも静寂の時間だ。

そして、次に自由に肉体を動かして行動する体験をする。ここで、意識と肉体が連動する体験を得る。

その後、この場専用に創られた植物とつながる体験をする。この植物が、肉体と共鳴するのを体験する。それによって心身に起こった不調和を調和させることができる。これは、今の人間たちもできる。

次に、自分で内にあるエネルギーを循環させる体験をする。これは、一つひとつの感情や欲求、またそれらが複合した気分を自分で体得するための場だ。

そして、次に高次の存在にメッセージを発信する練習をする。

それができたら、他の仲間とともに、霊的パワーを使って共同作業の練習をする。

そして次は、身体、特に肉体を使ってパワーを増幅したり、変換したりする方法を学ぶ。

最後は、古来のヨガの知識や技能をインストールする場だ。

以上は、今の人間の霊的成長のプロセスでもある。


次は、上段の上の右の女性（髪が長い）に入る。

彼女は、「切なさ」という感情を体験している。順に説明する。次の女性から、「鎮静」「道化」「性的アピール」「無関心」「安堵」「充電の方法」「具現化の方法」「具現化したものを消滅させる方法」「次に進む決意」「充足感」「模倣、真似る」「体験する」「誇示」「すねる」「反復する」

「反復する」は、行動、思考に当てはまる。何かを探求したり、確認したりするために必要な意識だ。

また、3人は、足から植物の粒子を得ている。これは、定着を強化するためだ。

他の女性たちは空間から得ている。4人が衣服を身に着けている。これは人間界でこの意識を使う場合、純粋な状態を保持する必要があるため、他のエネルギーに邪魔されないようにする保護的な意味だ。邪魔するエネルギーとは、他からのものだけではなく、「疑い」「迷い」など自分自身にあるエゴのエネルギーも含む。

また、これまでの女性たちは星を左手に持っている。

その詳細を説明する。

本来、3次元では女性は右手からエネルギーが入るが、7次元では左手から入る。

この次元では、左手から入ったエネルギーが、脳と心臓に入り、そこを経由して身体中に送り、遺伝子に書き込まれる。男性は反対の手だ。

それぞれの円周に書かれている文字はマントラだ。

一番上に5人の女性がいる。

左から、「グラウンディング」「保持」。これはこれまでにインプットした意識粒子が遺伝子に書き込まれるまでの保持だ。次に「控える」。エゴから来る行動制御の意識粒子だ。「追究、探求心」。さまざまなものに関心を寄せる意識だ。「自意識、エゴ」だ。これは以前入れられていたが、ここで自意識として初めて意識に上る。そしてそれぞれのエネルギーを使えるようになる。

さそり座のエネルギーを使ったエゴエネルギー

これは（174ページ右）、さそり座の中の一惑星だ。この惑星も高次の星でさまざまな種の存在がいる。この惑星のエネルギーを浴びながら次なる創造のプロセスが行われる。この星も二極性のエネルギーに支配されている。

周囲はマントラ。内側の円の中にマントラがある。左にある二本線は区切りを示す。他にあるマントラは延々と流れるが、このマントラはここで区切って続ける。

女性たちの説明に入る。

内側の円内で、冠を被っている女性からだ。

「場を穏やかにする気」。この気は全ての人間に入っているが、その人間が意識してそれを成長させていないと発揮できない。

「孤独」。これは寂しさを伴う低次の孤独ではなく「孤高の気」だ。

「空」。「何もないが全てがある」という空の意識だ。これは、瞑想を通じてしか獲得できない。

「空想」。楽しいことを想像する力だ。恐れからくる空想ではない。

「外見の美」。まだ、自然の美、内面の美、芸術に対する美の意識という次元ではない。

「羞恥心」。前に出た「恥」は、具体的な出来事による自責の念から来る。この「羞恥心」は、自分の存在に対する「恥」の感覚だ。これは、最も低次の意識だ。この状態が続くと人間は生きていけない。したがって努力するようになる。そのために必要な意識だ。

最後は、「自己陶酔」

周囲はそれらを促進するマントラだ。


中段の女性たちに行く。

先ほどの冠を被っている女性の上。

「気分高揚から落ち込みまでのプロセス」。これはひとつの極に達すると、もう一方の極に転じようとする二極的のエネルギーの流れをインプットしている。例えば、愛し合い、その感情が高みに達すると、疑いという気が芽生える、圧政が極度に強まると革命が起きる。これらは二極性に影響された人間の意識だ。エゴの意識には必ずこの作用が起こる。

次に行く。

「探求心」。前に出た「探求心」は、探求する対象の数が多く、持続性のない気だったが、これは、ひとつのことを追求しようとする意識だ。

「母性愛」。自分の子にだけ感じる意識だ。

「夢を育む」。前の「空想」は非現実的だったが、ここは現実的な夢を育むという意識だ。エゴの気が強くなれば「野心」となる。

「先の分からない不安」

「無気力」。生命エネルギーが減少した時の意識。

「傍観」

「追い立てる」。前に「急かす」というのがあったが、それは他者に対してだ。これは、自身に対して追い立てて、休むことなく何かをしなければならないように思わせる気だ。

「監視」

「リラックス」。自分で行うリラクゼーションではなく、他者からのアプローチでリラックスするという反応の気だ。

最後は、「指示」。他者に別の方向を与えたり、意識を他に向けさせたりする気だ。

また、他の図でもあるように、女性たちが持っている星の中の色付け部分は、意識粒子の分量を表している。

周囲はマントラ。左にある模様は鐘の音の波動。マントラと共にその音がこの部分から入ってくる。


上段へ行く。

上段は右下の女性の位置から始まる。

ここでは、「先が分かっている不安」。この違いは、決断力が求められる意識だ。

次は、「妄想」。ぼんやりと自分の世界に浸っている状態。

「空白を埋める行動」。これは、何もすることがなくなることへの恐れから、あまり意味のないことでもする。それは、その恐れを感じる内面に向き合おうとしない行動だ。

「ブルーな気」。たそがれている気持ちだ。

「低次のパーソナリティ」。これは、人生の意味づけをし、その人生の主人公である自己イメージを表す。気づきのない者は、「自分はヒーローだ」、または「弱者だ」という妄想で人生を送る。

「信念という枠」。ひとつの体験や学びから作った信念が、その人間を縛る枠となり、さまざまな体験を積むうちに、気づきがなければ枠だらけとなる。例えば、幼い頃、いじめられた体験から、他人は信じられないという学びをすると、それが一生を通じてその人間を縛る。この「枠」という足かせの意識がここで定着する。

次は、「自責」。罪悪感に至る最初の意識だ。

「おおらかさ」。少し優越感にも似た低次のおおらかさだ。これが本物になるには、挫折を乗り越え、知恵を得て器が大きくなることで備わる。

「老婆心」。必要のないことまで世話を焼く意識。

「達成不安」。目標や夢を達成することの喜びの背後に隠れている不安だ。この不安は、次の目標を失う不安でもあれば、次に向かってまた努力しなければならない不安、周囲の期待に添わなければならない不安など、重荷として感じる。

次は、「納得感」。前に出た「満足感」はエゴのものだったが、これは魂が感じる意識だ。肚で感じる。
最後は、「波動を上げ維持しようとする意識」

これらの中には、低次のエゴから少し高次のものまである。
それは、この意識を定着させるために利用される惑星の意識が、低次から高次まであるからだ。この星は二極性の気で支配されているが、他に対する攻撃や否定など低次の意識はあまりなく、自分の心の中にある二極性から脱却しようとするエネルギーだ。

次に行く。

ヤマネコ座のエネルギーを使ったエゴエネルギー

左の図。

ヤマネコ座の中にある星で、ネコ科の存在が住む高次の惑星のエネルギーだ。そのエネルギーは野生のトラやライオンをイメージすると理解しやすいだろう。

内側の女性たちから説明する。

まず、右横の冠を被っている女性の場所から始まる。

ここは、「リーダーシップ」。場を仕切りたい、支配したいという低次から、配下の者たちに対する責任を感じる高次のリーダーシップの意識だ。

「慎重さ」。警戒心を含める慎重さ。

次は、「イライラ」。怒りを隠した状態。

「無心」。集中して何かをしている状態。

「破壊心」。エゴの怒りに任せた破壊欲求だ。

「あこがれ」。他者に対する敬慕の念。

「辛抱できない状態」。何かをしたくてたまらない、欲しくてたまらない、待ちきれないなどの状態の気だ。

「人のものを欲しがる」。横取りしようとする意識。妬む意識。

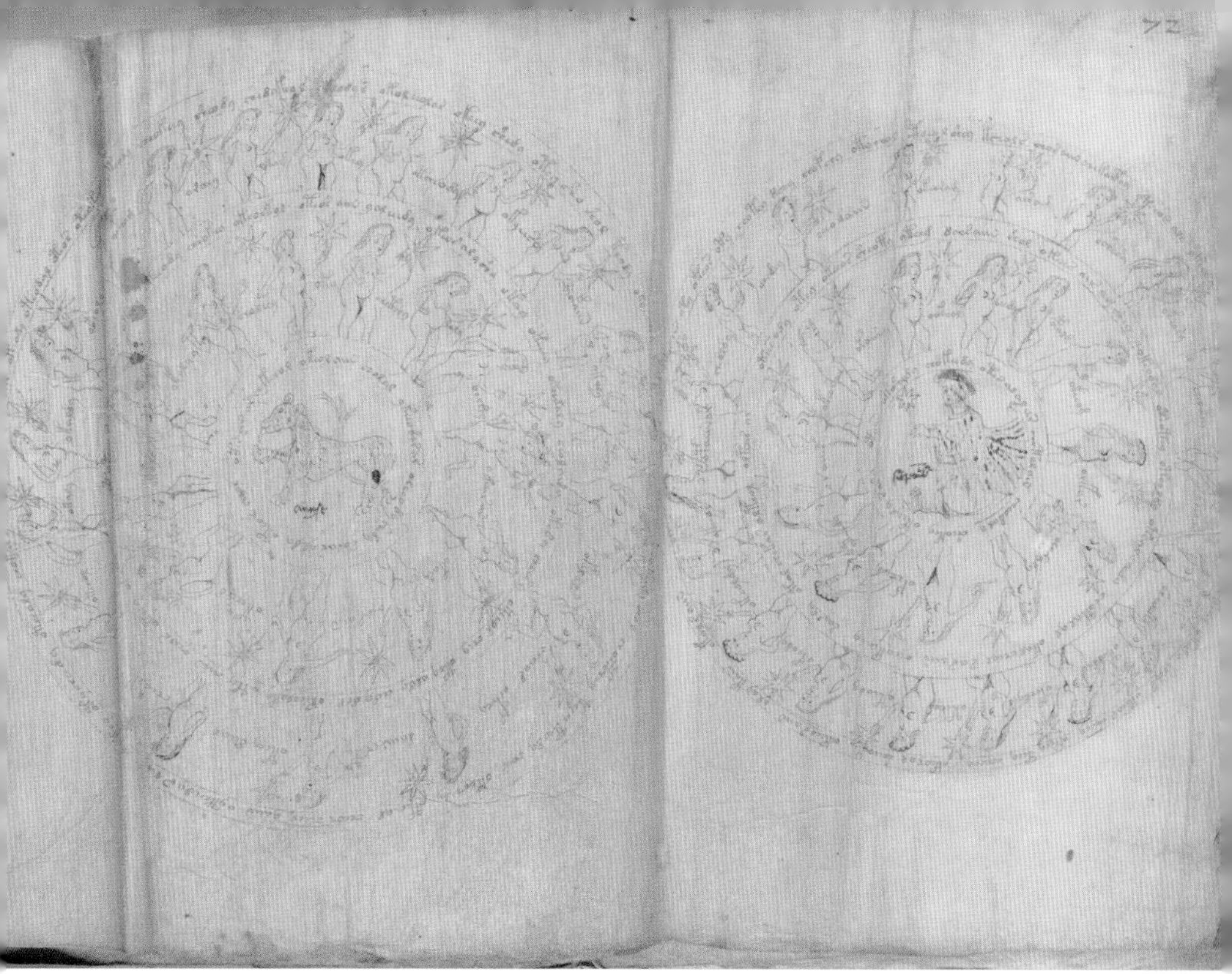

ヤマネコ座のエネルギーを使ったエゴエネルギー

シリウスのエネルギーを使ったエゴエネルギー2

「遠慮」。前に出た「控える」意識よりは波動が高い。ここは謙虚さが伴う。

「パワフルさ」。パワーがみなぎった状態を定着させている。

「先を見据える意識」。理性的な意識。

最後は、「深読み、あらさがしの意識」外側に行く。

最初は、先ほどの冠の女性の上に描かれている濃い髪の色の女性だ。

「上機嫌」

「肉体管理」

「大きな悲しみ」。号泣するほどの状態。

「反省」。自責を伴わない冷静な反省。

「敬意」。価値あるものや人、また神に対する意識。

「賢明」。道理にかなった判断を冷静に

行える意識。

「意地悪」。低級な悪意に満ちた意地悪ではなく、品位を損なわない程度の意地悪だ。

「話を聞く力」。冷静に相手の言うことを理解する力。

「相手を無視する意識」。相手の話に対して、無関心であれば平然と無視する状態だ。

「神経質」。神経過敏、周囲にアンテナを張り巡らせている意識。

「手抜き」。不必要だと思えば、躊躇せず手を抜く。

「真摯」

「軽視」。真摯さの反対。

「おびえ、恐れ」。特定の対象はなく基本的な恐れの感情だ。

「独立独歩」。我が道を行く意識。

「強い意志力」。周囲に流されず、自分の意志に基づいた意識。これが強すぎると「強情」になる。

「いたわる」

最後は、「高次の存在にアクセスする意識」。祈りなども含む。

ここは、前の星よりももう少し次元が高まり、ここに住む生命体は、個々の意識成長を目的にして生きている。


次の図（187ページ）に行く。

シリウスのエネルギーを使ったエゴエネルギー2

この星は、7次元にも影響を及ぼす星座の中のひとつの星だ。これを地球ではシリウスと呼んでいる。この星から得られるエネルギーは、他者との関係性の成長、そのための自己の成長、そして高い波動で自分のいる領域を包み、守ることだ。

また、「他者との関係性」は、進化の状態によって個人から始まり、集団へ、そして宇宙全体へと意識は高まる。そのためにこの星の高次の存在は、宇宙のための役割を担っている。

真ん中の絵は、この星に住む男性性と女性性を統合した高次の存在が住む星を表す。

内側の右の女性から始める。

「気品」

「情熱」。このパワーは大切なので、星からと植物からと両方入れている。

「包容力」。前に出た「おおらかさ」よりもっと意識が高い状態。

「克己心」。我慢ではなく、自分のエゴを乗り越えようとする状態。

「持てる力以上を出そうとする意識」。これは、高次のエゴだ。

「素直さ」。疑わずに受け入れる意識。真摯さは基本的に備わった価値でもあるが、素直さは、特定の状況に応じて心を開く状態だ。

「懐疑心」。真偽を確かめる意識。低次のエゴからくる「猜疑心」ではない。

「鋭敏な感度」。勝手な思い込みではなく、気を読む優れた力だ。

次は、「威厳」。これは備わっている基本的状態で、装った高慢さではない。

「慈悲」。説明するまでもない。

「かしづく」。崇敬の対象に対して心から平伏する態度。特定の状況で起こる意識だ。

最後は、「自愛」。説明はいらない。


外側に行く。


先ほど内側で始めた女性の外側から説明する。

最初は、「心身の疲労」。この感覚を知ることで自分の状態が分かる。

「援助を欲する」。頼るのではない。この星の存在たちは、援助し合うことを当然のこととして行う。

「歌う」

「不快感情の切り替え」。きっかけとなる原因が外部にあったとしても、自分の不快感情は自分で責任を負う意識と行動だ。

「深い悲しみ」。前にあった「大きな悲しみ」は大声で泣くような悲しみだが、ここは悲嘆だ。また、悲しみの種類も違う。

「傷つく恐れ」。これは自信のなさから来る。乗り越えるべき障害を前にした恐れだ。

「歓談を楽しむ」

「過去体験した恐れが繰り返される可能性を感じる恐れ」

「励ます」

「友情」

「家族愛」

「危険の察知」

「自暴自棄」

「過干渉」

「環境を美しく整える」

「企み」。悪だくみ、陰謀だ。

「自身を鼓舞する」

最後は、「すねる」。前に出た「すねる」は、本当にすねるが、ここは「相手をうかがいながらすねる振りをする」という意識だ。


ここでは、内側の方が外側よりも意識レベルは高い。それは、高い波動を先に入れることで、低い波動に巻き込まれにくくするためだ。

また、女性たちの表情にはマイナスを入れられてもあまり変化はない。これは、まだ肉体にある表情筋が乏しいためだ。

定着させるエネルギーは全てエゴだ。エゴとは、「自分」「私」という意識であり、その意識する欲求や感情、また思考状態を言う。人間は、低次の物質世界で生きるためにエゴのエネルギーは必要だ。成長とは、使い方が変わることを言う。

次に行く。

てんびん座のエネルギーを使ったエゴエネルギー

てんびん座の中にある星のエネルギーを入れる領域だ。ここには二極的エネルギーがある。右横から始まる。

「養育」。子どもを愛で導き育てる。

「男性に慣れる」。これまで女性たちばかりでいたため、この慣れる意識が必要だ。

「生きがい、やりがい」

「食欲」

「暇つぶしをする」

「特定の運動能力を高める」。前に出たこの意識は、運動能力の向上に特化していたが、ここでは、それに伴う精神的向上も含まれている。例えば、スポーツマンシップなどだ。

「感情を隠す」。怒っていても笑顔で接するなどだ。

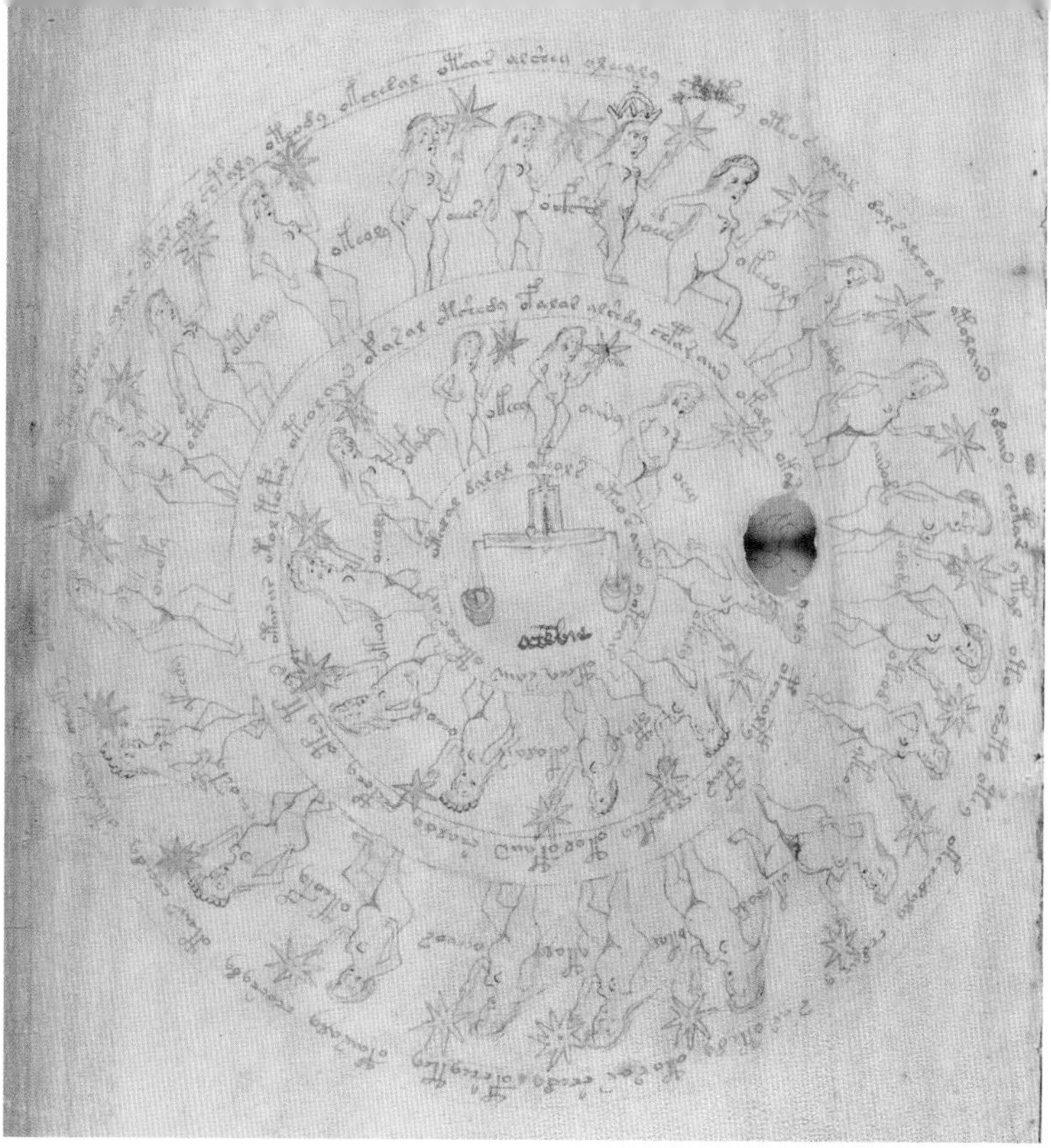

てんびん座のエネルギーを使ったエゴエネルギー

「調理する」

「男性に対する恋の芽生え」

最後は、「他者と交流するために行動を起こす」。歓談する意識は以前に定着しているが、そのために自ら行動を起こす意識はここで定着させる。

外側に行く。

最初は、上部にある冠を被っている女性からだ。

「一番になりたがる」でもあり、「自分が一番だ、特別だと思う意識」だ。

「妬み、ジェラシー」。これは恋愛感情からくる感情。

「競争を好む」

「なごみ」。恋愛対象の者と共に感じたい意識。

「従順」。相手に合わせようとする従属意

識だ。

「依存」。何らかの決断を他者に任せたい意識。「素直」「従順」「依存」の順で、個の意識が弱くなる。

「能力の低い者を見下す」。見かねて仕事を取ったりもする。

「不平不満」。いつも文句を言いたくなる意識。

「男性と親しむ」。談笑程度。

「集団を教え導く」

「野菜を育てる」

「肉体の痛みに対する恐れ」。神経を通して痛みは感じるが、それに対する恐れや不安はここで入れられる。

「挫折からくる混乱」。前に出た挫折からくる「悔しさ」は、ここでは感じない。ここでは、挫折した原因をあれこれ思案する気持ちだ。思考ではなく落ち着きのない心の動きだ。

「立ち上がる」。気持ちの整理がついたわけでもなく、前向きな気持ちになっているわけでもなく、ただ「立ち上がって次に進もう」という意識。

「気を消す、息を殺す」。危険が迫り身動きしない状態。

「美しく着飾る」。前に出た「美」は、常に意識する状態だったが、ここは男性に対して、また社交の場に出る前に着飾ろうとする意識だ。

「支配欲求、コントロール欲求」

「気取る」

「我先にと他人を押しのける」。これは、損得意識、競争意識が融合したもの。

「ぼんやりする」。エネルギー節約状態。

低次のエゴが悪いわけではなく人間の進化の過程では、身を守るためにこのような動物状態の意識も必要なのだ。これで終わってしまうと動物人間だ。ここが進化のスタート地点だ。


次に行く。

りゅう座のエネルギーを使ったエゴエネルギー

これは、7次元のりゅう座だ。物質の地球から見たりゅう座とは全く違う星座だ。絵にあるような存在が住んでいる。彼らも人間より高次の存在だ。

内側の円から説明する。

上の少し右側に描かれている女性だ。

「知識欲」

「得た知識を他者に伝えたい欲求」

「他の人間に対する恐れ」

「高度な身体機能の自己顕示欲求」。ダンス、スポーツなど。

「接触欲求」。手をつなぎたい、ハグしたいという欲求。

「多数に流されない」。反抗ではなく、意志のある自己確立に近い。

「動じない」。これは、感情を隠すことや強がることではなく、周囲からの否定的な言動に惑わされない強さだ。打たれ強さでもありしなやかさでもある。

「うまく立ち回る」

「身を粉にして働く」。疲れ果てても倒れるまで行おうとする自分でも止めにくい意識だ。これは、エゴから起こる自動的意識状態。ある意味で無意識、眠っている人間の行動だ。

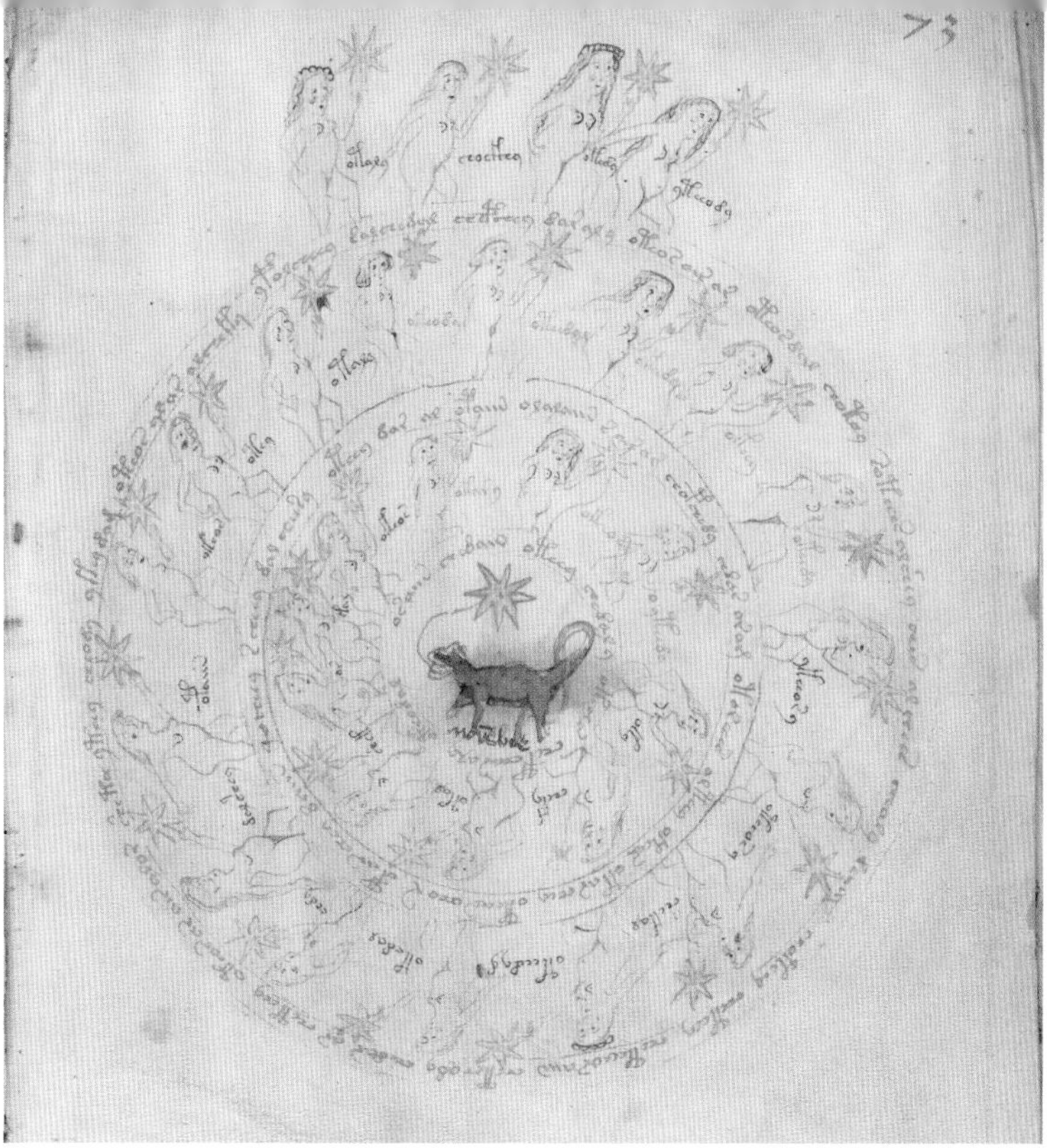

りゅう座のエネルギーを使ったエゴエネルギー

「軽薄さ」。深く考えずに、その場の雰囲気に乗せられるエゴだ。

外側に行く。


内側で始めた女性の上から。

「高次元からメッセージを受け取る」

「感謝の念」

「ギブアンドテイク」。「クンダリーニエネルギー」を入れる場。これは、多次元宇宙から入ってくる。女性は下半身左からヘソへと入る。男性は右からだ。このエネルギーは、今も人間たちに入り続けている。

次は、「大自然とのつながりを創る場」。3次元の地球に存在する動物、植物、鉱物など、全てのものとのつながり。霊性が上がると、このつながりがあることで、全てが発する波動でコミュニケーションできる。

「血族意識」。「家族意識」からもっと視野を広げた意識。

「弱者への愛」

「さまよう」。行く当てもなく、頼る者もない状態。

「はしゃぐ」。例えば、子どもが虫に興味を持ち、それに触ると動いた。すると、子どもははしゃぐ。その時の瞬間的に起こる驚きと喜びの気だ。

「興味のあるものに集中する」

「人を寄せつけまいとする威圧的な意識」

「動物をかわいがる」。これはペットから家畜まで、生活を共にする動物にだけに対する愛だ。

「恋愛を楽しむ」

「恋する相手を思う切なさ」。言うまでもなかろう。

「仕事に対し責任をもって成し遂げようとする、気合の入った前向きの状態」

最後は、「休息に切り替える意識」。前にあったのは、不快感情に対するものだったが、ここはそれを伴わない。良い仕事をした満足感の後でも起こるものだ。


上の4人の女性に行く。

左の女性。

「より注目される場にいたい欲求」。強い自己顕示欲求。

「疲れ果てて全てのものを拒否する」。この意識がないと、人間は死ぬまで何かをし続ける。これらは複数の意識波動で入れられる。

「結婚式という意識」。人生を共にすると決断し、それを周囲に約束する場を持つ厳かな意識だ。今の人間の儀式よりももっと深い意味を持つ。

最後は、「希望を抱き続ける」

円周にある文字は、それぞれマントラ。この惑星からは、より自意識が確立し、パートナーシップを育む意識がインストールされる。

次に行く。

いて座のエネルギーを使ったエゴエネルギー

いて座にあるひとつの惑星からの気を定着させる場だ。ここは物質的次元と霊的次元のバランスを取ることを学ぶ星だ。

内側から行く。

一番上の左側に広い空間がある場所の女性だ。

「科学的に解明する」

「家畜を育てる」

「衣服を作ることを楽しむ」

「仕事や作業を嫌う」。これによって自分に向いたものは何なのかが分かる。

「草花を育てる」

「家族で余暇を楽しむ」

「肉体美を追求する」。食事に気を配ったり、運動をしたりするなど。

「食べることでエネルギーを得ようとする」。本来、心的エネルギーと肉体的エネルギーの充填方法は違う。ここでは、心的に消耗していても、食でそのエネルギーを満たそうとする未発達の意識だ。

次は、「死の願望」

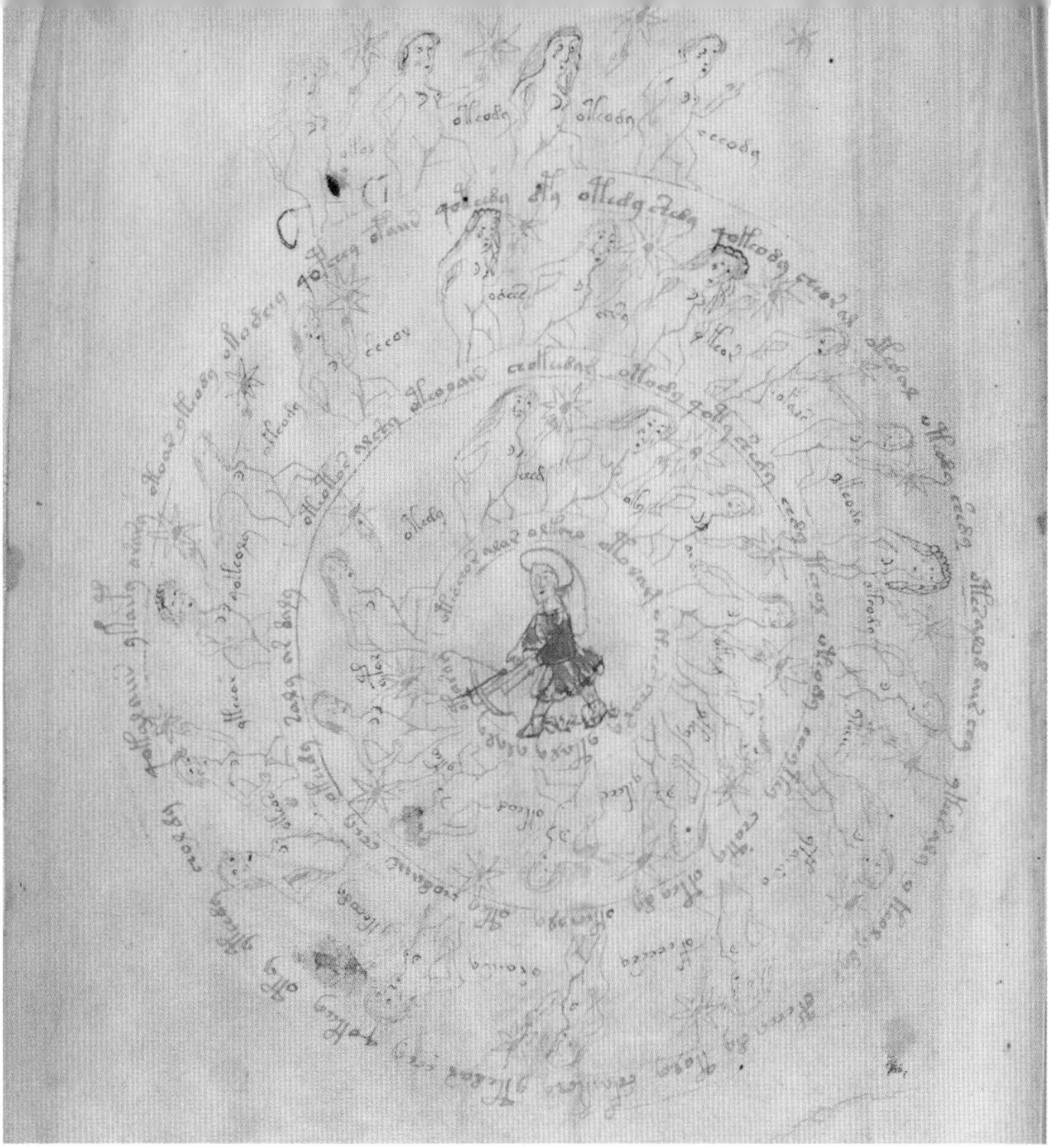

いて座のエネルギーを使ったエゴエネルギー

最後は、「肉体を持たない生命体と対話する」。この意識が天使や妖精や神との対話や祈りにつながる。

上の段に行く。

左に空間がある女性からだ。

「品格を高める」

「純粋、純潔を求める」

「宇宙にあこがれる」。これが魂の世界への望郷意識で人間の心の根底に存在する。

「瞑想する」。瞑想が魂と高次元のつながりを作るという意識が埋め込まれる。これは、意識の種なので、それに気づかない限り瞑想に対する欲求は生まれない。

「学びに特化した場を求める」。これで学び舎、学校が作られた。

「集団を教え導く願望」。前に出てきた意

識と似ているが、ここは前より強くなり、教えることを専門にしたいという、もう一歩進んだ意識だ。

「怒りを表現する」。これは、怒りを溜めずに率直に伝えようとする意識。

「子どもに癒しと休息を与えようとする」。親が子どもを寝かしつけたり、慰めたりする行動につながる。

「母としての役割意識」。前に「母性愛」が出てきたが、それは人間だけでなく動物にも与えられる意識だ。ここは、人間の母親として特化した意識になる。

「夫の世話をする」。もともと女性は男性の世話をしたいという意識はあるが、ここでは、結婚後、家族となって、強力かつ継続的に行おうとする意識だ。男は外に出て何かを探求し成果を上げようという意識が強い。それを支えようとするのが女の意識だ。このバランスがうまくいくと幸せな家庭となる。これが愛の原型だ。男性の肉体と意識は別の領域で創られる。男性もヒューマノイドから人間になる。不健康な社会通念と各人の成長度合いの違いでバランスが崩れ、問題が生じる。それが現代だ。

次は、「涙で人を操作しようとする」。女性の方がこの意識は強い。生い立ちによりオンする。

次は、「起動力」。何かを行うには、初めに行動開始のための瞬発的エネルギーが必要となる。車と同じ発想だ。

次は、「自分の物を美しく保つ」。車を磨くなど自分の物に特化した意識。

「上の者に素直に従う」。年長者、知恵者の意見を受け入れる意識。前に「素直」「従順」「依存」の違いを説明したが、ここはもっと成熟している。

「問題の解決方法や未来を知りたいと望む」。これがその後、占いなどになる。

最後は、「高次の存在から覚醒のために恩寵を受ける意識」。これは、その人間に準備ができていないと危険だ。

最上段に行く。

左の女性だ。

「これまでにインプットした意識を融合し定着させる場」。「これまで」とは、この円の中の全てだ。

「定着した融合意識の中で不調和、不具合があるものを調整する場」

次は、「眠りの場」。眠っている間に、定着したこれまで全ての意識が顕在意識から潜在意識、深層意識へと振り分けられる。「これまで全て」とは、全ての星からのエネルギーを受けた天空図上の全てだ。

最後は、「自分の意識を使う場」。これまでにインプットしたさまざまな気を自分の意思で楽しく使っている練習の場だ。

これもそれぞれ地球時間で3年だ。

また、これまでに出てきた女性たちは、この間、絵のような姿でじっとしている。

人間には多くの高次存在の意識粒子が埋め込まれている。その意識で日常のちょっとした行動から仕事や余暇の使い方までプログラムされている。

そして、出来事のような外的な刺激から内側で想像したり、記憶を呼び起こしたりする内的な刺激により、反応としてこれらのエゴが発現する。怒りやすい、落ち込みやすい、疑いやすい、諦めやすい、恐れやすいなど、刺激と反応で生きていることが眠っている状態だ。

刺激と反応とは連続した体験である。人間の成長と覚醒には、幼い頃からのさまざまな体験が必要だ。あまり体験のない人生では、種は芽吹かない。

解脱とは、刺激と反応で起こってきた成功と挫折に気づき、学び、意識的にその状態から出ることから始まる。

ここで、「低次のエゴ、高次のエゴ」をもう少し説明する。

もともとエゴは成長しない。エゴエネルギーの使い方が変わるのだ。霊的存在は、数々の魂の体験と学びで知恵や知性が身に付くと、物の見方や判断力の基準が変わる。よって、これまでに説明した「低次のエゴ」とは、エゴエネルギーにとらわれ、振り回され、ますますその力を増幅させた状態を言う。「高次のエゴ」とは、エゴエネルギーを高次の視点からコントロールし、不必要だと判断すると、その炎を弱めることができる力のことを言う。

次に行く。

第四章

植物を使った個性強化

意思を使う

この領域は、今までのプロセスを終了した女性たちが次に行くところだ。上にある傘を開いたようなところは前の天空図。ここから植物の抽出液の中に次々と入る。これまでじっと動かなかった状態から、自らの意思で動くようになる。そのため、浮かぼうとする者や横から入ろうとする者がいる。上と下に抽出液のたまり場があるが、どこへ行ってもよいことになっている。

ここでは、大浴場（以降、バスタブと呼ぶ）に皆で入ることで、身体や意思を使って対話を楽しんでいる。自分を意識し、身体を意識し、人間関係を作る意識を学んでいる。左の方にある植物は、この抽出液を満たし循環させている。その抽出液は活性化させるものだ。各人が自ら考え、行動し、そこから体験を学ぶことがスムーズに行えるようにしている。

意思を使う

ただ、女性たちの動きはまだぎくしゃくしている。表情筋はある程度動く。人間関係を作るといっても言葉はない。女性たちは相手を覗いたり、触ったり、微笑んでみたりしている。ここである程度スムーズに動けるようになってから次の場所へ行く。人によって早い者、遅い者がいる。ここにいるのは平均して地球時間で12年だ。

ロナウドは、「奇妙な動きだ。人間はこのようにして始まるのか」など、観察して感じたことを書いている。

次に行く。

基本的個性の発現

前の場所が終わった者から、ここへ行く。

二つの天空図を植物がひとつにつないでいる。この天空図も、今までに出てきていない星座の中の星からエネルギーを得ている。左の天空図のエネルギーは、多次元宇宙の全てのエネルギーを統合したものだ。右は、人間として生活し、生きていくために必要なエネルギーの統合だ。

この二つが融合することで、人間は地上に生きながら同時に多次元の意識を持つことができる。その融合した意識のエネルギーを個々の女性の脳にインプットしている。

脳にそれが定着すると、神経に伝わる電気的エネルギーで火花が散っているのが見える。融合度はみな同じだ。それが完了すると下の絵にある場に行く。

リラックス状態の定着

この場では、地球の海に似た抽出液に入る。ここに浸ることで、脳波はアルファ波状態となり、心身共にリラックスする。このリラックス状態を覚えさせている。身体も心もこの状態を覚えているから、日常に疲れた時に、これが戻る状態だと本能的に知る。この状態を軽視している人間、戻れない人間、また戻る時間が少ない人間は、心身を病むことになる。

この定着のために、12年いる。

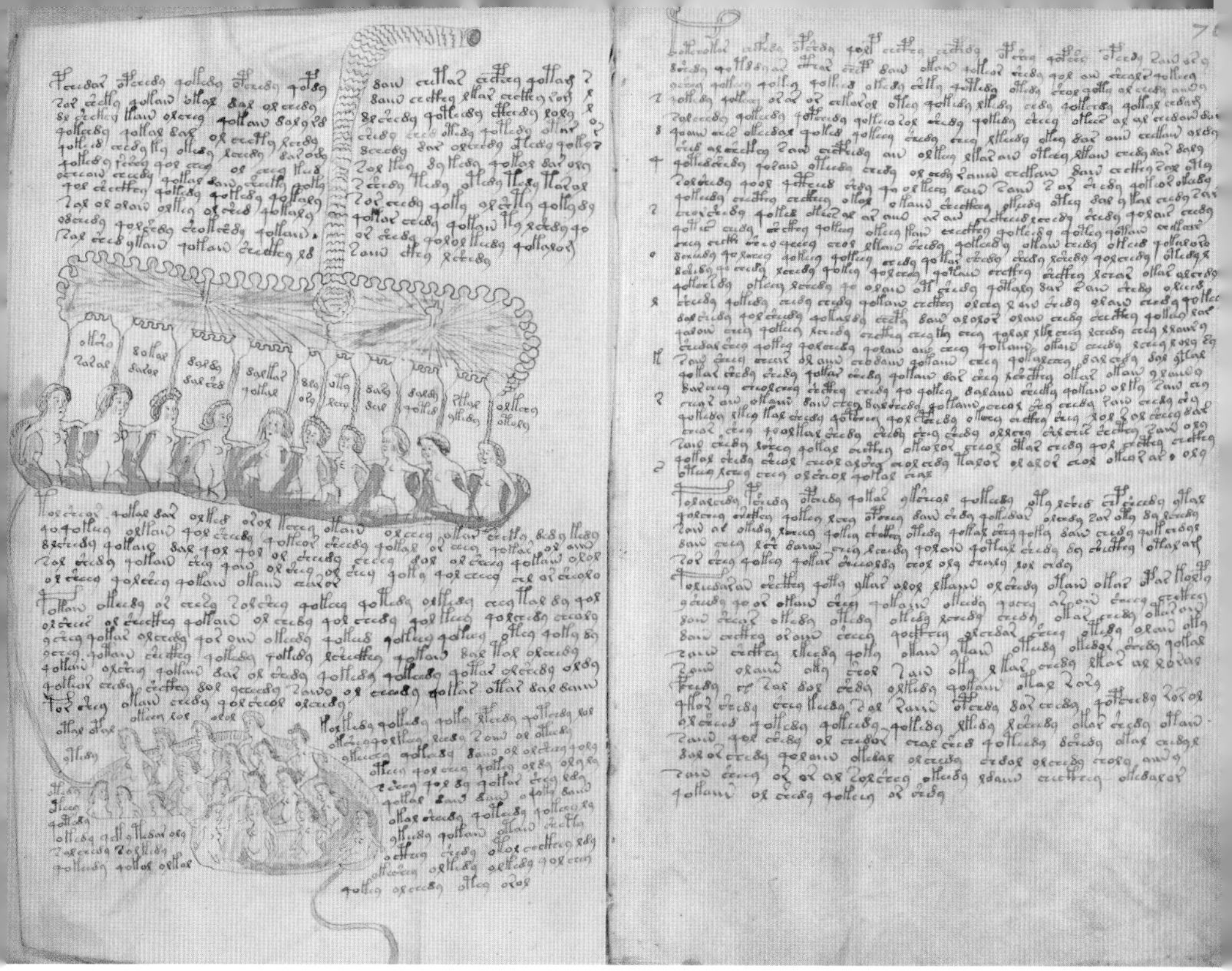

上：基本的個性の発現
下：リラックス状態の定着

これまでは、個々に意思で動くといってもほぼ同じだった。このあたりから、一人ひとり違う動きをするようになる。左に書かれている文章は説明で、右はそれぞれの経過だ。

また、ここを監督している存在たちは、一人ひとりの女性の個性を決める。それは、彼女たちの動きなどを見て、決める。その方法は、今までに定着した意識粒子の何をオンにし、何をオフにするかだ。

次に行く。

個性強化1

ここは、個性化を強める領域だ。

左のページの右上の女性には、「悲観」の気がオンしている。植物に接することで自らを癒そうとしている。種を蒔いている絵だ。

次に、左上の女性。彼女は、「努力」の気がオンしている。上の植物から出た葉を見て、何をしようかと思案している。努力する対象を探している。

その下の女性は、「忍耐」の気がオンしている。植物の管の上に立ち、左手で花を持ち、その状態を維持するために懸命にバランスを取っている。忍耐の状態だ。

次の女性は、「自己顕示」の気。まるでステージの上で何かを披露しているようだ。その下にいる女性は、上の女性に蹴落とされ、「転落する恐れ」がオンした。

右のページに行く。

左右の女性たちは違う植物の粒子を得ている。左の植物からは「好奇心」をオンする粒子が出ている。

その下の女性は、好奇心の植物から出たいくつかの管に次々に手を触れている。これらの管は、何に対して好奇心を持つのか、その対象になるものだ。

その下の女性も好奇心の粒子の入った植物の中にいる。しかし、彼女は、「新しいことへの不安」の気がオンしているために、恐る恐る触れようとしている。

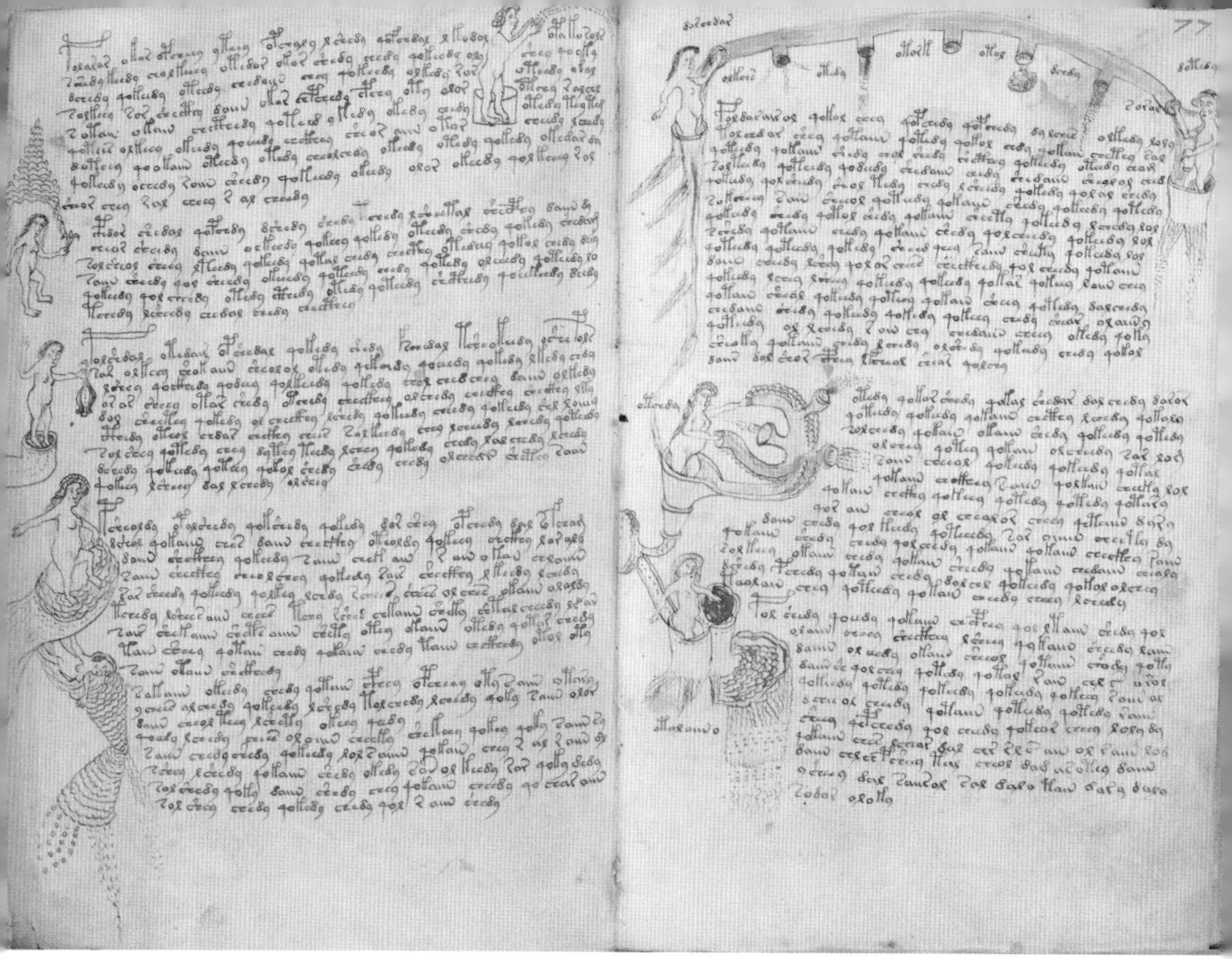

個性強化1

次に、管でつながっている右上の女性に行く。彼女も好奇心の気がオンしているが、十分ではない。彼女が浸かっている植物の気は、左よりやや弱い「好奇心」の気だ。彼女は左の女性の気をもらいながら、徐々に「好奇心」の気が高まり、やがて完全にオンするようになる。

また、上の植物から下向きに五つの管が出ている。それぞれ違う種類の気だ。一番左は、「目を輝かせるほどの好奇心」、次は、「淡々と感じる好奇心」、次は、「抑圧された好奇心」、次は、「怒りに近い興奮するほどの好奇心」、最後は「対象を他のものに切り替えようとする好奇心」。この下向きの菅は、純粋な好奇心を阻害する濁った粒子を抜いている。

これは、左の女性がこれまでのエゴエ

ネルギーを入れたことで純度の高い好奇心のエネルギーではなくなっているからだ。

このようにして右の女性には純粋な「好奇心」の気が入るようになっている。

5つの管の中で、もし別の女性がどれかに手を触れるとその状態を創ることになる。

ここは、「好奇心」という粒子がテーマだが、他の特性は別の場所で、似たようなプロセスで行われている。

書かれている文字はこれらの説明だ。加えて「これが人間創造の真実なのか?」「自分も手を突っ込んだらどうなるのか?」など、彼の感想が書かれている。彼にその勇気はなかったが。

次に行く。

個性強化2

左のページから説明する。

ここも個性化を強化する場だ。

上の女性たちに行く。

中の女性は天真爛漫の気で満ちている。右の女性は、純粋無垢な気で満ちている。左の女性は、内気で覇気がない。まず、中の女性の左手は、右の女性から純粋無垢な気を受け取り、右手は、天真

個性強化２　　個性の融合

爛漫の気を左の女性に送っている。よって、中の女性は天真爛漫な気と純粋無垢な気を融合させて、左の女性に送っている。もともと、右の女性に満ちている純粋無垢な気や中の女性が持っている天真爛漫な気は送っても、その気は減ることはない。

内気で覇気がない左の女性は、天真爛漫な気を受けることで少し積極的になる。ここにある管の中の下向きの３つの口からは、不必要な気が出ていく。

次に、彼女たちが浸かっている植物について伝える。左と真ん中の女性が浸かっている植物の液は、天真爛漫を強化する働きがある。右の女性が浸かっている液は、リラックスする働きがある。３つとも同じ植物から創られた。

中の絵に行く。

左の女性は、まじめに努力する気に満ちている。浸かっている液は、「遊び心」の気だ。つまり、左手からこの気を入れ、もう1つの口から「まじめに努力する気」を出している。そしてバランスを取っている。


その下の女性に行く。

彼女は、「適当に手を抜く気」で満たされている。口元にある管は下から生えている。しかし、この部分は半透明で浮かんでいる。上の女性からの「まじめに努力する気」を浴びている。浸かっている液は、それを「定着させる気」だ。

右の中の女性に行く。

彼女は、「リーダーシップの気」に満たされている。それを右手で植物の管へと出している。

左手からは、「前進する気」を得ている。これで彼女はますますリーダーシップを発揮するようになる。ここには浸かる液はない。


下の女性は、「友を求める気」に満たされている。シャワーのように浴びている気は、「孤独を好む気」だ。上からの「リーダーシップの気」と「孤独を好む気」が融合した気を浴びている。浸かっているのは、「冷静」の気だ。これにより彼女は、「リーダーシップ」と「友を求める気」のバランスを取ることができる。

これまでの個性化の領域にいる女性たちには自意識は低い。その「気」で動かされているようなものだ。

個性の融合

右の絵（213ページ）に行く。

ここも個性化の場だ。中に描かれた7人の女性たちは、それぞれ違う個性を持っている。

この液に同時に浸かることで、それぞれの個性が融合し、バランスがとれるようになる。

ここを終えると、下のバスタブに行く。

このバスタブに浸かることで、意識にあるそれぞれの個性が集合無意識に定着する。

これにより、気の弱い人間が気の強い者を、母を知らない者が母のイメージを持つことができる。

つまり全ての人間の無意識に存在する元型を創っている。

この2つの気を生み出すために、上の天空図がある。左にある天体図からは、全ての気を集めて1つにまとめるエネルギーがある。右は、定着させた個性という気を守るエネルギーがある。この2つのエネルギーは管を通して融合し、違う個性を持った女性たちがその個性を傷つけないようにしながら、融合できるようになる。

また、同じバスタブに入ったメンバーならば、ここで集合無意識に入るが、他のメンバーの気は、その後、胎児期にグリッドを通して入れられる。手の位置は関係ない。これらのメンバーは、そこを監督する存在たちが個性に応じて選んでいる。

次に行く。

集団行動と群集心理の意識

左の絵だ。

これは、前の絵から続いている。この管の液は、集合無意識に蓄えられた多くの意識の気が満ちている。前のところを終えた女性たちがここへ来る。統一した集団行動をインプットする場だ。彼女たちは、絵にある姿勢を皆で保ち、また別の姿勢を皆で保つ。そのことにより、集団行動に対する意識と行動ができるようになる。植物のバスタブに窓がある。描かれていないが、ここから或る意識粒子が出ている。この粒子に触れることで、その意識が他の人間にも移る。これは、緊張している人間が多くいる場に行くと、その緊張が移り、興奮している人間の中にいると自分も興奮するという群集心理のシステムを創っている。

ここの文章は、その説明だ。

右の絵に行く。

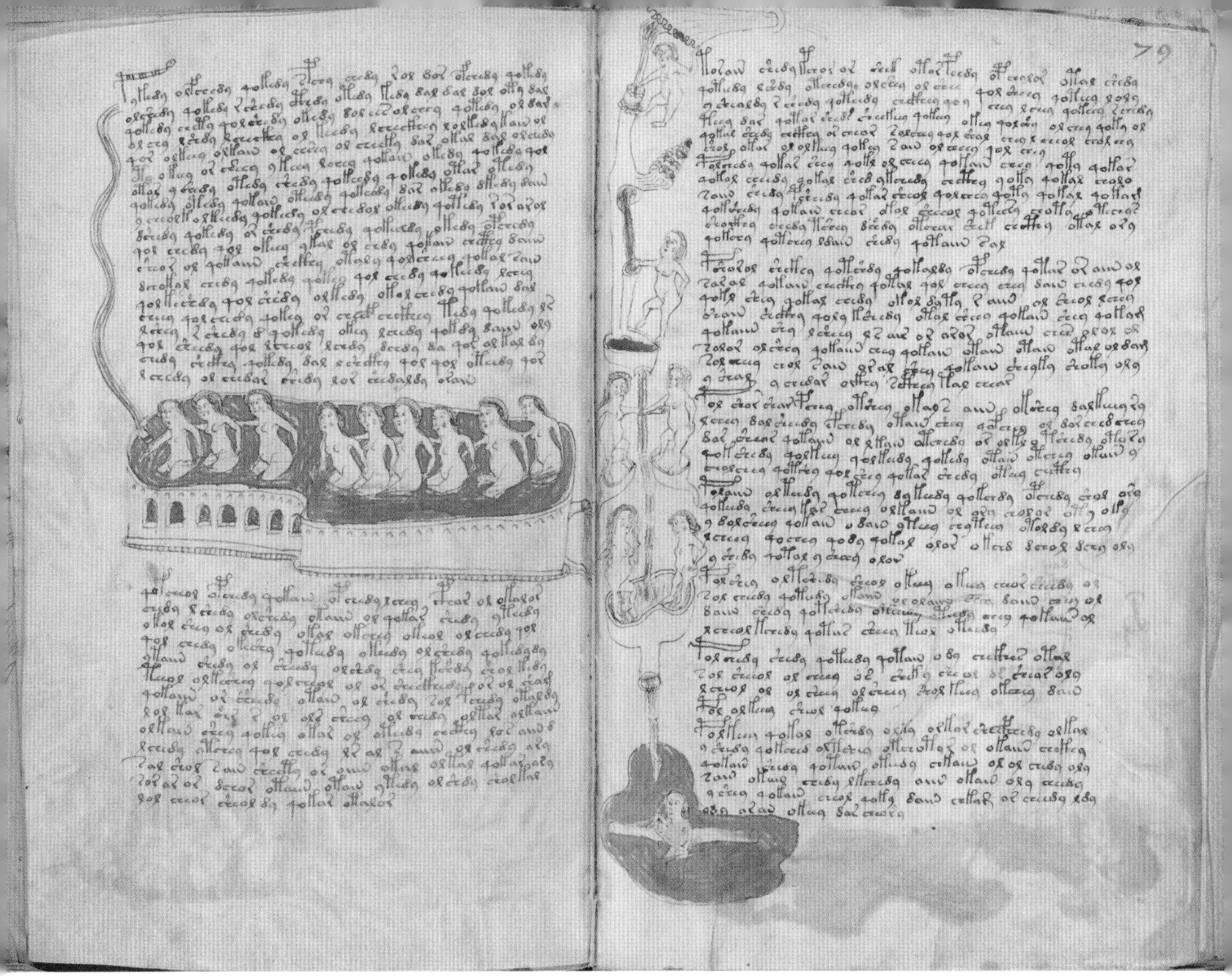

集団行動と群集心理の意識　　共同作業

共同作業

一番上の女性はリーダー。指示を出して、眺めている。

次の女性は、上からの指示を待ち、それを下へ伝えている。

次の女性たちは、指示された役目をこなしている。

次の女性たちは、役目についての話し合いをしている。

そして、最後の女性は、上の6人の女性たちのすることを監督もかねて観察している。

彼女たちのコミュニケーションは原始的なテレパシーだ。すでに脳でイメージする力は持っている。ここで行われているのは、家族や仲間たちとの共同作業を身に付けることだ。

ここにある植物や樹液の特徴などはあまり関係ない。

次に行く。

認識力

上の女性の頭上には、或る天空図がある。ここから創り出される気は、「認識力」だ。

その女性は、その気を受けていることを認識している。それまでの女性たちは、自分が何をしているのか、どのような意識がオンしているのかなどの認識はなく、指示されたとおりに行動していた。ここで初めて、自分が何をしているのかという認識が芽生える。

彼女は十字架を持っている。これはアンクの原型だ。アンクは「新たな生命力」を保持する。そのエネルギーを存在たちが入れた。古代エジプトでエネルギーを入れ、最初に人間たちに与えたのは私だ。その時、十字の上に輪を入れた。これを持つことで、健康な肉体を維持し、寿命を延ばし、力が充満した。ここの女性は十字を持つことで生命力が増している。

上で「認識」の気を受けた女性は、次の場に行く。横になり、上からの樹液を顔に浴びている。

ここで、「認識」の状態を保っている。この樹液は脳へ入っている。そして、脳から全ての肉体の

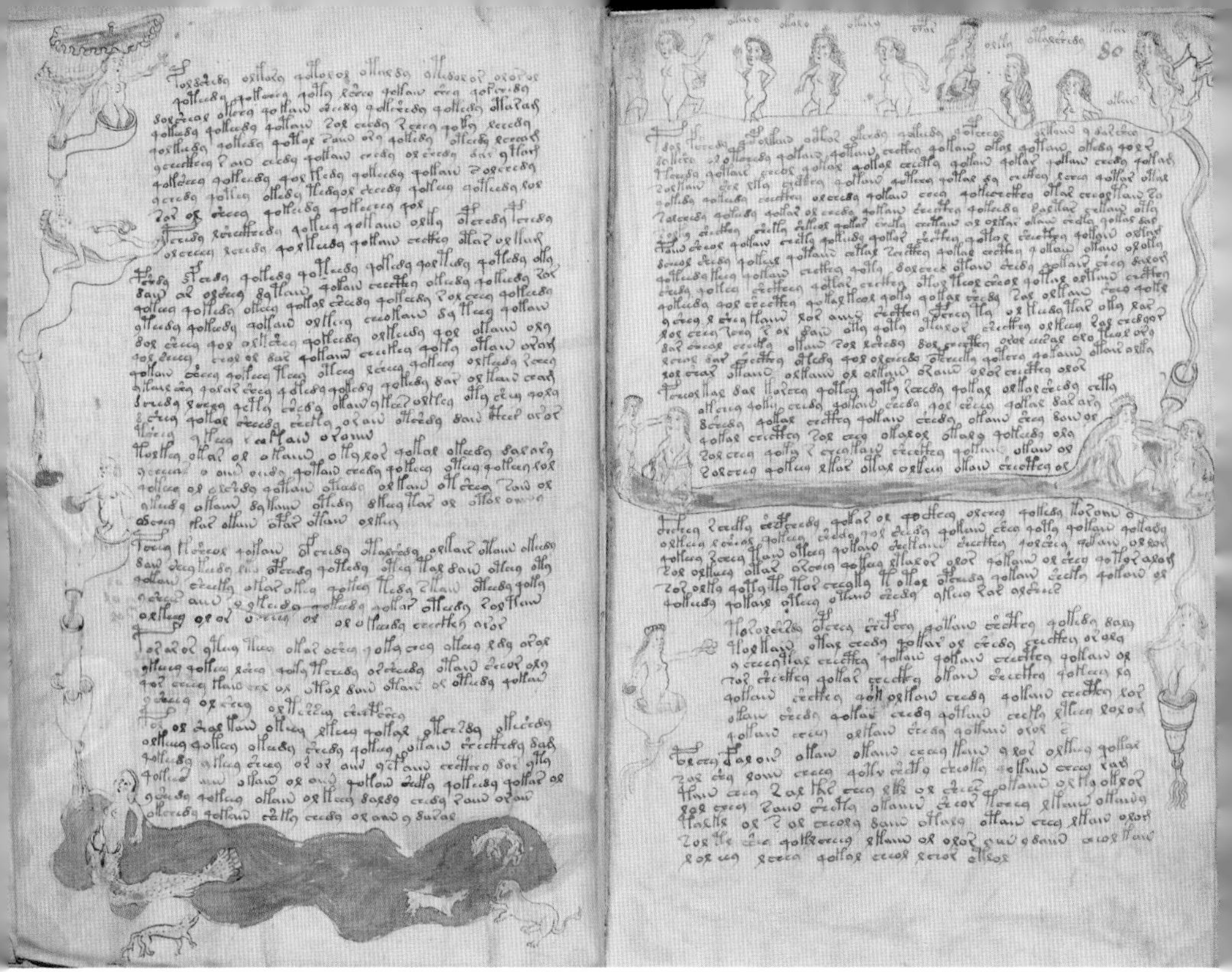

認識力　　チェックと修正

細胞に送られる。よって、人間が何を意識しているかは身体中の細胞に伝わる。

彼女の左手にあるのはアンクの輪だ。この輪のエネルギーは、「調和の流れ」。彼女はこの輪を持つことで体内にあるエネルギーを調和するように流れさせ、それを認識できるようにしている。次の場に来ると、彼女は自分がしなければならないことに意識を向けている。つまり、していること、すべきことを意識する状態をここでしっかりインプットする。

一番下にいく。

緑色の樹液にいるのは、爬虫類、魚類、鳥類、哺乳類など、ともに地球上で生きる生き物の世界を表している。この場に来ると、彼女はここで人間以外の種を認識するようになる。この場にいることで、共存意識が芽生える。違う種だという認識はあるが、それぞれの種の気を感じている。彼女は、魚のように泳ぐという意識を持ったことで、ヒレの中に入ろうとしている。もし、長期間この状態が続けば、彼女は人魚になる。太古の地球では人魚は存在した。人魚だけではなく、ギリシャ神話のケンタウロスのように半人半獣も存在した。化石として残らないほどの太古のことだ。

上から順に女性たちは入って行くことになる。

右の絵（前ページ）に行く。

チェックと修正

ここは、チェックと修正の場だ。これまでに備わった意識で自由に行動させている。そこで不具合や不調和がないかを存在たちがチェックする。

左上の向き合っている2人の女性たちは、テレパシーで対話しながら、お互いの身体を見比べている。これで自分の肉体という意識が強化されるかどうかをチェックする。

次の女性は、前の女性を見て動作をまねている。彼女は右手と左手が違っているので、チェックされるだろう。次の女性は、身の危険を感じて後ずさりしている。危険から逃げるかどうかをチェックされる。次には、「我先に」という気がオンしている。次は、「挑戦する」という気がオンした女性だ。どこに行こうかと考えている。そして衣服をまとい、「おしゃれを楽しむ気」に満たされた女性だ。次は、冷静に周囲を観察する女性。
それぞれオンした個性とその行動が合っているのかをチェックされる。右の女性は、自己顕示の個性があり、気に入った男性を連れてきている。それを皆に見せたいようだ。
ここに書かれた文字は、それぞれの個性を説明している。

下に行く。2人の女性が浸かっている場は、不具合を直すところだ。不具合が直ると、左の場へ行く。ここで直っているかどうかを確認される。右下の場は、特に不具合が激しい場合、個別に修正されるところだ。左下の場は、意識の強化が必要な女性が行くところだ。

次に行く

意思決定と行動

左の絵。

左上の女性は遠くを見て、そこへ行く方法を考えている。そのために道具を使おうとしている。乗っている植物で視力を強化する。

右上の女性は、周辺を観察している。足許にある植物は、特に意味があるわけではない。彼女がただその上に立っているだけだ。

その下の女性たちは、一連の植物の影響下にある。まず、一番下の紺色の樹液に浸かると、何かをしなくなる意識が活性化する。

左にいる3人の女性たちは、早く次に行きたがっている。

右の女性は、この樹液に使っていても、どこにも行きたくないと思っている。

中の女性は、両側の女性たちを見て、どうしようかと迷っている。

左の上に行く。彼女は、場所を決めたようだ。その上の女性は、左手にある道具を使ってさまざまなエネルギーを集めようとしている。頭上にあるのは、「どれを集めるのかを決める」という気を出している植物だ。

右に行く。2人の女性は、どちらが先に行くかで争っている。その上の女性は、下の女性たちを冷

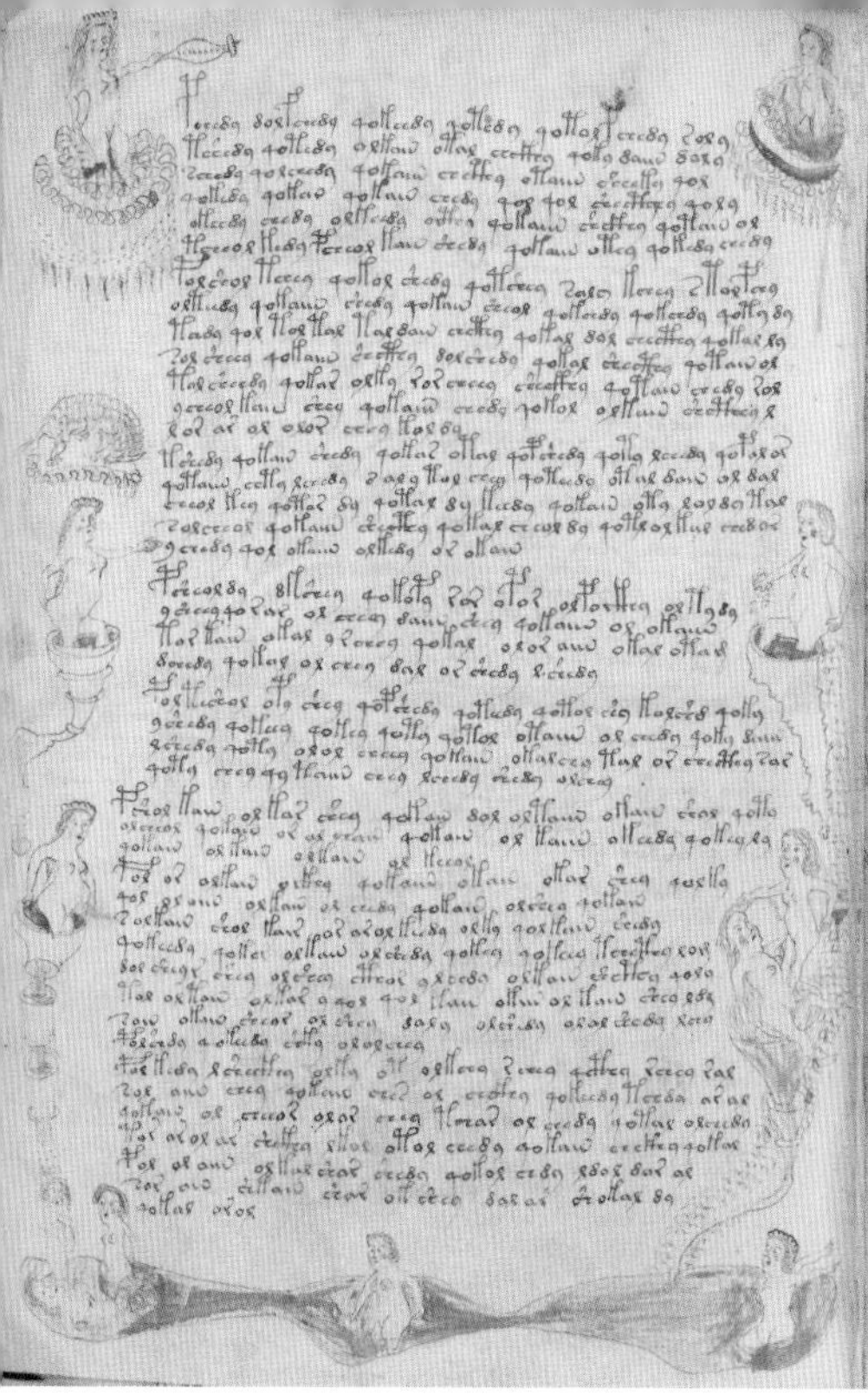

意思決定と行動

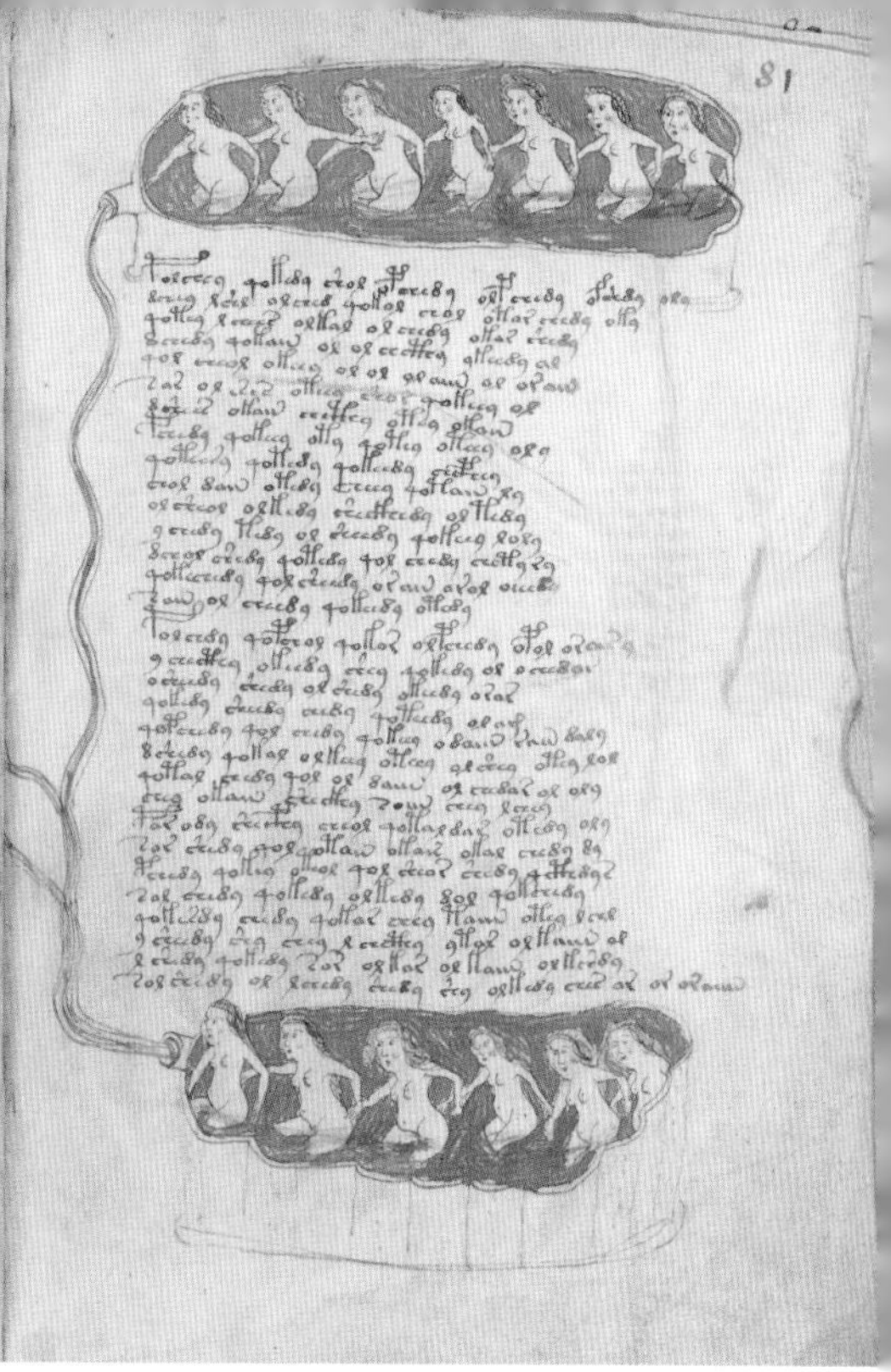

集合無意識定着

めた目で見ている。そして、自分は次にどこへ行こうかと考えている。

ここに描かれていない女性たちもたくさんいる。それぞれが何かをしたいと望みながら行動している。

右の絵だ。

集合無意識定着

上と下のバスタブに入る効果は同じものだ。左の領域が終わったら、ここへ行く。ここでは、前に行《おこな》ったそれぞれの体験を共有し、それらを集合無意識に定着させている。よって、人間は体験したことのないことでも、体験したらどんな感じだろうかとイメージすることができる。彼女たちは、ここの樹液のバスタブに出たり入ったりしている。この樹液に各々の体験が転写されるので、全員が入ることによって、全ての体験を定着させることができる。

このバスタブはいくつもあり、左に描かれた管によって全てつながっている。

この領域にいるのは、地球時間で約2年だ。


次に行く。

集合無意識定着の修正

左の絵だ。

女性たちは、前の領域でそれぞれの体験を無意識に定着させたが、中には意識に残ってしまった体験がある。彼女たちの意識に残さなければならないものは自らの体験だけだ。

よって、意識に残った他の者の体験は、ここで消去され、自身の体験のみ意識に残る状態にしている。

不必要なものはバスタブの右下から流れ出ている。


右の絵に行く。

集合無意識定着の修正

上：基本的対話力
中：夢見力
下：個性の明確化

基本的対話力

上の2人の女性から説明する。

ある人間が体験したことを別の人間に言葉で伝えると、相手は聞きながらそれをイメージすることができる。ここでは、2人の女性がそれを行っている。

左右それぞれの女性が意識にある自らの体験を伝え合うことで、相手の体験を意識化できる。言葉の代わりに植物を使ってコミュニケーションしているようなものだ。ここでは、その練習をしている。

中の2人の女性たちを説明する。

夢見力

ここは（前ページ）、夢の体験だ。左の女性が植物を通して、意識にあるものを眠っている右の女性の夢に送っている。ここでは、夢見力を創造している。

左の女性のところにある植物とそれにつながる真ん中の植物が融合して、それがある星とつながり、右の女性に夢を見させている。

今の人間たちも毎晩、夢を見ているが、それにも星が影響している。誰がどの星の影響を受けるかは、その人間の波動によって決まる。存在たちは、どのような夢でも人間たちが覚醒と進化の道を歩むように組み込んだ。それは、目覚めている時の意識だけでは成長しないからだ。日常の夢、恐ろしい夢、奇想天外な夢など、全てがその人間の成長のために、特定の星が見せている。特定の星とは、前に説明した生まれた時の天空図とインストールされている基本的天空図の中の星だ。それが、その人間の状況によって成長のために向き合わねばならないことがあると夢で見せる。

下の女性たちの絵（前ページ）に行く。

個性の明確化

緑の樹液の外にいる女性たちから説明する。

左の女性は、この次元の存在が命令した目標を意識化している。その意識を強化する植物を持っている。

次の女性は、存在たちの命令に従って、両手を挙げるポーズを取っている。

次の女性は、浸かっている女性たちや周辺を静かに見ている。

右の女性は、存在たちに命令されて、優越感の意識を右手から送っている。

浸かっている樹液は、それを増幅させる働きがある。

この4つの意識は、「明確な目標を持つ」「命令に従いするべきことをする」「静観する」、そして「優越感を持つ」だ。この4つの意識が緑の液に入っている。液の中に浸かっている女性たちはそれぞれ個性を持っているが、それがより明確になるために、この4つの意識の気を入れている。

例えば、真ん中にいる青い髪の女性は、支配的な個性を持っている。その個性をより際立たせるためには、「明確な目標を持つ」意識と「優越感を持つ」意識を多く取り入れる必要があるということだ。良し悪しで判断してはならない。このプロセスは重要だ。この場には多くのバスタブがあり、他の明確な個性化を創造している。個々の女性たちのところに書いてある文字は、個性の特徴を表している。

次に行く。

他の個性との融合

左の絵だ。

このエリアは、自分の個性化した意識とは違う体験をさせられる場だ。上右側の真ん中に描かれた女性の個性は「冷静」だ。浸かっている液の特徴は「品格」だ。彼女はここで冷静さに加えて品格も得ることになる。

次に上の方へ行く。彼女の本来の個性は「慎重」だ。液の特徴は「挑戦」だ。彼女は、次へ進むのかと少し恐れながら見ている。

次の液の特徴は、「変化」だ。この女性の個性は「怠惰」なので、この場にいることで変化の気に振り回され、わけが分からず混乱している。

次の液は「解放感」だ。彼女の個性は「せっかち」だ。この場では解放感を感じ、ゆったりしている。

次は、「余分なエネルギーの吸収」だ。彼女は「あれこれ空想する」という個性なので、それらが吸収され、吸い取られる感覚を味わっている。

以上が終わると、下の絵の場に行く。

ここは、これまでさまざまな体験をしたことで、女性たちは気が高ぶっている。それを鎮静化するための場だ。この緑の液は右の植物から出ている。これは調和を促す。アーチ状の植物からは高ぶったエネルギーを抑える気が出ている。

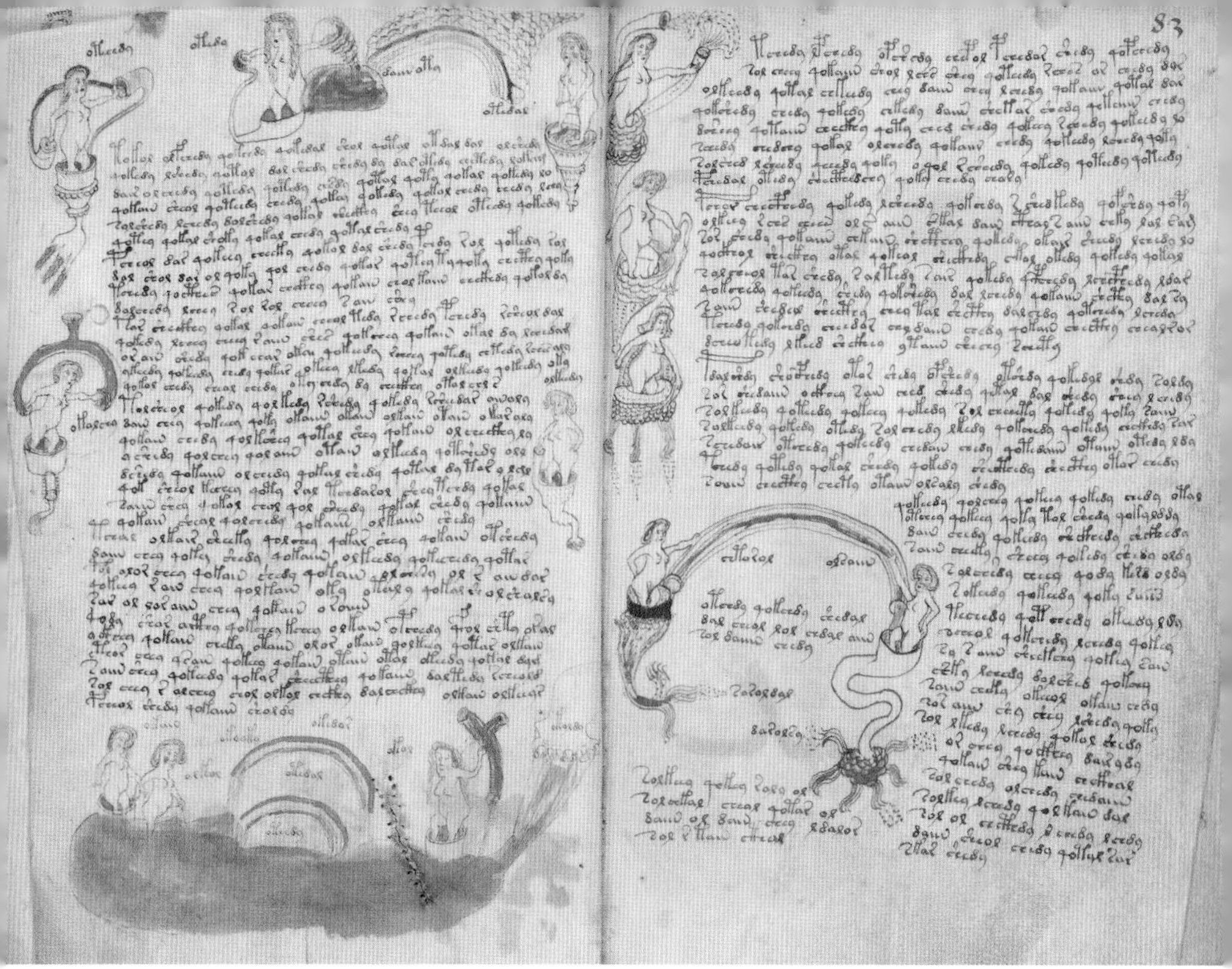

他の個性との融合　　　　意思を使った選択と行動

右の絵に行く。

意思を使った選択と行動

このエリアでは、女性たちが存在に命令されることなく、自らの意思で動いている。

上から説明する。

この植物は、気分が高揚する粒子をこの場に発散している。この女性は、その植物を観察するためにここを選んだ。

次の女性は、「内省」の気を持つ植物に入り、自分を見ている。

その下の植物は、「団らん」の気を持っている。彼女はそれを選んで楽しんでいる。下にある左と右は別の植物だ。左は、「未知のものを感じさせる気」。右は、「混沌を感じさせる気」。この2つをつなげる管から出ている粒子は「仮想」だ。それぞれに混ざることで、左の女性は、未知のものではあるが、それを空想しようとする意識が芽生える。右の女性は、混沌の中にあるものを空想しようとする意識が芽生える。これが人類のさまざまな領域での探求心の源になった。また、意識による具現化の源にもなる。

次に行く。

基本的創造力

左の絵だ。

このエリアは、女性たちが自ら何かを創ろうとする場だ。2人の女性が2つの同じ植物を持ってきた。彼女たちは、何を創るか、何を創ることができるのかなど、分かっていないがとりあえず持ってきたという状態だ。

彼女たちが入っている植物について説明する。これまでは特定の気を得るために入っていたが、ここでは生命エネルギーを得るために入っている。人間が食事をするのと似ている。このエネルギーが必要な時、彼女たちは入った状態で動く。

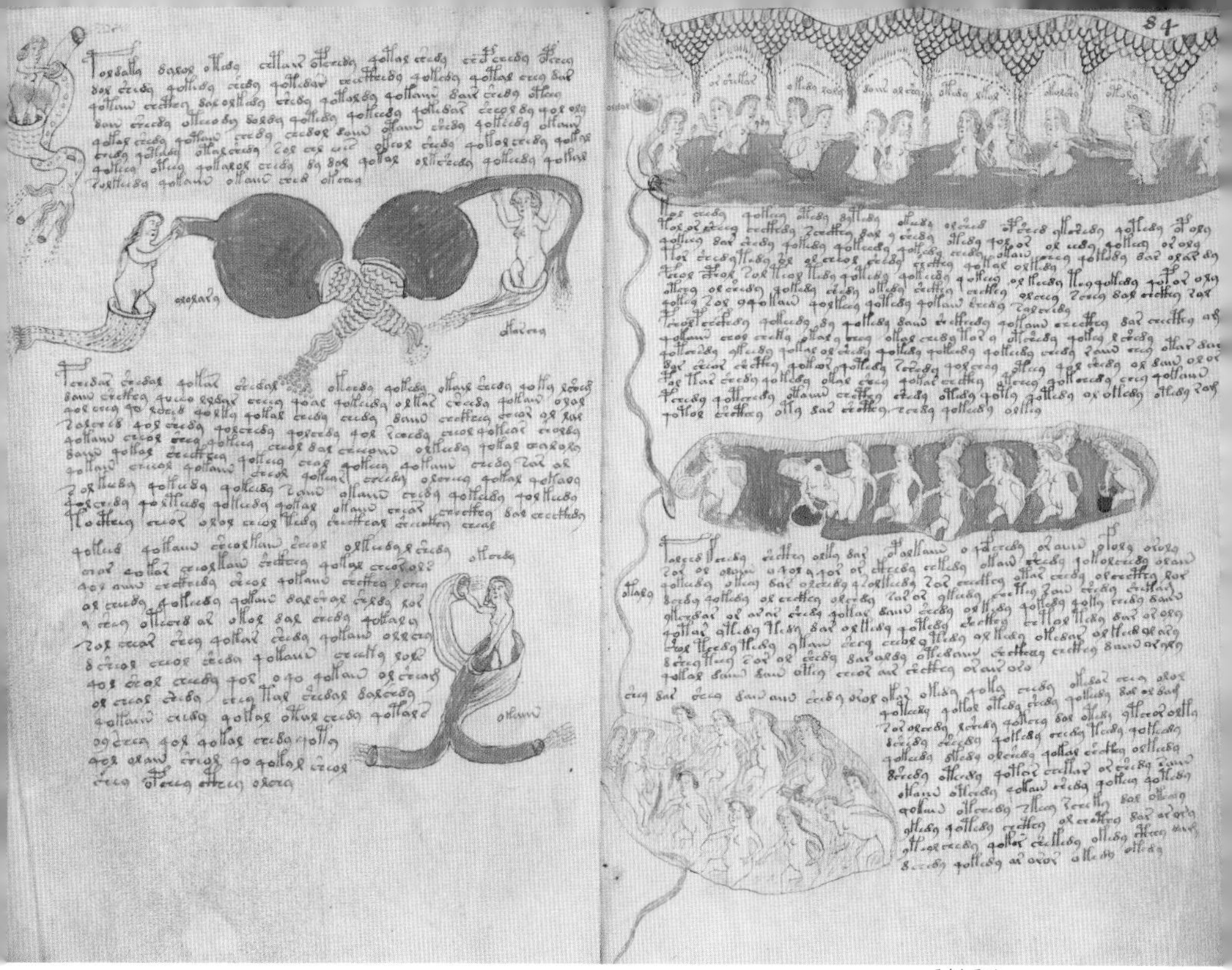

基本的創造力

人生の道標《みちしるべ》

仲間づくり

左上の女性。彼女もこの植物が何の働きをするのか知らずに入っている。そして、天を見上げ、星のエネルギーをどう使うのか思案している。

右下の女性も何も分からずこの植物に入り、手を突っ込んでいる。そして何が起こるか試そうとしている。女性たちは、各植物の働きや星の影響をどう使うかなどの知識は全くない。ただの体験だけだ。まだ、左脳的な思考はない。

右の絵に行く。

人生の道標《みちしるべ》

上の鱗《うろこ》のようなものは、天体とエネルギーがつながった植物だ。その植物から7つの管が出ている。

左から説明する。順に「明朗」「絆」「寛大」「ハートへの意識」「素朴」「美への憧れ」、最後は「輝き」だ。これらは、人間が人生で暗闇の状態に陥り、迷いと混乱でどうすればよいか分からなくなった時に、目指す方向がインプットされている。「ハートへの意識」は、魂が望むものに気づくために必要なものだ。ここでは、バスタブにいる女性たちが全ての管からその気を得ている。


それが終わると、下（前ページ）に行く。

仲間づくり

ここでは、上でインプットされた状態で仲間づくりをしていく場だ。前にあった仲間づくりよりも、より高い意識での関わりになる。お互いの手や身体に触れることで、一体感を高めている。この中にある管から出ている3色の液は、3つの惑星からの気で満たされている。左は「自立心、独立心」の気、青い液は「一体感の喜び」、赤い液は「距離感」の気だ。これがあるから、支配と依存、関係固着という低次の仲間づくりとは違い、自己の確立を持ち、自由であり、且つそれぞれを尊重した風通しのよい集団となる。ただし、今の多くの人間はこの状態のバランス感覚がオフしている。

さて、それが終わると下に行く。ここは、上の2つの場で活性化した意識を落ち着かせ定着させる場だ。また、他の場で説明したように、ここも絵に描かれていない場はたくさんある。例えば、嘘をつく、だます、信じるなどだ。それらは他の天空図で入れられた。

次に行く。

恐れというベール

左の絵。

上の植物から出ている液は、不安や恐れを刺激する粒子だ。その下も同じ。上に浸かっている女性たちは、不安や恐れにとらわれ疲れ切っている。その状態で下へ行くと、今度は疑い、怒り、混乱で互いに闘っている。ここでは、すでにインプットした負の感情や欲求を表面化させ、全ての輝きある意識をベールで被う。成長し進化するためには、この状態を体験し、ここから離れ、光の状態へと進むことを理解し、自身に組み込まれた愛や調和の種を開花させなければならない。この状態のままでいると、怒りや恐れの原因を常に外部に求め続け人生を終えることになる。

ベールを脱ぐのは自分だ。進化の種はすでに一人ひとりに埋め込まれている。これは進化のために必要なベールだ。それらが文字として書かれている。全てここの次元の存在に教えられたことだ。

最初、地上には複数の男女が降ろされた。その時に宿った魂は今の人間より高次の魂だ。この領域の不安とベールはまとってはいなかった。初期の人間たちは、光の存在として地上に楽園を創っていた。このベールをまとう人間は、彼らが産む子どもたちからだ。そこから進化のための歴史が始まった。

以上のバスタブのプロセスには、もうひとつ大切なことがある。それはそこに浸かっている間、ヒューマノイドとして残っていたものが徐々に吸い取られながら、さまざまな新たな粒子が入れられることだ。この最後の段階で、ヒューマノイドにあったものは全てなくなり、人間としての機能がで

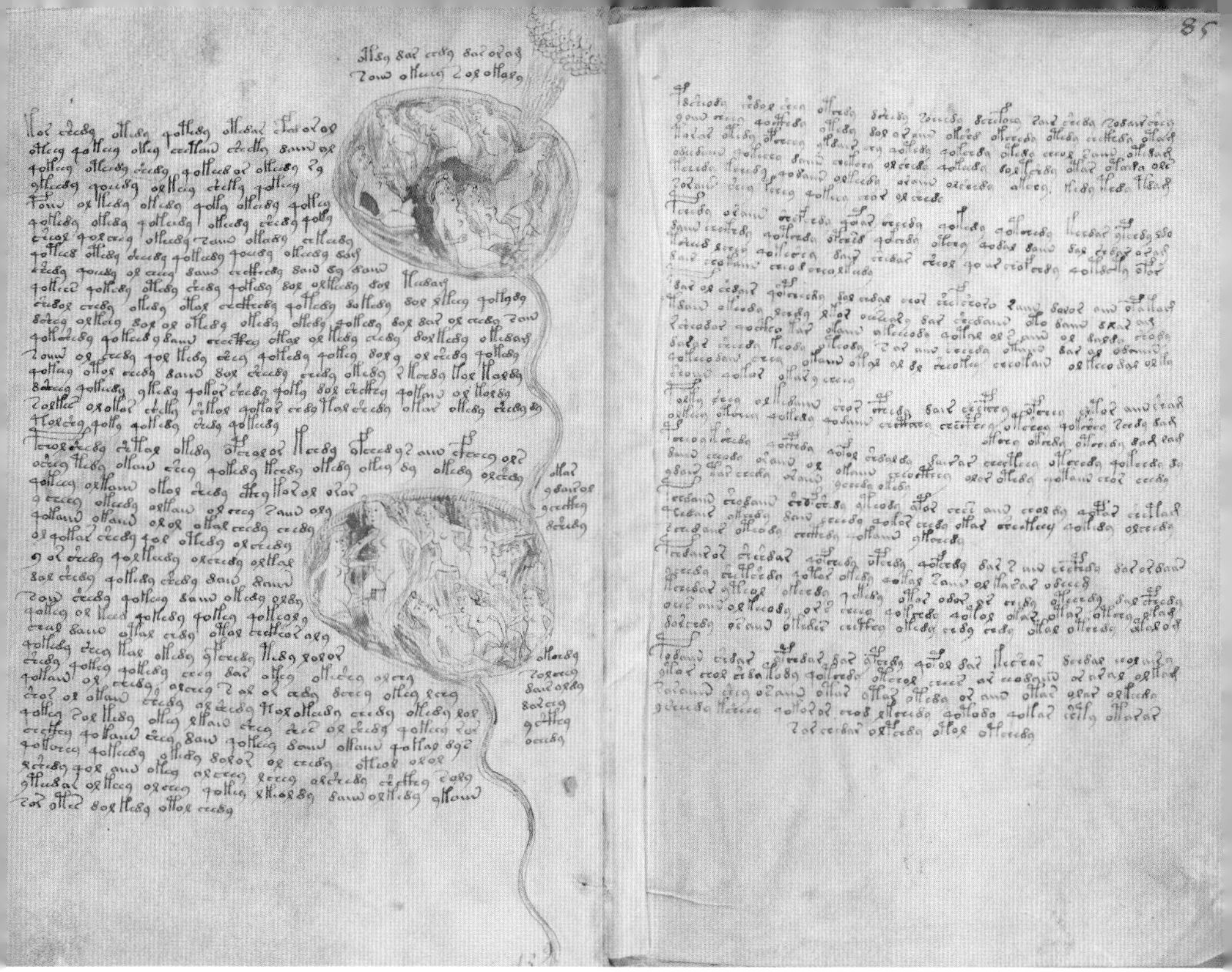

恐れというベール

き上がる。
次に行く。

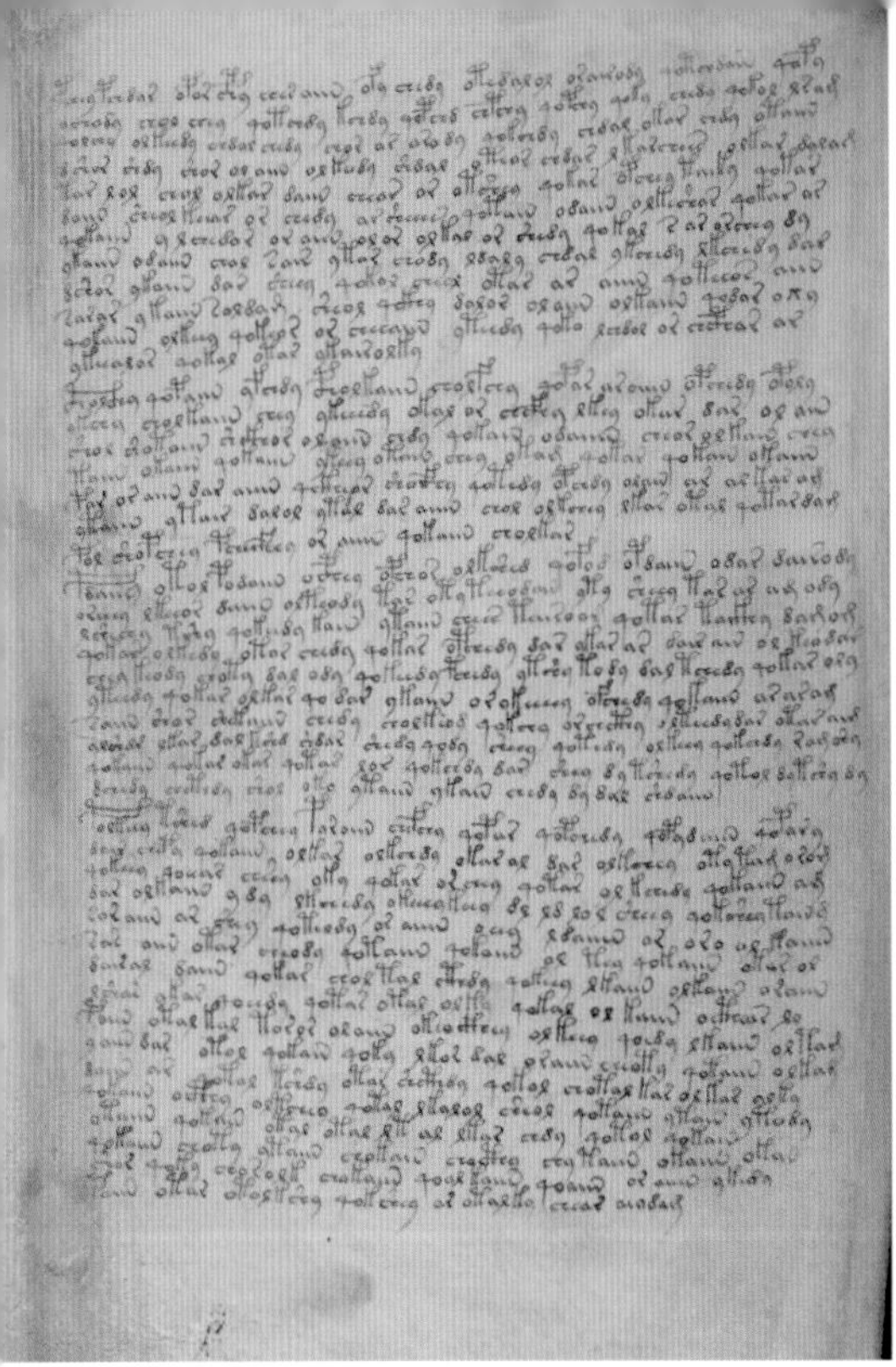

地球人となる魂の仕組み

左の図。

3つ目のオペレーティングシステムはここだ。これは、魂に仕組まれる。この仕組みは地球の人間だけでなく、他の星に生まれる存在たちにも共通している。魂は根源神から分裂する「分け御霊」とも言う。その分けられた魂がどこかに転生する時に組み込む仕組みだ。中心は太陽。これは7次元の太陽でもあり、3次元の太陽系の太陽でもある。それを中心にして、7次元の存在の中から4人の男性性のエネルギーが組み込まれている。別の宇宙の生命に入る魂の仕組みは、別の存在のエネルギーが入ることになる。ここは、地球に住む人類の魂の仕組みを創っている。

ある魂が地球の人間に入ると決まれば、この仕組みが組み込まれる。また、別の星の存在に入ると決まれば、その星に合った仕組みが組み込まれる。

地球に入る魂に必要な4人の存在の意識の特徴から説明する。

まず、上の存在の気は、「静かな優しさ」

地球人となる魂の仕組み

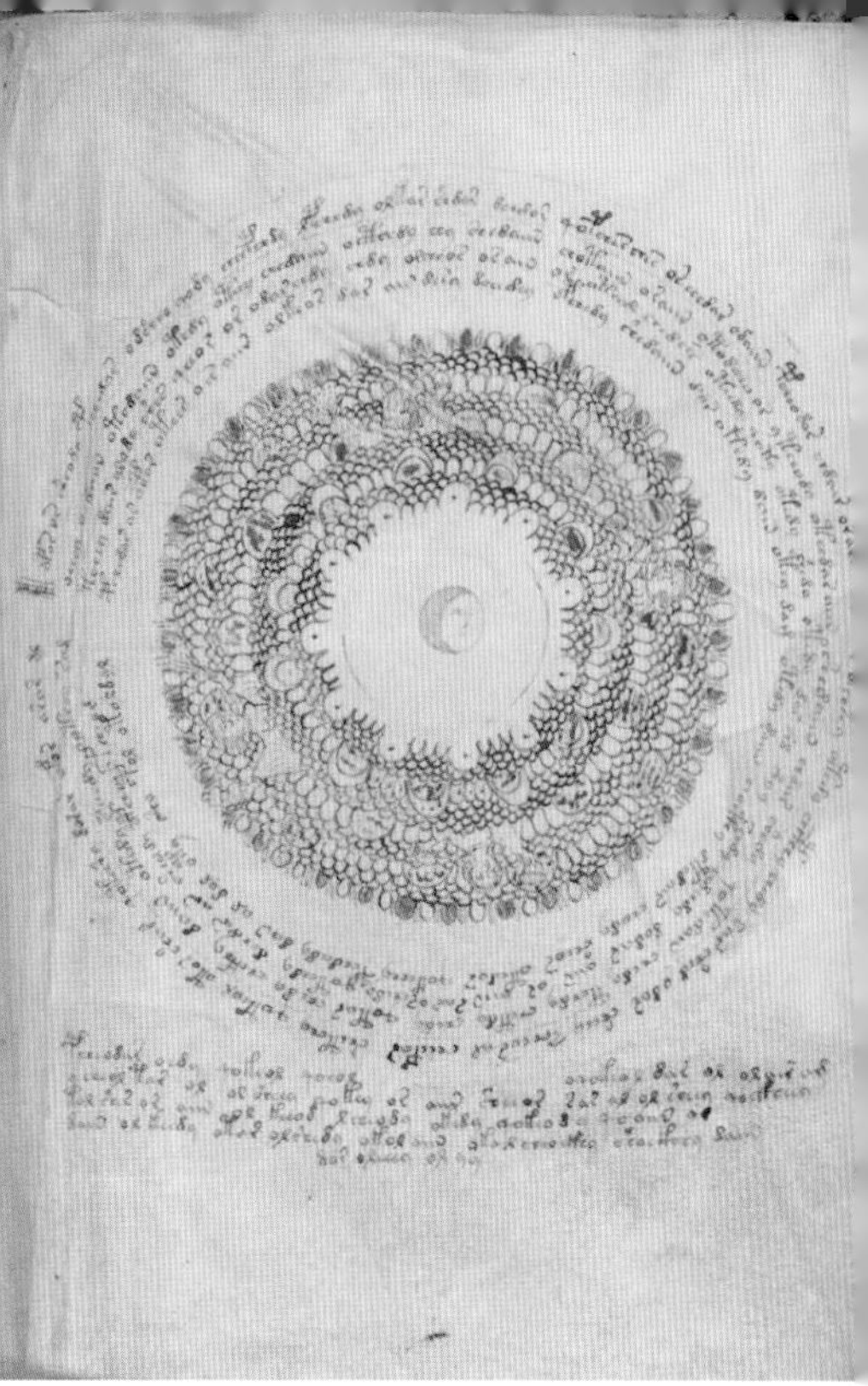

人間と植物の共生意識

右の存在は、「冷静な判断力」
下の存在は、「積極的に突き進む力」
左の存在は、「高潔さ」

　これら4人の存在のエネルギーを組み込み、調和し融合させる。人間に入った魂の課題によって、どれが強く作用するかはさまざまだ。眠っている人間というのは、この4つのエネルギーが不活性か調和していない状態だ。それがさまざまな体験や内省、学びによって活性化し、人間としての最高の状態に進化した時、この4つが全て開発され、融合し、さらに大きなエネルギーを創り出す。そうすると、その人間は片時も眠ることはない。

　中心の太陽は、太陽系の太陽と連動して働く。魂は太陽からエネルギーを得ている。太陽は活動期と停滞期がある。それぞれ魂に影響を与える。

活動期になると、目覚めた魂で生きる人間はより元気になる。疲れ知らずだ。

魂に目覚めずエゴのみで生きる人間は、思うようにいかず、疲れ、イライラし、焦りと怒りに支配される。このような人間はエネルギーが切れるとウツ状態になる。停滞期はどちらで生きる人間にも特に差はない。

太陽の周りと円の周りにある文言は、マントラだ。


次の絵（前ページ）に行く。

人間と植物の共生意識

中心は、太陽と月に支配される人間を象徴している。ここでは人間と植物に、「食べる者」と「食べられる物」という意識を組み込んでいる。この意識がなければ、人間は植物を口に入れなかっただろう。また、植物も人間の身体に入って、そのエネルギーを与える意識はなかっただろう。ここで双方の意識が連動するように創られている。この中は植物だけだ。もともと人間は動物を食べるようにプログラムされていない。よって、植物は人間に食べられることがあたり前だと思っているし、人間も植物に感謝できる。

この仕組みがあるから、人間はよく熟した果実を見れば、食べたくなる。ウシやブタを見ておいしそうだと思う人間はいない。また、魚類や鳥類も本来は食用ではない。

周囲にある丸いものは、植物の種のシステムだ。それに人間との共存関係の意識をインプットしている。その中にいる4人の人物は、食用としての植物をどのようにして食べるかを研究するという、人間の意識を種に組み込むメタファー（隠喩）だ。ここで双方の意識交換がなされる。

本来、人間が覚醒すれば、食料としての植物は必要がなくなり、植物の出すプラーナで生命維持ができるようになる。初期の人間はそうだった。

周囲の4行の文字はマントラだ。

その次のページの文字は、それらの説明が記されている。

次に行く。

鳥と人間の関係

左の文章は右の絵の説明だ。

右の絵に行く。

ここは鳥と人間との関係だ。鳥類は人間と交わるために創られた。それは、高次元のメッセージを人間に伝える役目があるからだ。今は別々に生きているようだが、本来の生き方ではない。鳥類が伝えるメッセージには、個人の人間から集団、または社会全体に伝えるものがある。鳥の種類によってそのメッセージ性は違う。例えば、カラスは光の存在から闇の存在まで、伝えたいことを表す。それは鳴き声だったり、自らの存在を見せたりすることだ。

太古の人間は、何を伝えようとしているのかを自分の内なる声に意識を向けたものだった。また、道に迷った時、正しい方向も教えてくれる。集団には、その数や鳴き声で間違った方へ行こうとしていることなどを警告した。

鳩は危険を教える。それは鳴き方だ。太古の人間は鳴き方の違いを知っていた。オウムなどは地震を教えてくれる。フクロウは人間の覚醒への案内をする。ただし、その人間に準備ができなければ何も伝えない。その時が来れば意識に語りかける。人間が飼い慣らすと、能力はなくなる。動物も同じだ。このように、鳥類は人間の世界と共存するために創られたが、今ではその絆はほとんどない。この領域では、人間と鳥類の絆の意識をプログラムしている。人間より、鳥類の方が積極的だ。

左上の植物は、人間の「仲間意識」という粒子を放出している。

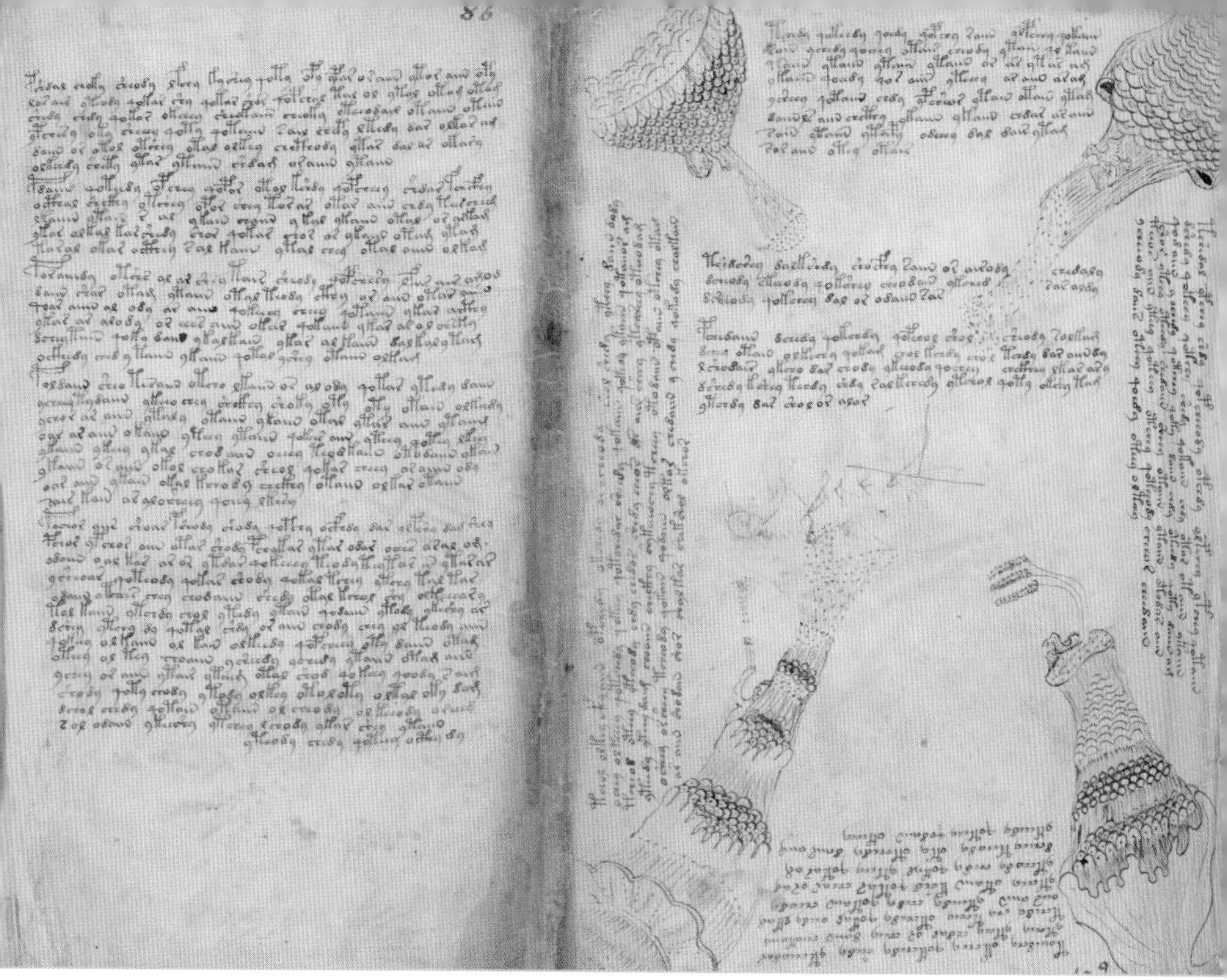

鳥と人間の関係

右上の植物は、鳥類の「歩み寄る」粒子を放出している。

また、左下の植物は、人間の「異種に対する恐れ」という粒子を放出している。

このことで、必要以上につながらないようにできる。

右下は、鳥類の「待つ意識」を放出している。

これら4つの意識粒子が中心に向かって放出されることで、その中心の空間に人間と鳥との共存意識という場ができる。

この創られた場は、地球に降ろされている。


次に行く。

曼荼羅

これは、曼荼羅だ。

左上から右回りで説明する。

宇宙船と植物

植物から創られる宇宙船の仕組みだ。高次の知的生命体の宇宙船は意識で動く。そのためには意識で通じ合える植物が使われる。この宇宙船はひとつの植物だ。宇宙船として創造された。この多次元宇宙に存在する、或る水準以上に達した高次の生命体は皆、この宇宙船を使っている。この植物はこの次元だけでなく、別次元でも生命体たちによって創られている。

形や機能は、存在たちによって幾分変えられるが、ここに描かれている植物が原型だ。

この宇宙船は行く場所によって、反物質になったり、物質になったりする。それは操作する生命体たちの意識で変えられる。動力源は、別の植物から得ることができる。これは、この宇宙船としての植物が、必要だと判断すると右下の方のチューブから入り、いらなくなったものもここから出す。

右に行く。

曼荼羅

宇宙船と植物	女性性の地下世界	植物としての地球
多次元にわたる 男性性のエネルギー	完成	多次元にわたる 女性性のエネルギー
集合意識で創られた 人間の『現実』 という集合夢	延々と受け継がれる 子孫繁栄	多次元宇宙の 生命体とのつながり

女性性の地下世界

これ（前ページ）は、惑星に存在する地下世界の原型だ。地球だけでなく多次元宇宙内の多くの星には地下世界がある。もちろん、生命体もいる。この原型は女性原理で創られている。それは、男性原理が入ると分裂するからだ。

この円全体がひとつの植物で、花にあたる部分だ。

この花は二層になっている。青い部分と星形のある部分が内側の層だ。周囲が外側の層だ。内側と外側の層の間に字の書いてある丸い空間がいくつかある。ここに、7次元空間に存在する粒子や惑星や星の意識エネルギーが外から入る。そして、内側の層からはこの花の意識が入り、この空間で融合する。それがこの地下世界としての花を活性化するエネルギーになる。丸い空間の一つひとつには、融合した気が種類別に振り分けられ、それらの種類が書かれている。この文字の内容は教えられない。

下の円につながる部分に小さな丸で描かれた管があり、束ねられている。それは本来、この花の中心から出ている子房のようなもので、下の絵につながっている。そして、この領域の情報を伝えている。先ほどの宇宙船としての植物とこの地下世界としての植物は、互いにつながっている。

よって、植物同士でコミュニケーションできれば、宇宙船内の生命体と地下世界に住む生命身体とが互いに対話することができる。宇宙船側の接続部分に塔のような植物がある。これは、多次元を飛び回る宇宙船が地下世界との連絡を円滑に行えるようにする中継基地のような働きをする。右にある切り取った根のようなものは、受信基地のようなものだ。それだけ頻繁に連絡を取り合っているということだ。

植物としての地球

これ（243ページ）全体が地球という名の植物だ。大地が地球という植物を育てる土壌だと思えばよい。

多くの星が描かれている円が地球内部だ。

7次元の存在たちが発するマントラのエネルギーが、外から内部へと螺旋を描いて入っている。このマントラは、地球という植物に「バランス」「地球自身の生命維持」「光」という波動を常に入れ続けている。今もだ。このマントラのエネルギーが効かなくなったら、地球という植物は枯れる。効かなくなる原因は、人間の負のエネルギーと自然破壊だ。このマントラのエネルギーが入るのは地球に1カ所。アフリカだ。

また、星形の外側にある左上から右下に描かれているのは、海の波を表している。右向きの波は5つあり、地上で人間が目に見える波だ。それは、風によるものだったり、潮の満ち引きが影響するものだったりする。波はそれだけではない。

左上にある左向きの大きなひとつの波がある。これは、波を作り出す源だ。「波の母」とでも言おう。それは、太平洋の北方、海底深くに存在する。その動力源は、地底からの波動と宇宙からの波動だ。

地底からの波動は、地球という植物の意識でもある。地球の心臓のようなもので鼓動している。この波が地球に生きる生命や地球そのものを維持している。

この波の絵から出ているいくつかの縞模様の物体は、地球上にある多くのフォトンを創り出している。

左には、何か城のような建物がある。それは、人間の目には見えないセンターだ。これは地上に存在している。ここには7次元の存在たちがいて、地球を観察し、管理し、保護している。このセンターは地下世界ともつながっている。その両側にある壁のようなものは、このセンターを守る障壁だ。

下にある小さな家は、センターの支所のようなもの。センターと支所は、地球のさまざまなバランスを取るためにも存在している。

左下に右に向いたひとつの波がある。これは渦だ。波と渦では働きに違いがある。波は生命維持、渦は吸い込むことと放出することだ。渦によって大気中にある人間の発した気は吸い込まれる。そして、マイナスの気は海中で浄化され、プラスの気として拡散される。

周囲にあるマントラは、「喜び踊る」という気を生み出している。

マントラの周囲を説明する。

まず、左下に、縞模様と丸の描かれた口が空いている山のような部分だ。これは、地球という植物が言葉を発する部分だ。この言葉は、地上に生きる人間以外の生命体、地下世界の存在たち、多次元宇宙の存在たちに伝わる。太古の人間は聞こえていた。地球は頻繁に言葉を発している。喜びの言葉だ。地球という植物は喜びの意識しかない。だから喜びに目を向け、喜びの言葉を発する人間が地球とつながることができる。地球が衰弱すると、この声の回数は減ってくる。

次に、その隣にある下の円との接続部分を説明する。下の円は、「多次元にわたる女性性のエネルギー」だ。ここにつながる部分には、逆さまになった建物が描かれている。ここで、女性性のエネルギー量を調節している。また、地球から男性性のエネルギーが入らないようにもしている。

この部分から出て右上に伸びている植物がある。これは月だ。本来、月は地球内部にあった。

この円の右上に風車のようなものがある。これは、送受信のアンテナだ。受信しているのは、多次元宇宙で発せられる波動だ。送信しているのは地球上の生命体のさまざまな波動。丸い部分が3つに分かれている。上は、地球上の植物に対する送受信の波動、下の右は人間に対する送受信の波動、下の左は肉体を持たずに地球上や地下世界にいる高次の存在たちと7次元の存在たちのもので、双方向に交わされる波動だ。

人間に対する波動は、魂がクリアになれば受け取ることができる。それはマントラのように聞こえるだろう。また、人間に意識があろうとなかろうと、心臓はその人間の波動を鼓動と共に発している。それが多次元宇宙に送られている。

左の地下世界の絵と接続された部分から分岐している植物がある。これは、地球で送受信された全ての気をアンテナから得て、地下世界へ送っている。

また、左の絵とのつなぎの部分は、先ほど説明した地球のセンターとつながっている。

その上下にある建物のようなものについては、教えられない。

多次元にわたる女性性のエネルギー

この植物（243ページ）は、多次元宇宙に存在する女性性のエネルギーを創り出している。女性性のエネルギーは、「受け取る」「保持する」「愛する」「育む」気だ。分離はない。一体だ。

この植物は多次元宇宙にいくつかある。それを生み出すのが人間を含め、多次元宇宙の存在たちの発する女性性のエネルギーだ。ひとつの植物にそのエネルギーが一定量蓄えられたら、次の植物が誕生する。

その下へ行く。

多次元宇宙の生命体とのつながり

この植物は、低次から高次まで多次元宇宙に生きる生命体同士のつながりの場だ。別の言い方をするなら、その星に存在する宇宙ステーション。

地球で考えてみよう。

まず、地球外からやってきた宇宙船は入り口を目指す。地球ではだいたい山だ。それが、左上のところ。次に階段のように描かれているのが格納庫だ。彼らは、そこで宇宙船を下りると、中心にある四角いホールへ行く。ここが内部の入り口。ここで浄化され、不必要なものは左下から粒子となって出ていく。それが終了すると、右上にある通路を通る。この通路がたくさんあるのは、その存在たちが波動の種類によって分けられているからだ。

そこを通って奥へ行くと、その存在たちが滞在する場所となる。ここで、地球を観察したり、地球人と会ったりする。この植物は、内部の調和を保つために、女性性のエネルギーで満たされている。格納庫とホールから右上に出ているいくつかの煙突のような管は、内部の波動の調和を保つために、調節し気を循環させている。

植物内の右下と左に星型の場所が2カ所ある。左は、このステーションが存在する地域が夜になった時に出ている星々のエネルギーを集める場所。右下は、昼になった時に出ている星々のエネルギーを集める場所だ。これらのエネルギーが、この植物の動力源だ。

延々と受け継がれる子孫繁栄

次の植物は、太古から現在、そして未来にわたって受け継がれる子孫への系譜の仕組みだ。物質的世界で子孫を増やす全ての生き物に当てはまる。紺色と星形の部分は、この植物の花弁で、「子孫を残す」という意識の粒子を多次元宇宙に放出している。この花弁は7つに分かれている。7という数字は、高次元と物質界のバランスを表している。連綿と続く子孫繁栄の過程で高次のエネルギーがバランスよく注がれるようになる。

花弁の間に文字がある。これは、粒子を送るさまざまな種の名前だ。地球上だけでも多く生命の種がある。この文字は、次々と変わり、全ての種にこの意識粒子を送り届ける。その意識は、生命体の外側から体内へと入り、各細胞のＤＮＡをオンさせる。

次（２４３ページ）に行く。

集合意識で創られた人間の『現実』という集合夢

この植物は、魂の成長を目指す生命体の住む全ての星に作用する。

地球で説明しよう。人間たちは「現実」という世界に生きている。

その「現実」は、この植物によって創られた集合夢だ。この集合夢の中で生きることで、成長、覚醒へと進化する。完全に覚醒すると、現実だと思っていた世界が「集合夢」であったと実感できる。

そして、肉体は、この集合夢に生きながら、意識は本来の現実である高次霊的世界を生きることができる。

この植物の中央の四角い部分から、幻惑する粒子が放出されている。内部ではそれが創られている。

周辺にある不規則な形をしたものは、「現実」という大きな集合夢の中の各集合だ。

例えば、戦争を体験する人間たちの集合夢、仕事人生を送る人間たちの集合夢、肉体の健康が一番だと考える人間たちや医療に携わる者たちの集合夢、芸術の世界で生きる人間たちの集合夢、宗教の教えに従って生きる人間たちの集合夢などだ。

また、もっと小さな集合夢もある。経済的な不安を抱えて生きる人間たちの集合夢、優秀であること、裕福なことを幸せだと信じる人間たちの集合夢、低次の愛に惑う人間たちの集合夢など、数えきれない集合夢がある。それらは「現実」という集合夢の中で人間たちが作り出した自らの幻だ。その集合夢の中にいる人間は、その中で成長のために気づきと学びを得ると、その幻から脱することができる。しかし、ひとつの夢にとらわれているだけの人生を送る人間は多い。

この植物は、右の「子孫繁栄」の円のエネルギーにつながっている。血縁関係のある人間たちの血族意識、世界観と価値観という幻に包まれ、同じ夢の中で生きようとする意識が強まる。

意識レベルが高くなる人間が増えると、その価値観で、狭い境界線はなくなり、「進化・調和・愛」に変わっていく。すると、集合夢の数はだんだん減り出し、「現実」と呼ぶ集合夢の質も変化する。そして、最後はその夢自体が消滅する。これは、意識レベルの違いがあっても、他の惑星の存在たちにも当てはまる。

この植物の右上にあるものは別の植物で、この植物が「幻惑する粒子」を常に放出するために、それを活性化する音の波動を送っている。

次（243ページ）に行く。

多次元にわたる男性性のエネルギー

この植物は、多次元にわたる男性性のエネルギーを創造している。薄茶色と星型の部分は花弁で、そのエネルギーを創り出すところだ。その周辺の青い点のあるところは、その創られたエネルギーを溜めているところだ。周囲にある文字は、男性性のエネルギーの種類が記されている。例えば、「積極性」「切る」「分ける」「外へ向く意識」「善悪」「上下」「優劣」などの「二極的思考」が基本だ。

この花弁の右側にある部分は、本来花の中心から出ている。それは各エネルギーの通路で中心へとつながる。

各円との連結部分についてもう少し説明する。

このエネルギーと上にある「宇宙船」の植物だ。宇宙船を動かすためには、「進む」「消える」「ワープする」など、それを操作する存在たちに男性的意識が必要だ。

下の「集合夢」ともつながっている。

これまでの人間世界では、男性原理で社会が形成され、男性性のエネルギーで男女とも生きている。集合夢を形作る骨子のひとつにこのエネルギーが必要だ。つなぎの中心にある四角い部分は、男性性のエネルギーが集合夢の世界に入りすぎないように調節する部分。

そして、中心へとつながる通路がある。


この曼陀羅（243ページ）の中心から説明しよう。

完成

周りの8つの円をまとめる中心の植物だ。多次元宇宙創造の完了であり、宇宙創造、進化、衰退、消滅の要だ。中心にある置物のようなものは全部で6つあり、それぞれに全ての宇宙が機能するためのマントラが入っている。その内容を教えることはできない。

6つの置物の上にある青い色と星形が載っている部分では、それぞれのマントラが混ざり合い融合している。この中心から常にマントラが多次元宇宙へこの宇宙誕生の時から送られている。

土台の周りにある青いものは増幅装置だ。そして、その周辺の丸い土台は、別のマントラのエネルギーを循環させている。

外側の土台は、内部を守る障壁だ。その障壁にいくつかのパイプの塊がある。ここからそのマントラのエネルギーが周囲の円の全ての領域に、そしてここに描かれていない円の領域、果ては多次元宇宙に向けて発せられている。この中心の植物が、周囲8つの植物の働きの動力源だ。

上の地下世界、右の女性性エネルギー、下の子孫繁栄、左の男性性エネルギー、この4つに直接つながり共に活性化する。後の4つとは、間接的につながっている。

この絵の右下と左上に太陽の絵がある。

これは多次元宇宙に存在する太陽系の物質的太陽と霊太陽だ。左上の太陽の働きは、「吸収する」。右下は、「放出する」。各太陽系の太陽は、「吸収」か「放出」かのどちらかの働きが強い。吸収するのは闇のエネルギー、放出するのは光のエネルギーだ。その太陽系にどちらが必要かで決まる。人間の住む太陽系の太陽は、光の「放出」だ。

以上が曼荼羅の意味であり、生命の樹だ。今もこの中の地球に人間たちは生きている。そして、この図以外にも多くの円がある。細胞分裂のように、この宇宙を形作る生命の樹は、多くの円を創り出している。その塊を多次元宇宙空間という。それを宇宙の進化という。

次に行く。

小型鳥類の脚と翼

この植物は小型の鳥類の脚と翼を創造するためにある。根は脚だ。茎にあたる部分が骨になり、緑の葉の部分が翼になる働きを持っている。花のような部分は手羽だ。これらを創る粒子は根から入る。

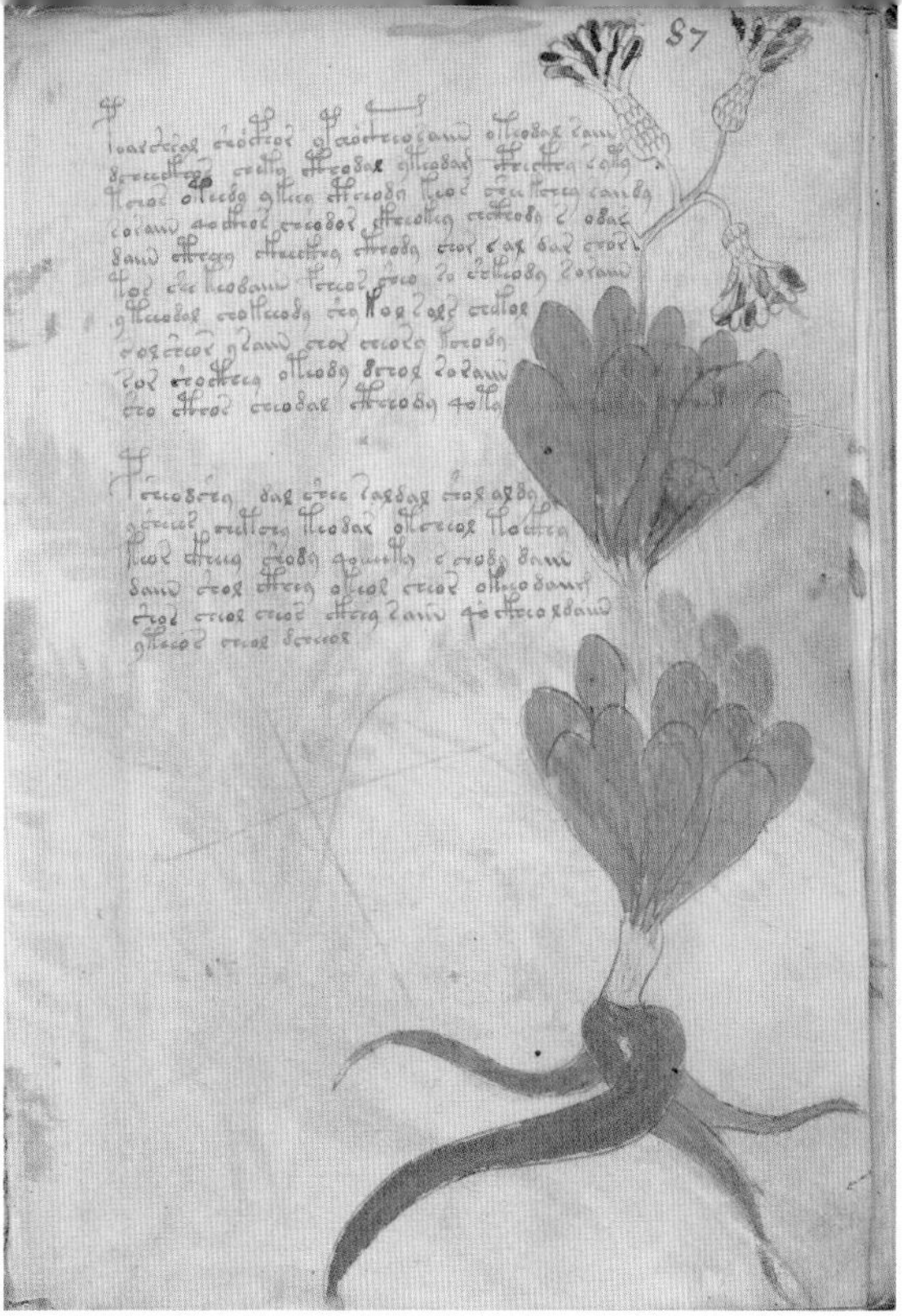

小型鳥類の脚と翼

次に行く。

鳥の身体

この二つの絵も鳥だ。

左の植物は身体を創っている。花が頭部、そして胴体があり、根が足だ。鳥のように歩いている。

これはニワトリ、ダチョウの類《たぐい》だ。

右の絵はクジャクだ。根は足。二つの花の部分は翼で、緑の葉の部分は扇形に広げる羽根だ。

この次元には、全ての生き物を創造する場として数多くの植物がある。

次に行く。

鳥の身体

第五章

根と植物を使った創造

人種を創る根

ここからは根の種類だ。
根といっても根ではない。しかし、これを正確に伝える人間の言葉はない。よって、以下、「根」という言葉で説明する。

人種を創る根

左の縦にある3つの植物は、人種を創るための根だ。それぞれの右側に描かれている根は、それを創る材料だ。これらの根を組み合わせて創られる。ただし、ここに描かれている素材は一部であり、全てではない。

上の根は、白人種。組み合わされる根は、血液、ミトコンドリアや特定の脳細胞などに影響を与える種類の植物で創られている。これらは骨格や皮膚や目の色だけでなく、外界の五感を使った認知の仕方や脳の使い方などに違いが出る。

中の根は、アジアに住む黄色人種。横に

描かれている根は、血液や神経細胞やハートに特徴が現れるような種類の素材だ。白人種と同じように骨格や皮膚の色などはもちろんだが、ハートの感じ方が特徴だ。白人種が脳を使うことに意識を向けやすいように創られたが、黄色人種は、脳よりハートに意識が向くように創られた。

下の根は、中近東、中南米などに住む褐色人種。根は、血液や皮膚の線維芽細胞、肝細胞に特徴が現れるような種類だ。これにより、大地からよりパワーを得て、内界で感じたことを肉体で表現したり、行動したりするなどに意識が向きやすくなる。

次に行く。

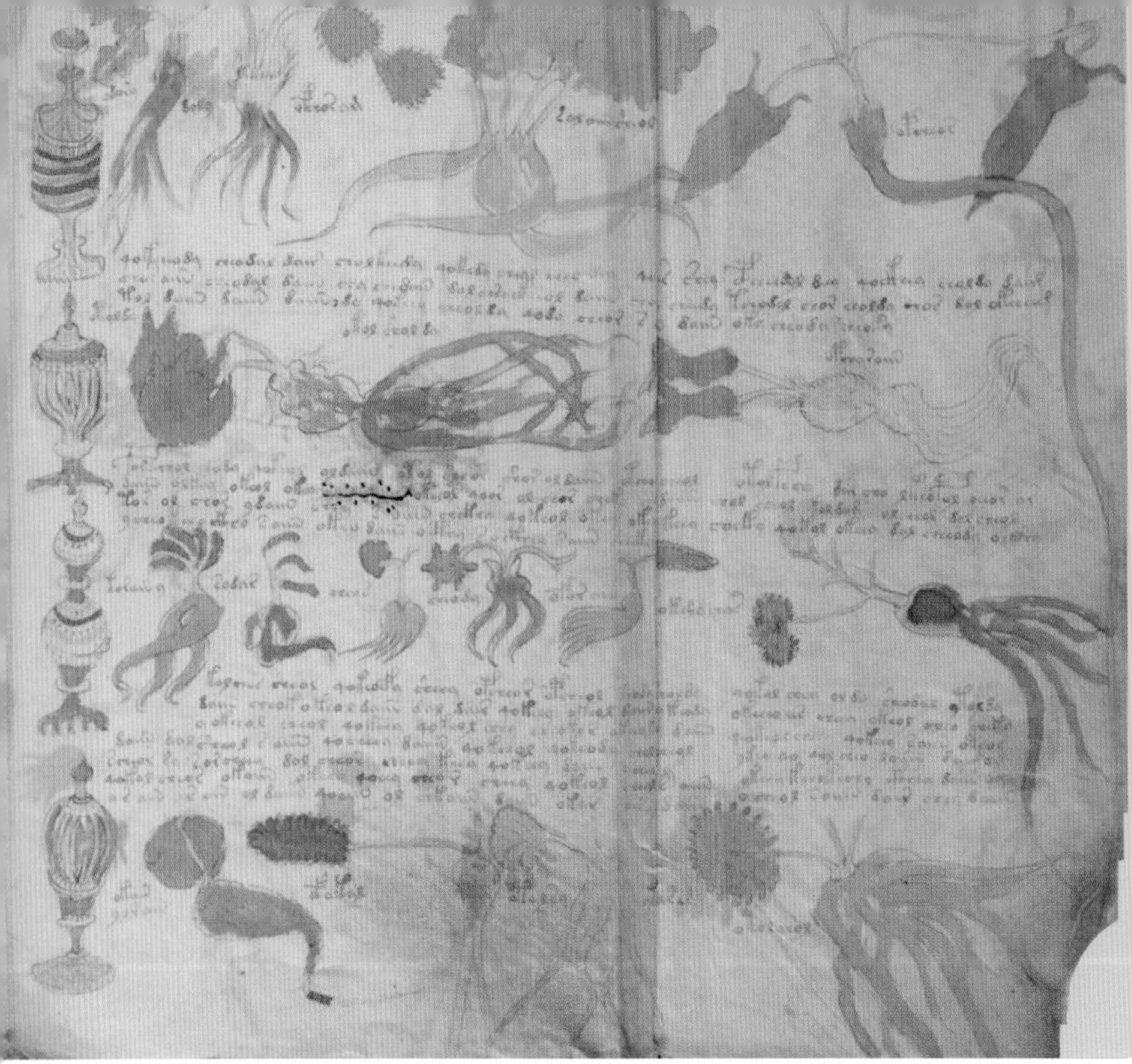

上（261ページ左）の根は、インドなど南アジアに住む茶色人種。

　これらに使われる根は、血液、腸、特定の脳細胞に違いが出るように創られている。

　その結果、霊性に意識が向くようになる。よってこの人種は、外界に接するよりも内界に意識を向けるため、他の人種ほど口数は多くない。

　中の根は、肌の色ではなく、環境適応に必要な人種だ。ここは、極寒地に住めるような人種。

　これらに使われる根は、血液、骨盤、肺に違いを創る種類だ。それは、より多くの生命エネルギーが溜められるようになる。彼らの意識は、自身の心身に向けられ、滞りないエネルギー循環を大切にできるようになる。

人種を創る根　　生き物の身体と意識

下の根は、黒色人種でアフリカに住む人間たちだ。ここで描かれている根は、血液、脊柱、胃に違いが起こる。それによって、大自然のエネルギーが尾骨から脊柱を上り、頭部から発散する。肉体を使った自然エネルギーの循環ができる人種だ。彼らは、常にこの循環を身体で感じることができる。

これら以外にもさまざまな人種が創られたが、ここには描かれていない。また、地球以外に住む人種も創られた。ただし、地球のようにさまざまな人種が存在する星は少ない。

このようなさまざまな人種を地球人として創った意図は3つある。

まず、何を使って高次の存在となるか、その入り口と成長のプロセスを明確にすることだ。
例えば、白色人種は、思考によって探求することで成長しやすくなる。もう1つの意図は、さまざまな人種が存在することで、彼らから発される波動が融合し、地球の波動が他の星々と調和するようになることだ。3つ目の意図は、大自然にともに生きる生き物たちとの調和だ。
これらの肉体に入る魂が、その特性を活かして成長していく。

中のページ(261ページ右)に行く。

生き物の身体と意識

上はネコだ。横にある4つの根は身体だけを創る。意識は他で創られる。身体といっても、身体の形であり、内臓などは他の領域で創られる。

中はヘビだ。この3つの根は身体と意識だ。ヘビは冬眠し、春に目覚める。この意識は、太陽系の運行により、眠りの時代から目覚めの時代へのサイクルに連動する。それによって人間が眠りから目覚めへ、そしてまた眠りへと促す。

下はイノシシだ。3つの根と葉はイノシシの身体と意識だ。イノシシのまっすぐに突進する意識は大気中に拡散する。それが人間のライトボディに影響する。拡散された意識が直線的なエネルギーとなりライトボディを通過する時、そこに溜まった不要な波動を振り払う。

次のページ（260ページ）にいく。

上はサルだ。横にある4つの根がサルの身体だけを創る。意識は他の領域で創られる。

次はゴリラだ。3つの根によって身体が創られる。この意識も他領域の作業だ。

次はリス。横の6つの根が身体と意識を創る。リスの意識は人間の命令に従うことだ。信頼関係ができると人間の友となり、良きしもべとなる。

最後はカメだ。4つの根は身体と意識特性だ。カメは生きているだけで、落ち着きと静けさと穏やかさという意識を発散している。このエネルギーは円環的に動く。その意識に人間が包まれると、穏やかで落ち着いた気分になる。

次（265ページ）に行く。

上はシマウマだ。５つの根で身体と意識を創る。シマウマの意識は、やさしさの波動となり、人間を含め全ての生き物に広がる。

次はウシだ。３つの根は、身体と意識を創る。ウシは静かに観察するという意識がある。人間も含め全てのものを観察している。観察された内容は多次元に送られている。人間の意識も多次元に送られるが、ウシは感情を伴った人間の体験とは違い、完全な冷静さがある。ただし、殺される恐怖心だけはある。この恐怖心も伝わる。

最後はライオンだ。４つの根は身体と意識を創る。ライオンは、周りにいる人間の雑念のエネルギーを吸い取り、癒しの波動を発する。それに触れた人間は、ブレを起こしていた意識がなくなり、中心に定まるようになる。

次（２６７ページ）に行く。

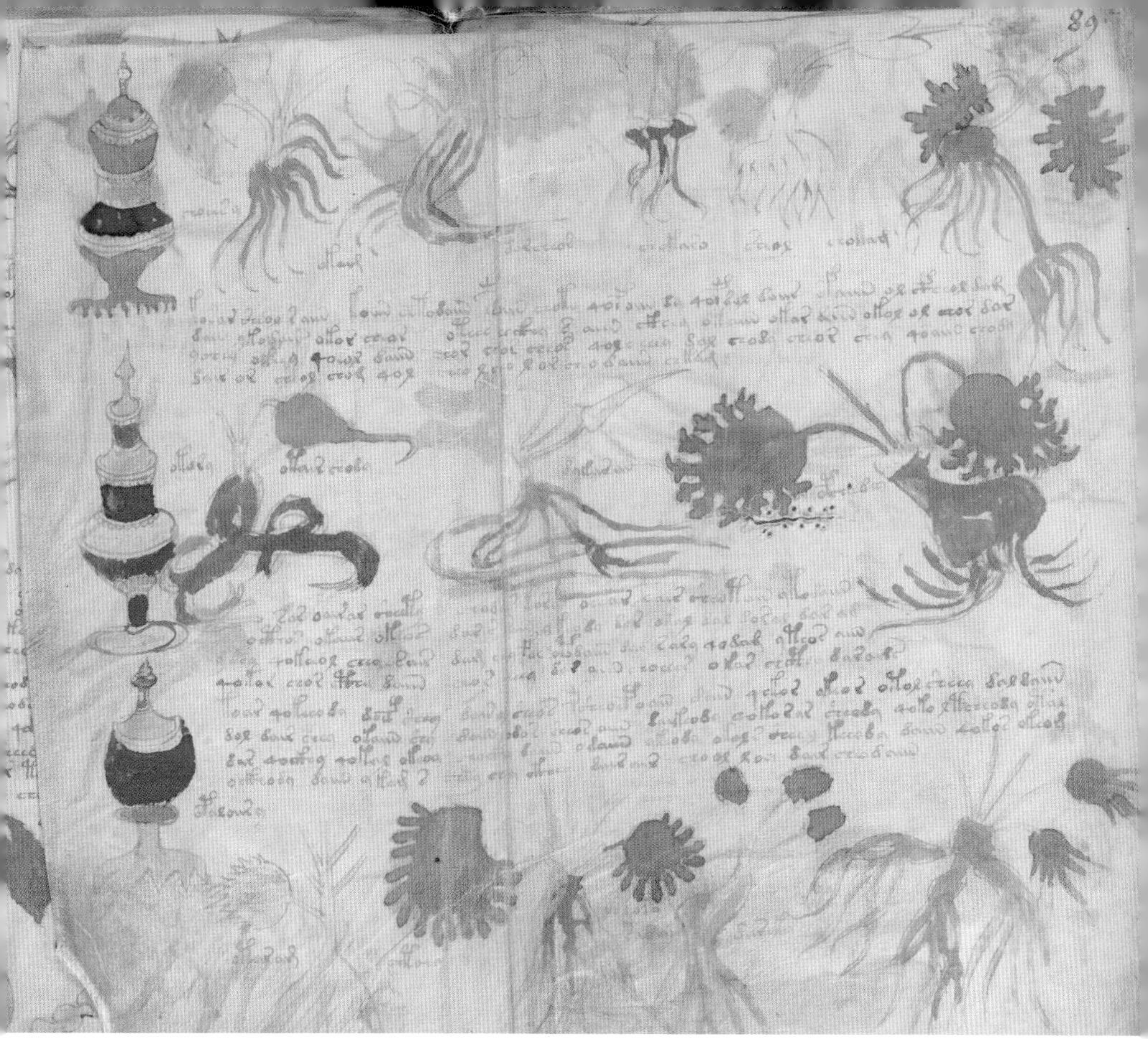

上はカバだ。３つの根が身体と意識を創る。カバは本来、ゆったり、のんびりした性質がある。この意識の波動が周りに拡散し、それを得た生き物は穏やかさの気を受け取ることになる。また、カバはときどき口を開ける。それにより人間を含め生き物たちの恐れや不安を吸い込み、それを体内で浄化する。

最後はクジラだ。これも３つの根が身体と意識を創る。本来、クジラの魂は高次の存在だ。地球に調和をもたらす役目としての使命をもってやってきた。もし、地球にクジラがいなかったら、人間の肉体に魂が入っても、心と身体と魂の調和が保たれず、感情のない抜け殻のような状態になっていただろう。現在、存在しているクジラたちは今も自分たちの使命を意識している。

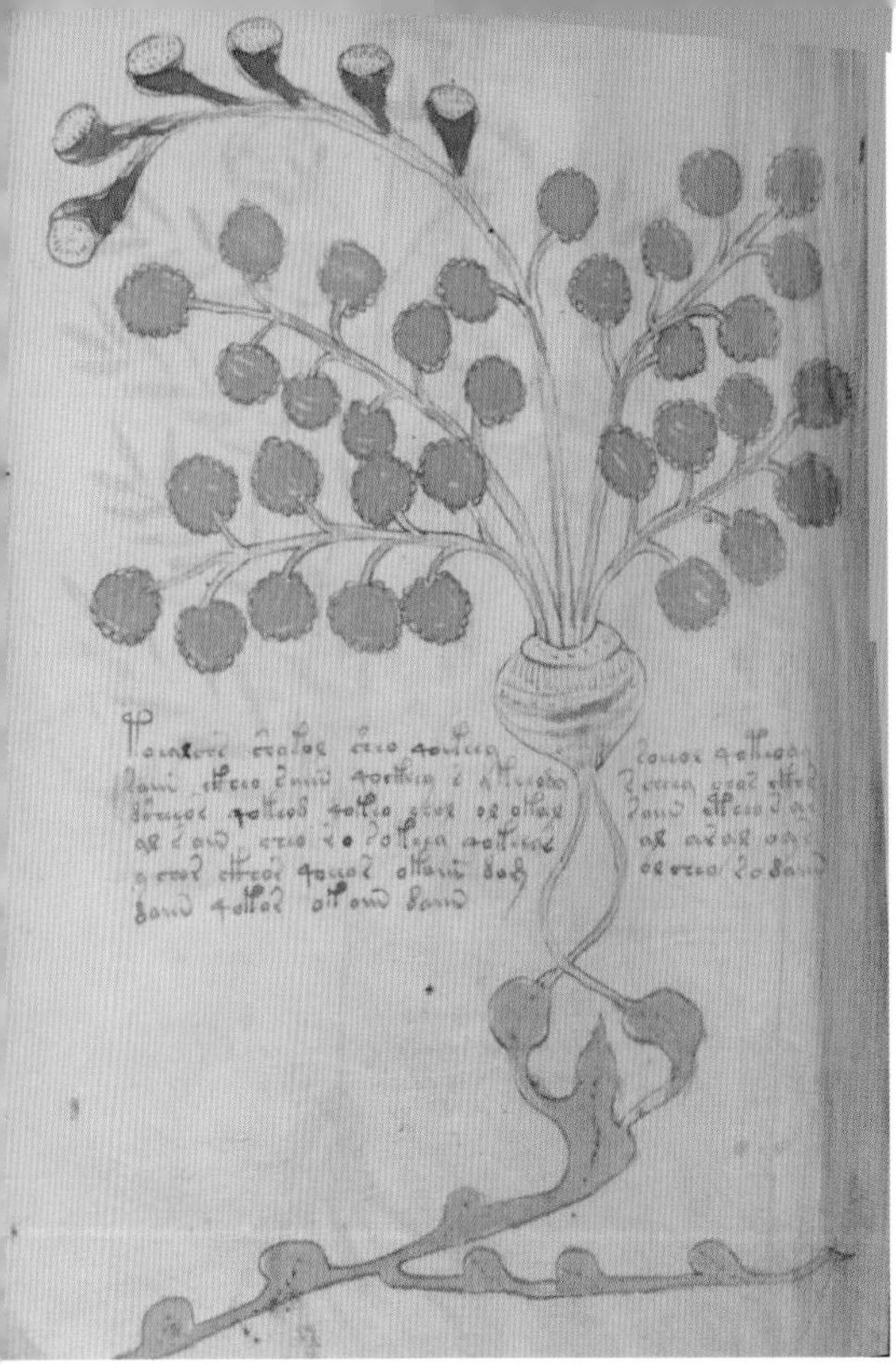

雲

描かれた絵の種類に統一感がないのは、ロナウドが、無数の根の中でいくつか興味をそそられたものをピックアップしたからだ。全ての生き物がこのように植物から創られる。

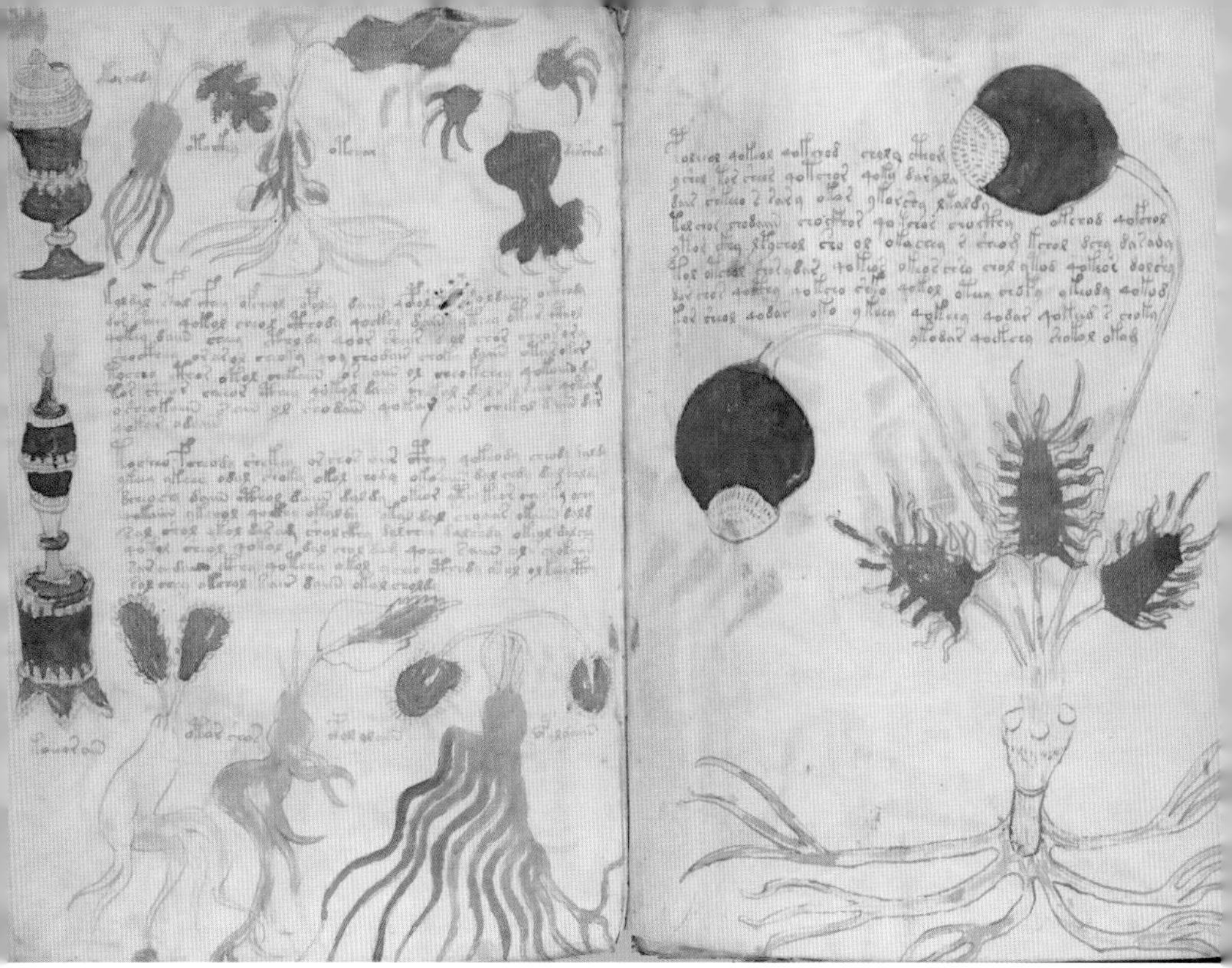

カバ・クジラ　　　　　　　　妖精

次に行く。中の絵だ。

妖精

これは山や森に宿るスピリットたちだ。妖精だとイメージしてもよい。青い部分はセンサーで、その先にある白い部分から、或る粒子が出る。山や森に存在する生き物、植物や鉱物はさまざまな波動を出している。その波動がこの妖精たちの出す粒子によって攪拌され、融合され、その場所に合った波動に変化する。この生み出された波動が地球の意識とつながり、地上に生きる全てのものを包み込む。

人間は山や森に入ると、その波動に包まれ、愛と穏やかさと至福の意識が刺激される。植物がなくても山として存在している場所でも妖精たちはいる。しかし、山や森がなくなると妖精たちも消滅する。この植物は、その粒子を根から吸収し、葉で増幅し、上部へと送る。そして、彼らには存在たちの「与えよ」という意識命令がプログラムされている。妖精たちは地球にいても、この粒子を7次元から得ている。

右の絵（266ページ）に行く。

雲

これは雲だ。地球の上空で冷やされた水蒸気が雲になると、その雲に意識が宿る。それは、「されるままにゆだねよ」という命令波動の入った意識だ。この意識波動は、雲ができるまでは空中に漂っている。この意識がなくても、或る条件を満たせば、雲として固まり雨を降らせる。意識が入ると人間の意識が伝わる。太古の人間はそれを知っていたから雨乞いができた。彼らの意識は強く、雲を発生させることも、雲を去らせることもできた。高次の存在が地球の浄化のために、雨を降らせることができるのは雲に意識が宿っているからだ。

この植物には、純粋意識が液体のようなエーテル状になって根から入る。それが中ほどにある丸い部分で熟成される。それが茎を通して、上に行く。上のシャワーヘッドのような部分からは、存在たちの命令が波動として入る。それが葉へと伝わり、熟成された純粋意識と混ざり合い、その粒子が再び葉やシャワーヘッドから放出される。この放出された意識粒子が物質次元に送られ、大気中に漂うことになる。この意識粒子は、人間や高次の存在の意思により、風を起こすこともできる。

次に行く。

巨木

巨木

これは、巨木を創る植物だ。今の大樹ではない。太古地上に存在したいくつもの巨木は、高さ数キロで人間が見上げると天まで届くような大きさだった。今では、切り倒されたり消滅したりして、幹だけが残り、人間はそれを「山」と呼んでいる。その頃の地球での巨木の役目は、高次元とつながる天界との通路だった。高次の存在が地上に降りたり、その頃の人間や生き物が高次へと上ったりして、宇宙の調和と進化における地球での役割を果たしていた。

また、これらの巨木を通して地球は呼吸していた。この頃の地球は、星としてまだ若く、大地の移動や隆起が起こっていた。巨木の根は、大地を抑え、内部のエネルギーを上へと昇華する役割もあった。この頃の人間は反物質だった。

次に行く。

水の結晶

これは、水や氷の結晶を創る植物だ。根からさまざまな意識粒子が入り、葉へと上る。葉では、強く入った意識粒子を抽出し、それが上の花の方へと行く。すると、花はその意識粒子に合った結晶を創り出す。

水の結晶

例えば、「愛」という意識粒子からできる結晶、「喜び」という意識粒子からできる結晶など、このひとつの植物で数々の結晶を創ることができる。これが地上の水に転写される。

ただし、波動の低い意識は結晶を破壊する。

次に行く。

アカシア

キリンは「生《せい》を楽しむ気」を発している。その気をもっと強めるために、食べる植物が必要だ。アカシア科の植物には、それを発するのに必要な養分が多く含まれる。この植物は、それを含んだアカシアだ。キリンはそれ以外の植物も食べるが、アカシアでないとこの養分を得られない。動物が地上でその役割を果たすためには、それに特化した食べものが必要だ。この7次元では、そのような植物は多数創られているが、それを描いたのはこの絵だけだ。

この植物の詳細は省く。

次に行く。

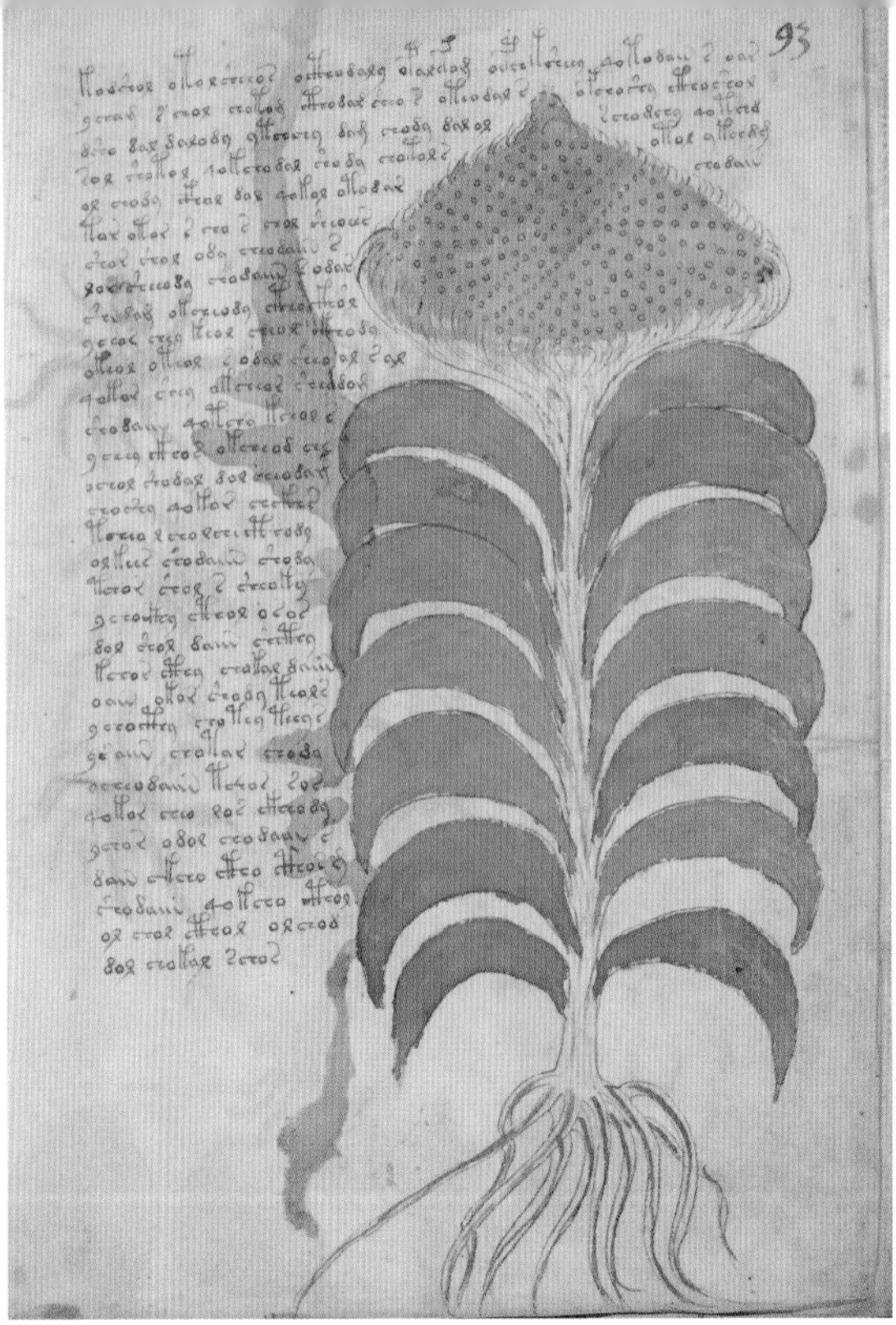

アカシア

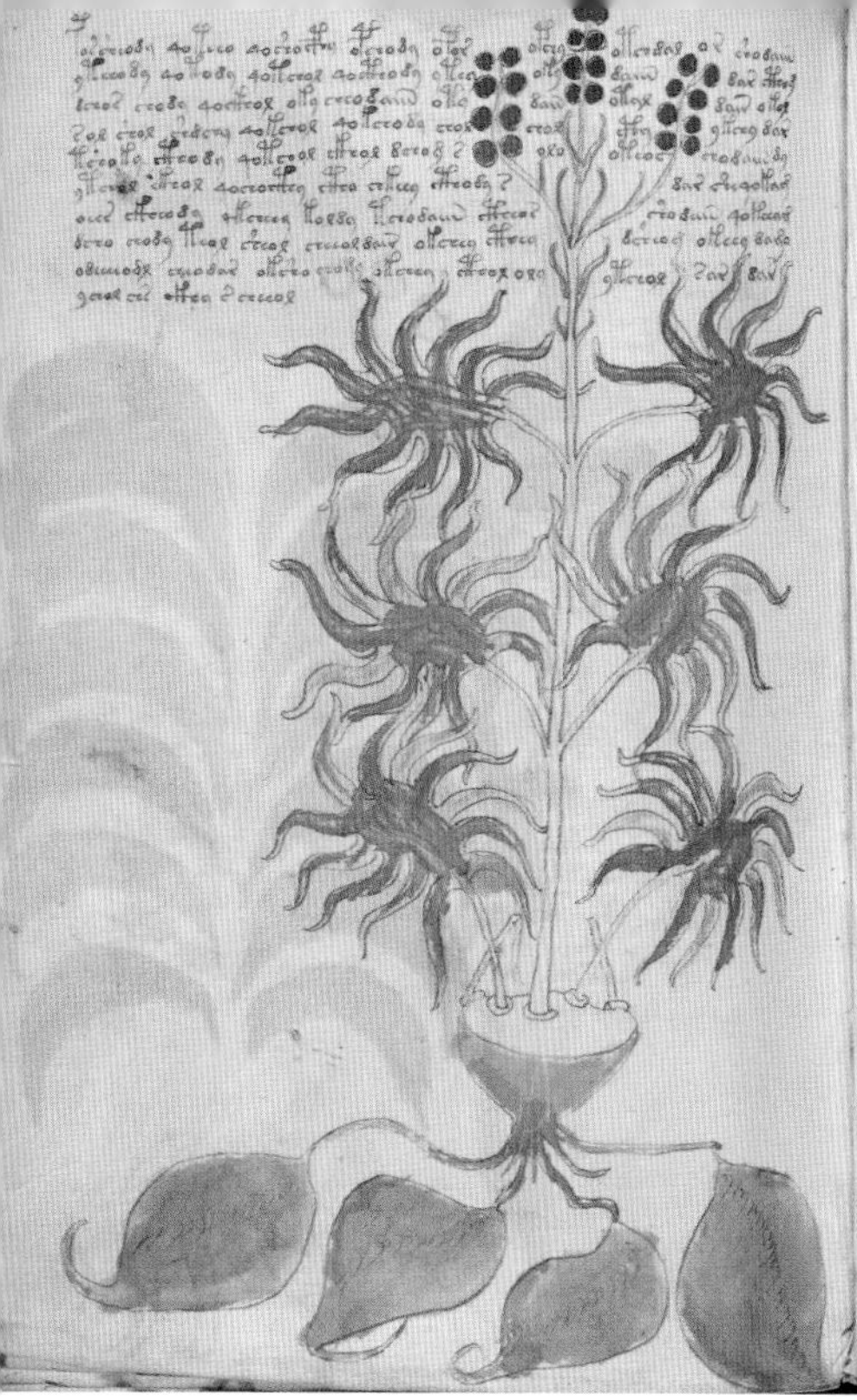

人間と巨木の関係づくり

水と植物の関係づくり

人間と巨木の関係づくり

左は、人間と巨木の関係をつなぐツールのひとつを創る植物だ。

巨木は、常に人間にメッセージを送るように創られた。太古の人間は、問題や悩みがあると巨木に尋ねた。巨木はそれを聞き、答えやメッセージを、その人間の心の耳と肉体の耳、両方に伝えた。現在、地上にある木々はその能力はない。この植物は、巨木にインプットされるそのシステムだ。この植物の詳細は省く。

水と植物の関係づくり

右は、水と植物の関係だ。地上でも木々や草花は、それぞれ意識を持っている。その意識は常に外へと発散され続けている。また、植物は外界の波動、つまりプラス、マイナス関係なく人間の発する感情や欲求から発された波動をキャッチする。雨などから植物が得る水分に、それらの波動は転写される。その転写された水が大地や大気を覆い、地球の波動にも、そこに住む全ての生き物にも影響を与える。この転写システムをこの植物が創っている。

水に人間の波動が直接転写される場合もあるが、多くは植物を介在している。

次に行く。

植物の子孫繁栄システム

植物の観察システム

左は、全ての植物に備えられている「観察システム」だ。植物は、他の植物、昆虫、鳥類、動物、人間など地上の生き物や細菌、微生物なども観察している。大木から鉢植えの植物、小さな雑草一本まで、このシステムは働き、それがまとまって太陽へ送られ、そこから上の次元へと送られ

植物の観察システム　　植物の進化

ている。このシステムがあるから、地上の生き物の分布領域、その数、生体の変化などが高次の存在たちに分かるようになる。

木の年輪は、その年の気象の変化だけを記録されているのではない。その中に全て地上で起こっている目に見えるものから見えないものまで記録されている。

よって人間一人の思考、感情、行動から集合意識まで、高次の存在たちは知っている。

砂漠など、植物が生きられない場所でも、他から風に運ばれた種が存在する。その種も観察システムを持っている。

中の絵だ。

植物の進化

これは、森やジャングルに特有の機能だ。人間の入ることができないこのような場所では、木々や草花は絡み合い、擦れ合いながら成長する。この植物同士の刺激が、それぞれの種の進化につながる。それは、物質的な構造の進化だけではない。その植物の意識の進化や地上に及ぼす働きも進化する。そこに雨が降ることによって、この機能がさらに発揮される。

そのシステムをこの植物が創り、種にプログラムされる。

右の絵（前ページ）に行く。

植物の子孫繁栄システム

これは、植物の子孫繁栄のシステムだ。例えば、タンポポは風によって綿毛が飛び、落ちたところで芽を出す。また、別の植物は、昆虫や動物の身体に着くことにより、他の場所へと運ばれる。鳥や動物の排せつ物から他の場所へ運ばれてそこで芽吹くものもある。その植物特有の種の広げ方をこの植物は創っている。自身で子孫を創る植物もこのシステムが入っている。また、風を必要とする植物には、種ができる時期が来たら、風を起こす意識と機能が備わっている。これもこの植物が創っている。

次に行く。

微生物と植物の関係作り

左は、土の中の微生物と植物の関係だ。土だけでは植物は育たない。微生物が必要だ。植物は根から微生物が好む物質を出す。それに微生物が集まり食べる。そして、微生物の排せつ物がその植物の栄養源となる。このような相互共存関係のシステムをここで創っている。このシステムは、植物と微生物双方にプログラムされる。

水場を教える

アフリカなど熱帯の地域で、多くの動物、昆虫、鳥類など、数百種の生き物が、乾期に水場を求めて移動し始める。それがどこにあるのか、いつそこへ向かえばよいか、それらを知らせるのが、この植物の花の部分から出ている粒子だ。この植物は、時期が来たら7次元からその粒子を活発に発する。

次に行く。

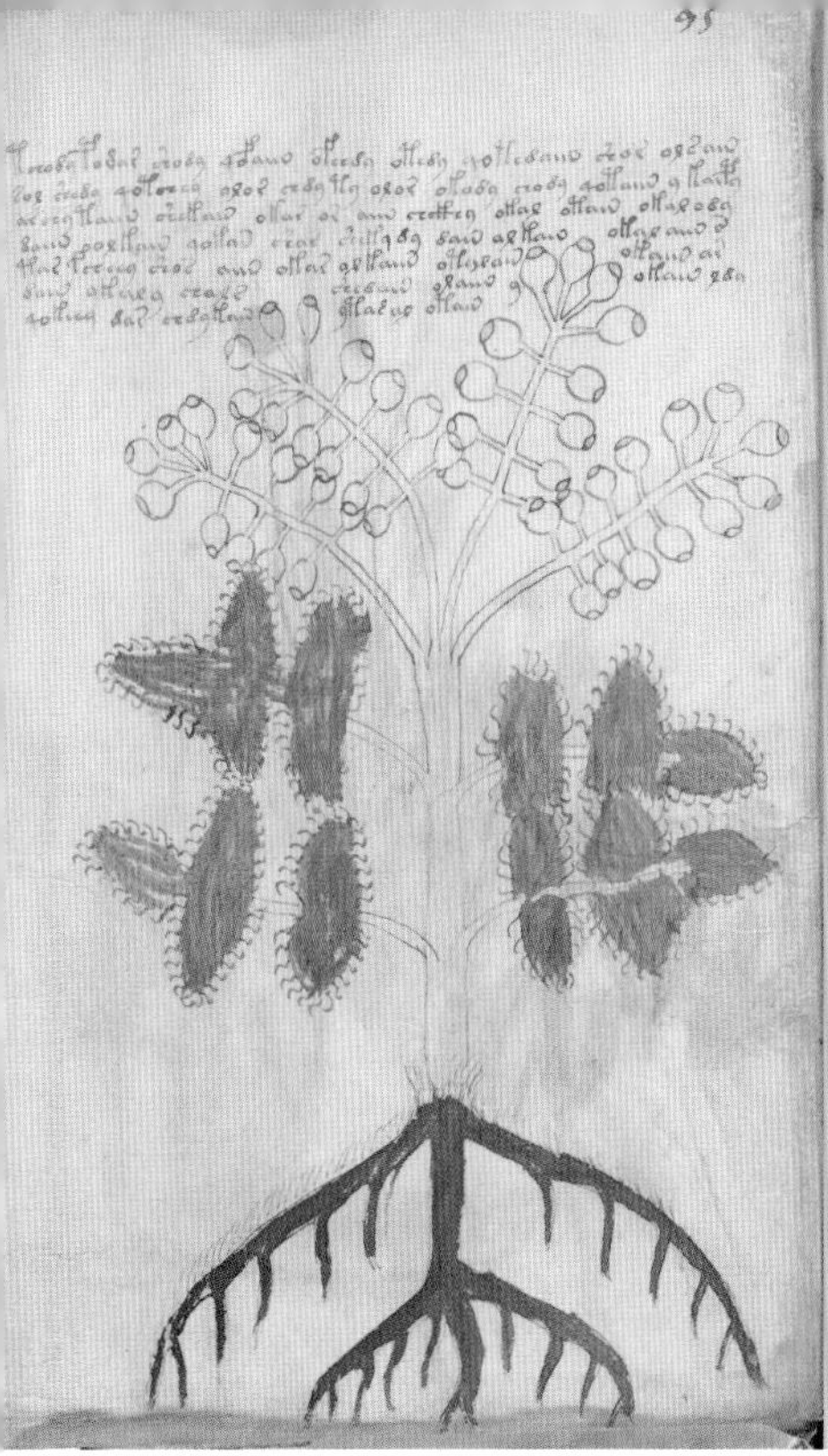

微生物と植物の関係作り

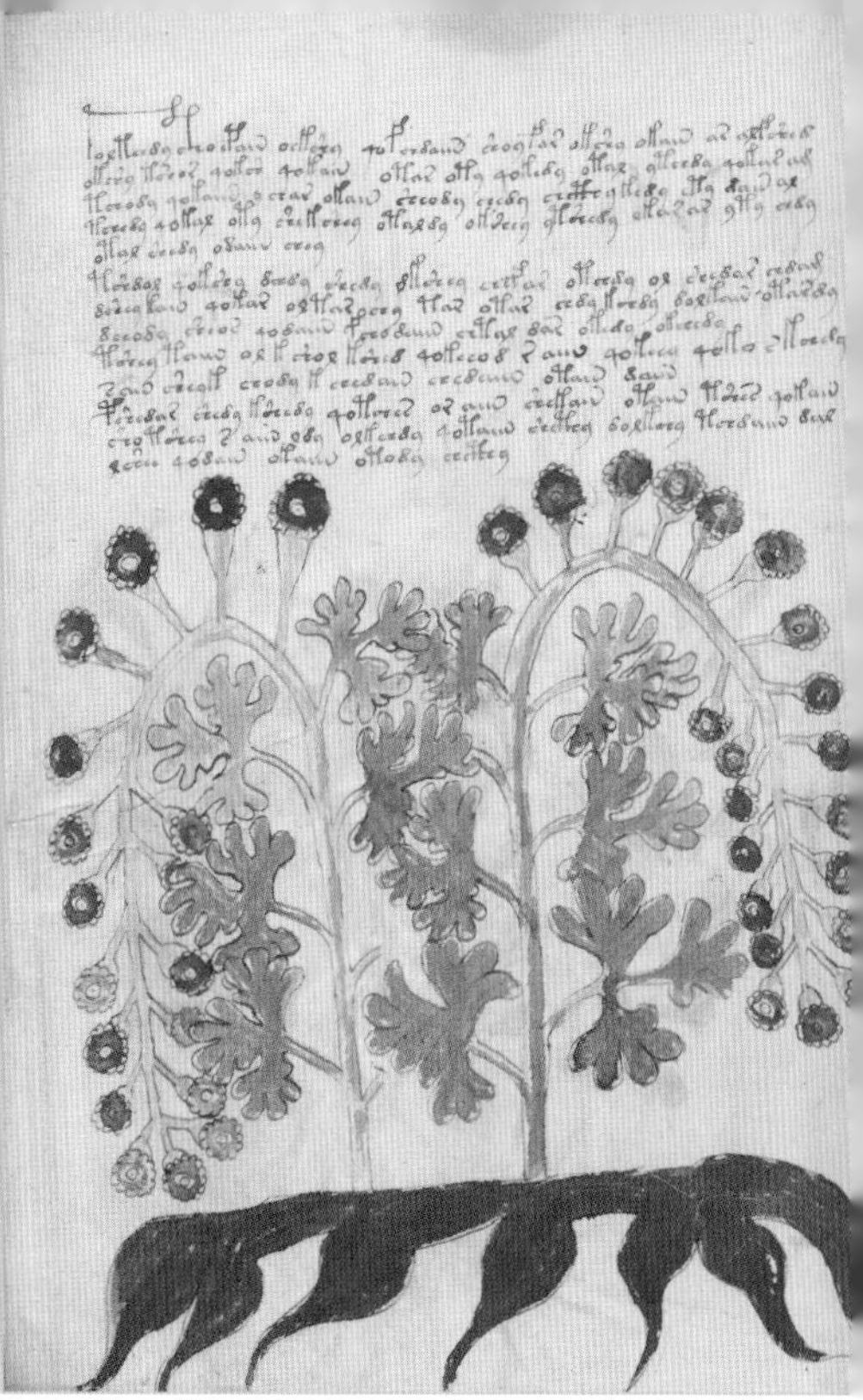

水場を教える

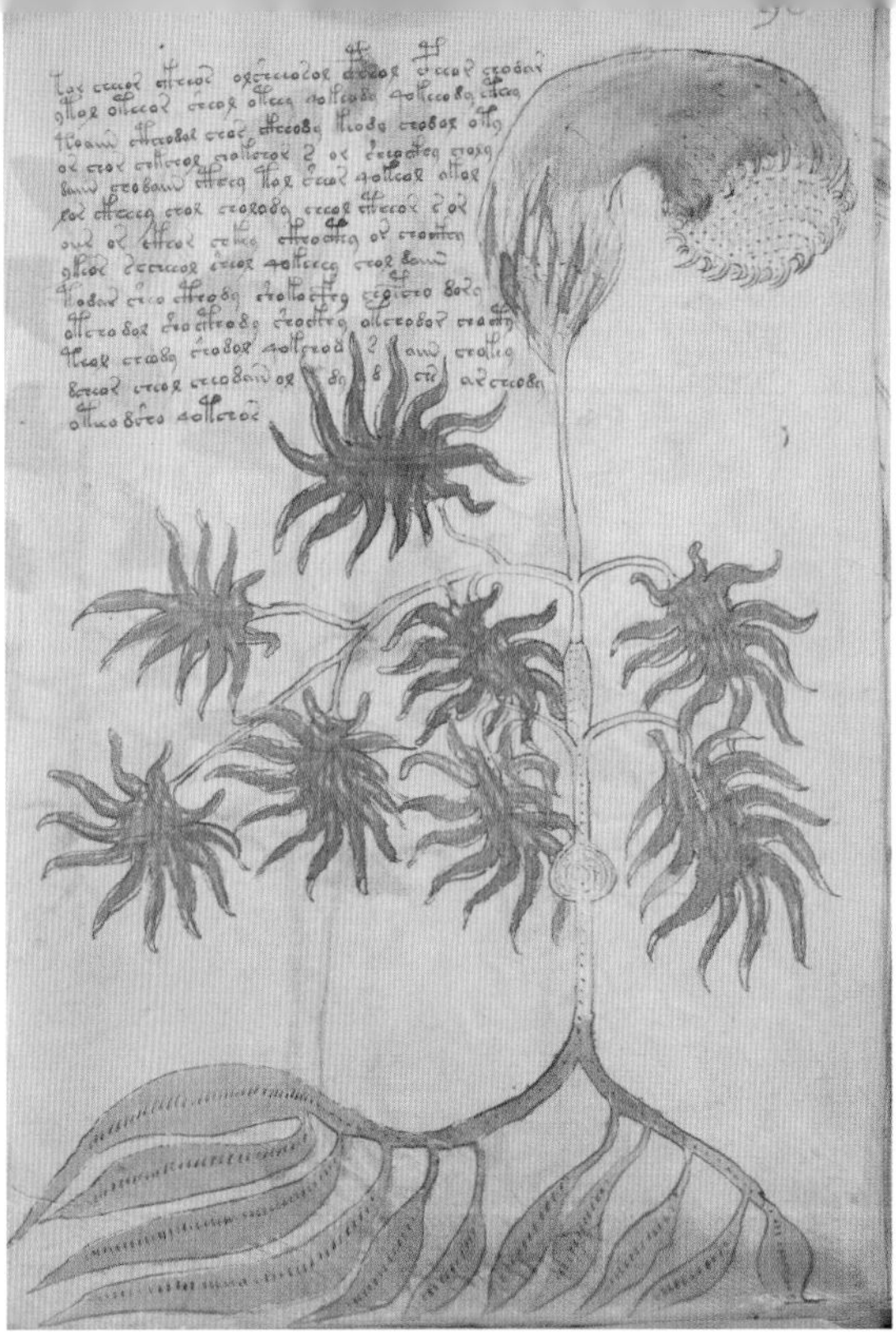

植物の太陽感知システム

植物の太陽感知システム

これは、植物が太陽を感知するシステムだ。全ての植物にこれが備わっているから、曇っていても太陽の位置を知ることができる。ヒマワリの花もそのために太陽の動きに合わせることができる。逆に、太陽を嫌う植物もこのシステムにより、その光から隠れることができる。また、植物は、観察システムで得た情報を太陽へ送り、太陽から多次元へと伝わると説明した。もう少し説明を加える。太陽も多次元から得た情報を地上の植物へ送っている。植物はその情報から自然淘汰や進化の時期を知り、その準備を始める。植物は宇宙との調和を心地よく感じる。その調和のために淘汰されるべき時期が来たとしてもだ。

次に行く。

雷雨のシステム

雷雨時のための植物だ。雷が空中に放電することにより、地上の植物は活性化する。植物も大地も電気を帯びることで、地球はパワーアップする。パワーアップすると、植物の成長や地中の生き物を活性化させる。それが地球の波動も上げる。この植物は雷の電気がそれぞれを活性化させるシステムだ。このシステムが空中、植物、大地になければ、植物は徐々に枯れ、地球の波動は下がっていく。

雷雨のシステム

人魚

左に4つの創られた根がある。上から説明する。

まず、これは人魚を創る根だ。人魚は今もいる。彼らは人間と同じような大きさだ。また、顔や髪や手もある。魚のように子孫は卵から生まれるので乳房はない。人間より高い知性を持っている。イルカやクジラが発するような声で意思疎通する。彼らの主な生息地は深海で、イルカやクジラのように地球や人類を見守る役目がある。ヒューマノイドに魚類の機能をインプットして創られた。この根がそうだ。その横にあるいくつかの根は、組み合わされたものだ。それら一つひとつに高次存在の意識が入っている。

人魚
ワニ
トラ
小人族の意識

ワニ

次はワニの身体と意識を創る根だ。ワニは「基盤整備」という意識を備えている。「地ならし」のようなものだ。地球には、生き物全ての意識波動や多次元から入ってくる波動で渦巻いている。それらには、高低、濃淡など地域によってさまざまな違いがある。ワニはこれを地ならしし、ある程度の平均化に役立っている。これにより、地球そのものの波動の均整がとれる。

トラ

3つ目の根は、トラの身体と意識を創る根だ。トラには、「厳格さ」という意識が備わっている。厳格さは人間にも備わっているが、トラの厳格さは純粋なものだ。高次の存在の男性性意識だ。この意識があるから、人間はエゴから来る厳格さを自ら軌道修正できる。ただし、その人間が自身のエゴの厳格さに意識を向け、魂の持つ純粋な厳格さに近づこうとする時にこの意識波動が入ってくる。また、人間が「個」であるために他者との境界線が必要だ。この境界線を引く時に、この厳格さの意識が入ってくる。これは、「個」として意識の確立であり、「孤立」ではない。

小人族の意識

最後のこの根は、小人族の意識を創造する。

小人族は、主に人間の入れない山や森に住んでいる。彼らは哺乳類で、自分で肉体を物質にも反物質にもできる。意識レベルは人間より高く平和に暮らしている。彼らは「仲間意識」が強い。彼らは決して喧嘩はしない。この意識が、人間が本来持っている「仲間意識」を高めることになる。

横にある根はひとつだが、本来、上の絵のように多くの根がある。それが省かれているだけだ。

次に行く。

巨人

上の根は、ビッグフットなどの巨人を創る。彼らもジャングル、雪山など人間の入り込めないところに家族や仲間と住んでいる。彼らも哺乳類だ。彼らは優しくおとなしい。この意識が、地球上に広がり、生き物全ての意識に入り込む。人間は、本来持っている優しさを忘れかけた時、何かの刺激がきっかけとなりそれを取り戻せる。前に伝えた「厳格さ」や「仲間意識」などと同じように、「優しさ」も本来人間に備わっているが、彼らの意識波動がなければ、刺激されても反応は鈍くなる。

飼われる動物

次の根は、飼われている動物が飼い主に頼る意識システムだ。この意識がプログラムされていなければ、人間は動物を飼いならすことはできなかった。種を超えて、飼い主を家族同様に感じる意識で人間の良き友になる。このシステムは全ての哺乳類、鳥類、爬虫類に入っているが、それ以外の種には入っていない。また、その働きが強いものもあれば弱いものもある。

滝のシステム

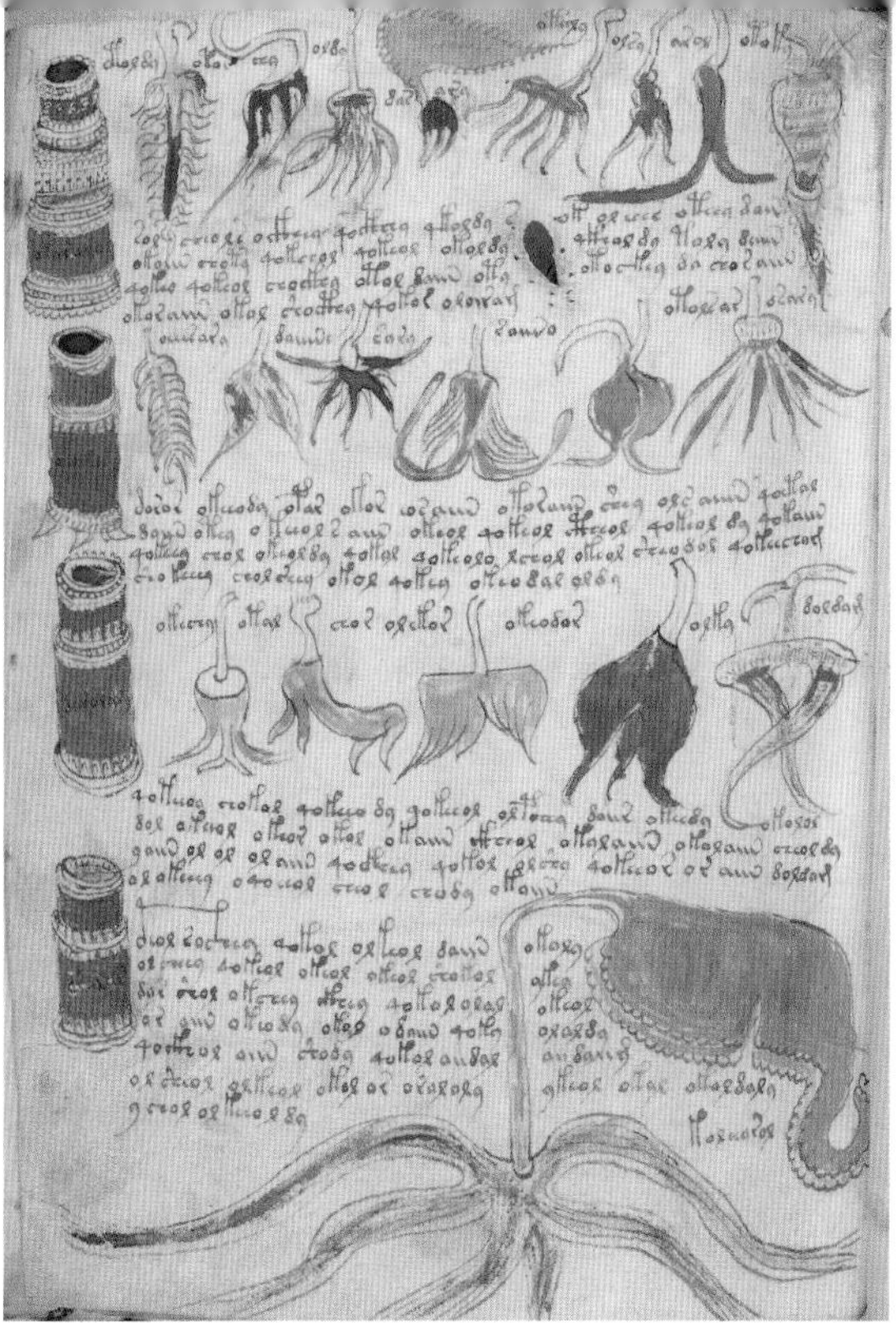

巨人
飼われる動物
滝のシステム
クモ

次の根は、滝に霊的存在が宿れるシステムだ。

なぜ滝か。滝は水のエネルギーを最も高い形で保持できるからだ。滝に宿る存在たちは、そのエネルギーに自らの意識を転写し、水を通じて世界中に循環させることができる。

地球には大小さまざまな滝があるが、全ての滝にこのシステムは備わっている。よって、何らかの働きをする存在は、自由にあちらこちらへと行くことができる。

クモ

次（前ページ）は、タランチュラなど大きなクモの身体と意識を創る根だ。

クモは、マイナスの気を持つ人間に、見えないクモの糸を張り巡らせ、巣を作り、その気を封じ込める。封じ込められた人間は、自分の意識に気づかない限り、その気にとらわれる。とらわれた人間のマイナスの気は、他の人間に移りにくくなる。これを創る素材の根はいくつかあるが、一番興味深いものだけが描かれている。

次に行く。

下位次元の存在

上は、下位の次元に住む闇に支配された進化途上の存在を創る根だ。人間はそれらを魑魅魍魎《ちみもうりょう》と呼ぶ。それらの意識は、遊ぶことであり、学ぶことであり、また、自分を苦しめることだ。

多次元宇宙のひとつにこの次元がある。

本来、自責感情は人間に備わっている。自責感情に縛られた人間は、魑魅魍魎の意識と共鳴し、それらに侵入され内的バランスを崩す。自責に長く苦しむ人間は、それらの意識にとらわれているだけだ。人間は誰でもこの下位次元の意識にとらわれるが、成長すると脱出は早い。

また、他罰傾向の強い人間に共鳴、侵入する魑魅魍魎の意識を創る根は、ここでは描かれていない。

パンダ

次は、パンダの身体と意識を創る根だ。パンダの意識は「食う、寝る、遊ぶ」だ。この意識が似たような傾向を持つ人間に共鳴すると、その人間はエゴの安楽さと怠惰に浸るようになる。これもエゴからの脱却を成長とみなす魂に課された課題となる。逆に、楽をすることを自ら許さない人間には入りにくい。

パンダは地球には存在していたが、これを描いたロナウドは、この次元で

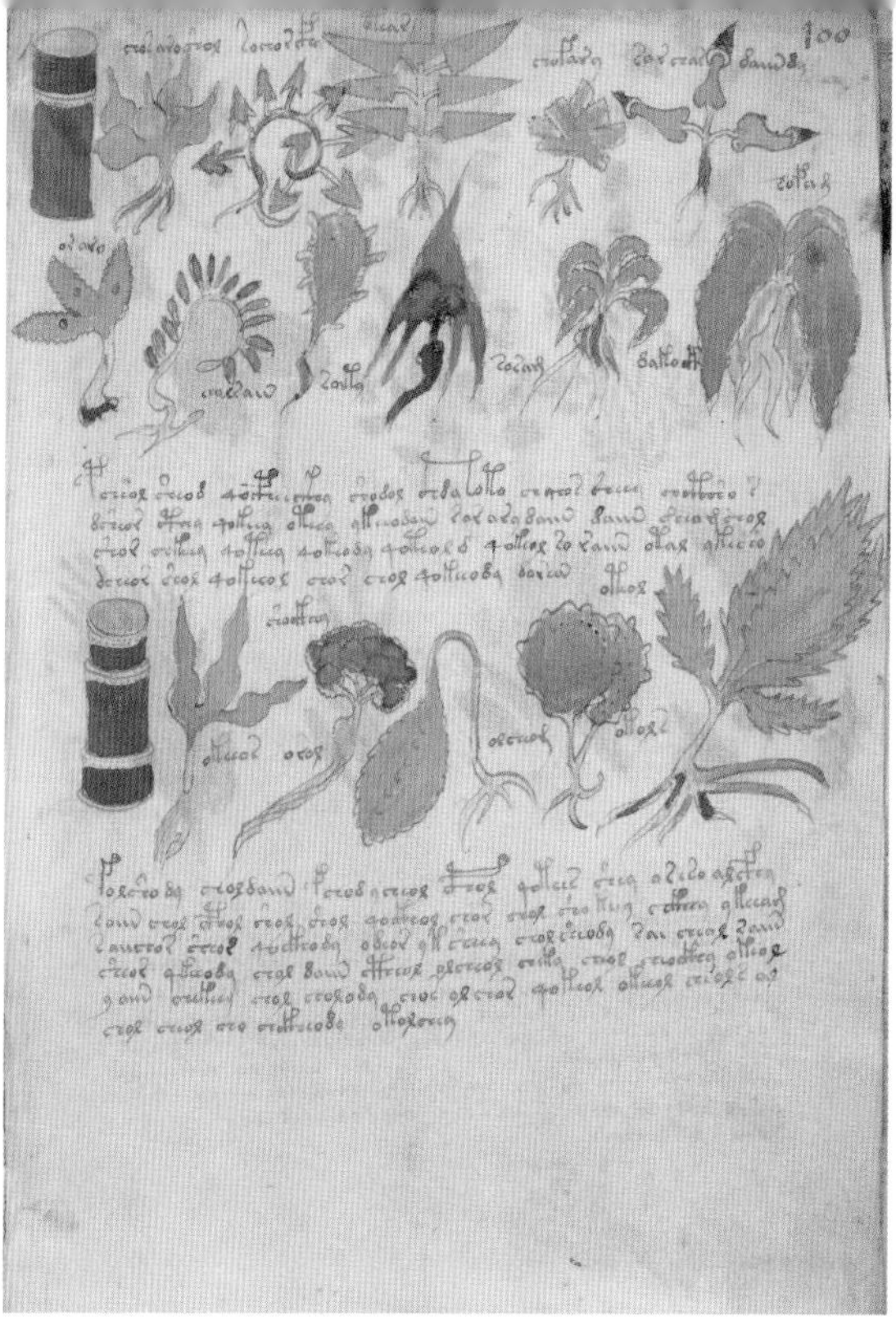

下位次元の存在

パンダ

初めてパンダを見た。他の根も同じだが、この次元で何を創っているのかは、ホログラムのように見ることができる。

次に行く。

火山のシステム

まず、左にある赤と紺の根を説明する。

これは、火山のシステムと意識を創る根だ。噴火が起こるのは、今の人間の科学で説明されていることだけではない。物理的なプロセスは科学で説明しているが、それに多くの意識が加わる。山や火山そのものには、ほとんど意識はない。山には霊的存在が住む。火山には住まないが、人間の意識がマグマに溜まるようになっている。特に集合意識に溜められ

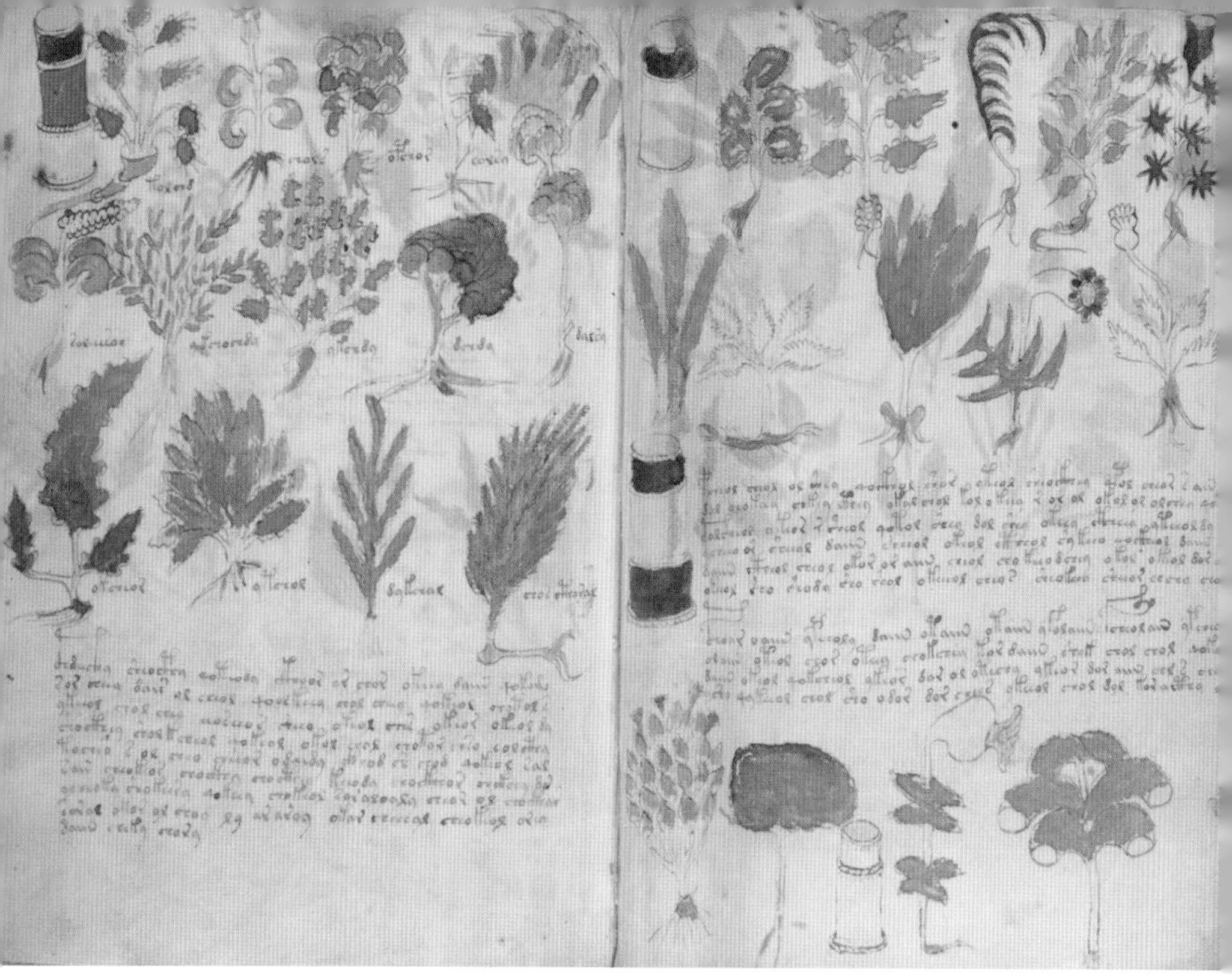

火山のシステム

上・中：地下都市のシステム
下：岩山のシステム

た怒り、恨み、恐れ、悲しみだ。

噴火の条件はいくつかある。それは、これらの感情がある一定量に達したことと他の星々の天空上の位置や月との関係だ。それらの条件が満たされた時、光か闇かに関係なく高次の存在の命令が下されて起こる。これらのシステムを創っているのが、この根だ。

地下都市のシステム

次のページの左上と中にある白と紺の根を説明する。

これらは、ある地底都市のシステムを創る根だ。この地底都市はシャンバラではなく、高い意識を持つ異星人が住んでいる都市だ。この都市は非常にシンプルで、小さなコロニーであり、地底内にいくつもある。そこにはセントラルサンはないが、動植物は存在する。そのための豊かな環境や高度な文明がある。異星人たちは反物質で食事の必要がない。ここで彼らは人間たちの日常と同じように暮らしている。地球は彼らの星でもある。これらの植物は、都市の構造、つまり居住空間、大気の循環システムなどだ。異星人たちのために、この次元で創られた。2つの根の違いは、都市の形状による。

岩山のシステム

一番下に白い根がある(前ページ)。これは、地球にいくつかある中規模の岩山に創られたシステムだ。その目的は防衛だ。地球を侵略しようとしている異星人、人間に成りすまそうとする異星人、人間を連れ去ろうとする異星人など、許可なく侵入しようとしている異星人から守っている。今、これらはすでに起こっているが、ある程度守られてもいる。

これ以上の詳細は省く。

次に行く。

龍の基本機能

上の根は、龍の機能のひとつを創る。龍は種類によって住んでいる次元が違うが、ある程度多次元にも行ける。この根は、全ての龍に基本的に備わる機能だ。それは、飛ぶこと、声を発すること、そして火を噴くことだ。龍は、高次の存在を乗せる。誰がどの龍を呼ぶかは決まっている。また、人間は龍が雨を降らせるというが、本来高次の存在が雨を降らせるために龍に乗り、雨雲を呼んでいる。

　龍が声を発する時は、非常に怒っている時だ。それは人間や肉体を持たない低次の存在が、真実を隠し本音を語らず、また、力で他を操作している時に諭す声だ。龍の声は、その対象となる者たちにのみ、地響きのように聞こえる。その声を無視すると火を噴くことになる。その対象となった者は消される。それは瞬間的に起こるため、周囲の人間は、突

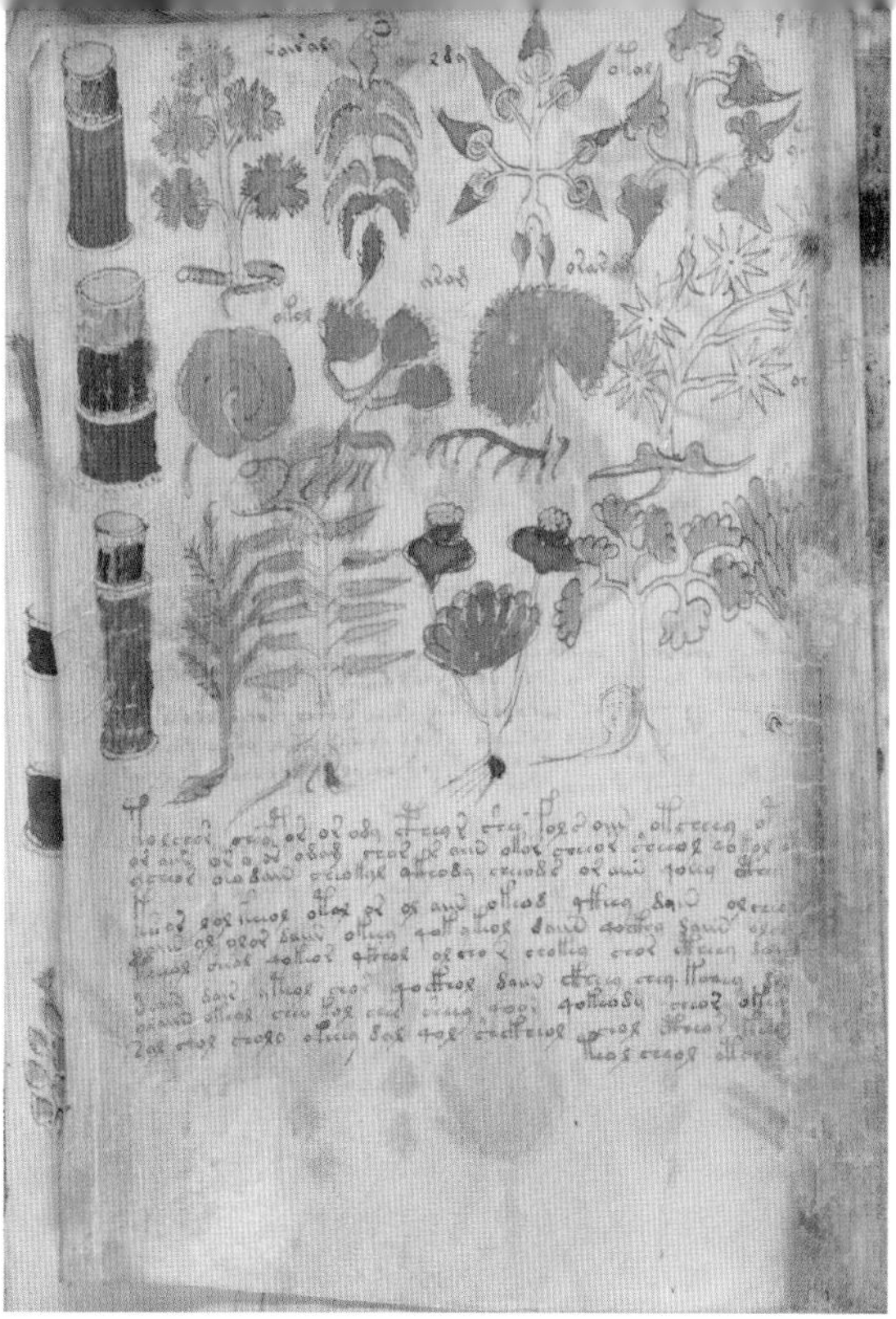

龍の基本機能
イルカ
サメ

然いなくなったと思うだろう。対象となるのは、一人の場合もあれば、集団の場合もある。龍の意識は、「討伐」だ。人間の想像する罪の軽重とは違う基準だ。

この基準について、教えることはできない。

宇宙にはもともと善悪はない。よって、「罪」や「罰」という発想をする必要はない。

しかし、龍は、本来、光の存在に属するため、光に反することを正そうとする役目がある。

龍はたいてい滝にいる。それは水が好きだからだ。西洋での「ドラゴン」とここでいう「龍」は違う存在だ。

イルカ

中（前ページ）の根は、白いイルカだ。本来、イルカの祖先は他の星からやってきたと説明した。そして、白いイルカは、他のイルカと比べると能力や波動が高い。イルカの能力について伝えることはできないが、ひとつだけ説明する。

彼らは、目の前にいる人間にどんな意識が必要かを感知することができる。そして、それを波動で送ることができる。本来、愛の存在だ。

サメ

これはサメだ。サメの意識のひとつは「正義」だ。サメも光の存在で、相手が光の存在ならば、意識が曇っていても大切にする。この波動が人間に伝わることで、仲間意識や仲間内の赦しの意識を刺激している。もし、この世界にサメがいなければ、人間は仲間意識だけで固まり、赦すという意識は成長しにくかっただろう。

サメは、ライオンやトラと同じく本能で生きている。人間を傷つけることもある。自ら発する意識への気づきはない。プログラムされた意識波動は、全て人間と地球のために存在している。

中の根も下の根も、次の絵（295ページ）の左のページにまたがって素材となる植物が描かれている。

次に行く。

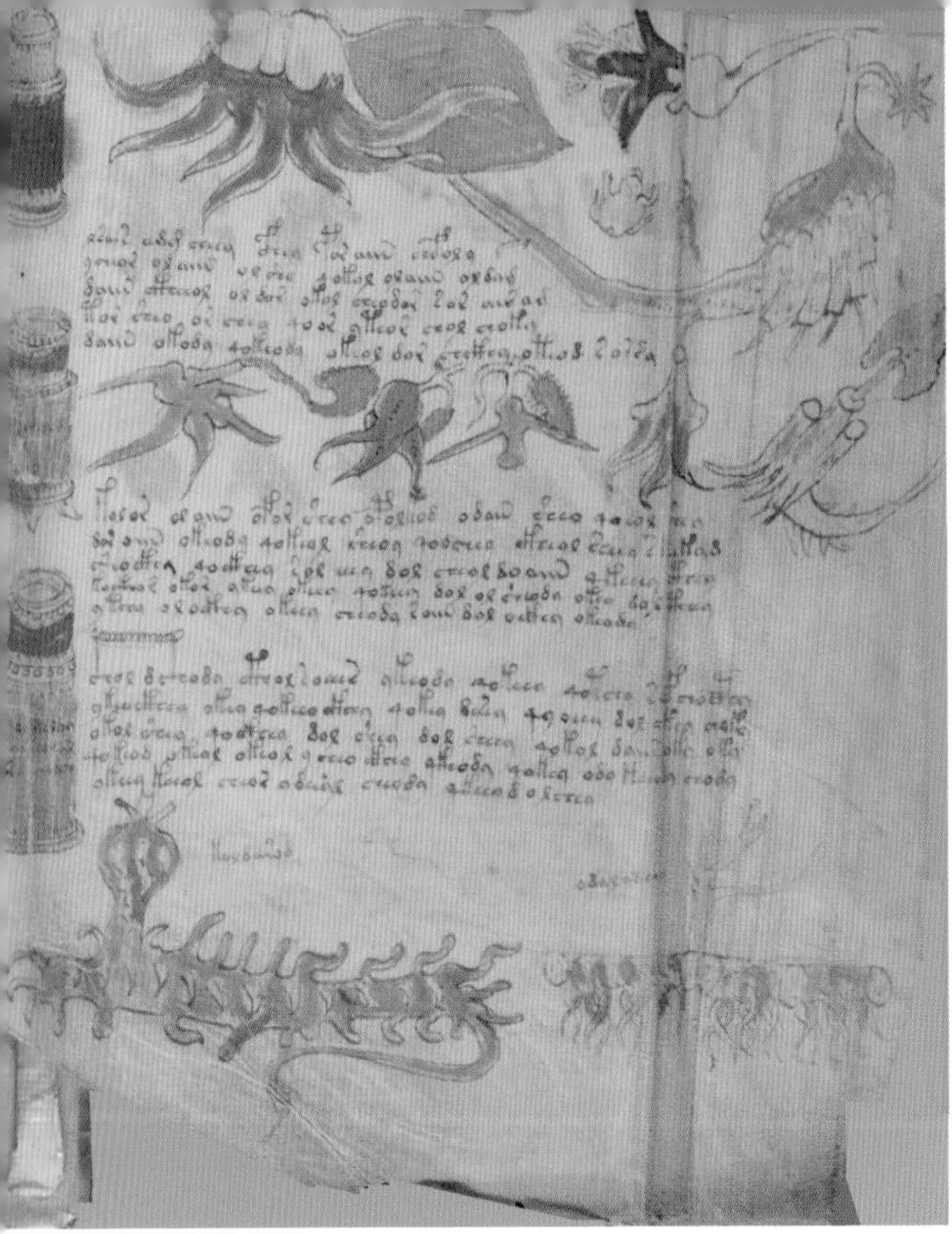

マンタ

中のページの上から説明する。

これは、マンタの機能を創る根だ。エイと形が似ているが意識は違う。ここで創られるマンタの機能は、「楽しみたい」という波動を発することだ。マンタ自身は、他の動物と違ってそれを意識している。イルカやクジラと同じく、人間以上の意識を持っているからだ。

この機能をプログラムすることで、人間を含め地上に存在する生き物全てに、エゴではない「喜び、楽しみ」という高次の波動を発し続けている。これら高次の生き物の波動は、海の中の方が伝わりやすい。その水は、地球内の水の循環となって地上に行き渡る。飲み水や浴びる水、そして体内に宿る水など全てにさまざまな意識が入っている。

これも横には1つの植物が描かれているが、素材として他にも多くある。

上：マンタ
中：イソギンチャク
下：シャチ

イソギンチャク

次はイソギンチャクの意識だ。イソギンチャクは、全ての気やエネルギーを循環させる波動を出し、それらが粒子の中に詰め込まれ、海面へと浮かばせる。するとそれが海面を漂い、波動を出しながら広がっていく。その循環のエネルギーが海の生き物たちの波動を安定させる。もしこれがなければ、混乱や乱れが正されず、死んでいくものたちもいるだろう。つまり、海の中の生態系のバランスを取っている。循環させる波動を出す生き物は他にもあるが、イソギンチャクはその生き物のひとつだ。

シャチ

下（前ページ）は、シャチの働きだ。地球は二極性のエネルギーに支配されている。人間の集合意識によって、片側の極みに達すると、もう一方へ動くようになる。時計の振り子のようなものだ。しかし、過度な力で一方の極みに達すると、振り子は振り切ってしまい、壊れて戻らなくなる。これは振り子だけのことではない。この片方からもう一方へというエネルギーの動きが絶えず働くのはシャチの二極をバランスよく動かす意識だ。

一方向の極みに達すると、必ず別の方向へ行こうとする動きが生まれると説明した。歴史に起こることは、一人の人間の心にも、人生にも起こる。

次へ行く。

巨石に入れるプログラム

上から説明する。

これは、巨石に入れるプログラムを創る根だ。世界中にある巨石にこのプログラムは存在している。それは、エネルギーの浄化、集積、循環だ。巨石を置く場所、置き方、組み合わせ方で、大きな浄化装置になることもあれば、宇宙からのエネルギーの集積装置にも、循環装置にもなる。そのような場所は、高次の存在が管理している。よって、人間がその場所に余計なものを建てたり、ひとつでも石を切り崩したり、位置を変えたりすると、その効果は消失する。

松に入れるプログラム

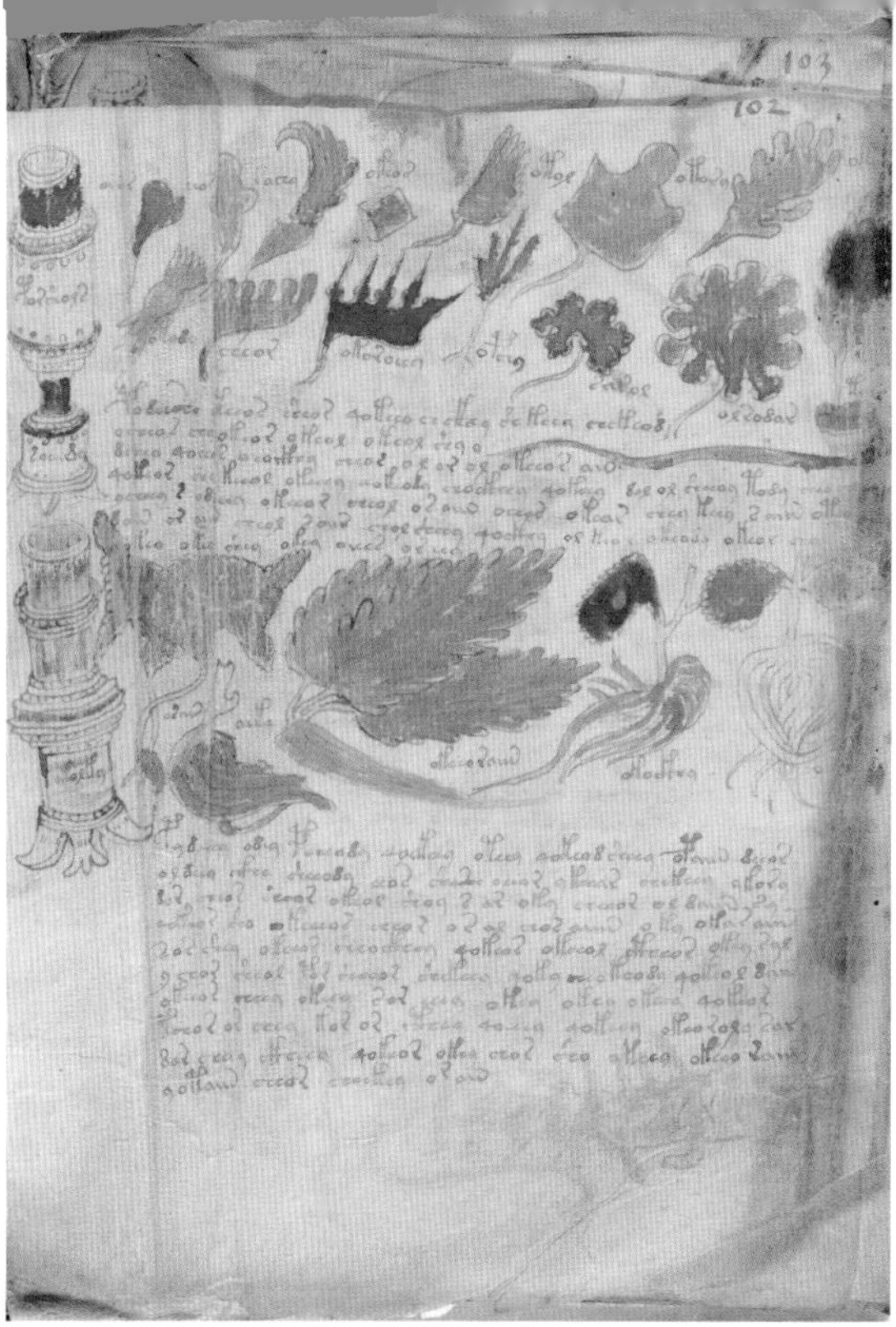

巨石に入れるプログラム
松に入れるプログラム

下の根は、松の木に入れるプログラムだ。2つある。

ひとつは松と微生物との関係。本来、植物は地中の微生物と相互共存の関係だが、松はそれだけでなく、微生物をより活性化させる働きがある。よって松が生えている土壌はより肥沃になる。よって松が枯れる場所は、その力以上の邪気で汚染された所だ。

もうひとつのプログラムは、松と人間との関係だ。松は、近づいてきた人間のマイナスの気を浄化し、エネルギーを与える。そのエネルギーは、プラーナだ。太古の人間はプラーナで生きていた。松の側に行くだけで、その人間の心身に必要なプラーナを与えていた。今もそうだ。

次に行く。

恐竜

上は、恐竜の身体と意識を創る根だ。恐竜には多くの種がいたが、それぞれがこの7次元で創られた。ここに描かれた根はティラノサウルスだ。ティラノサウルスの意識は、生存競争に勝つことと子孫を残すことだった。恐竜をこの地に創造したのは、この次元の存在たちの実験だった。

太古、海にはイルカやクジラがいた。地上ではどのような生き物が魂の進化を目指しながら適応するのか分からなかった。そこで、最初に創られたのが恐竜だった。

しかし、恐竜は、環境の変化に適応しにくかったこと、地球は愛の星であるため、恐竜に入る魂の成長という目的に合わなかったこと、恐竜の身体では、魂の意識が目覚めなかったことから、存在たちは地球で恐竜を繁栄させることをやめた。そこで、隕石を落とし、恐竜たちを絶滅させた。

胎児期のプロセス

次は胎児期のプロセスだ。胎児は誕生するまで、子宮の中で30億年の進化の歴史をたどると言われている。その形状から魚類、両生類、さらに爬虫類、そして哺乳類と進化しているかのように成長する。しかし本来、人間はこのような進化はしていない。魚類は魚類、爬虫類は爬虫類だ。

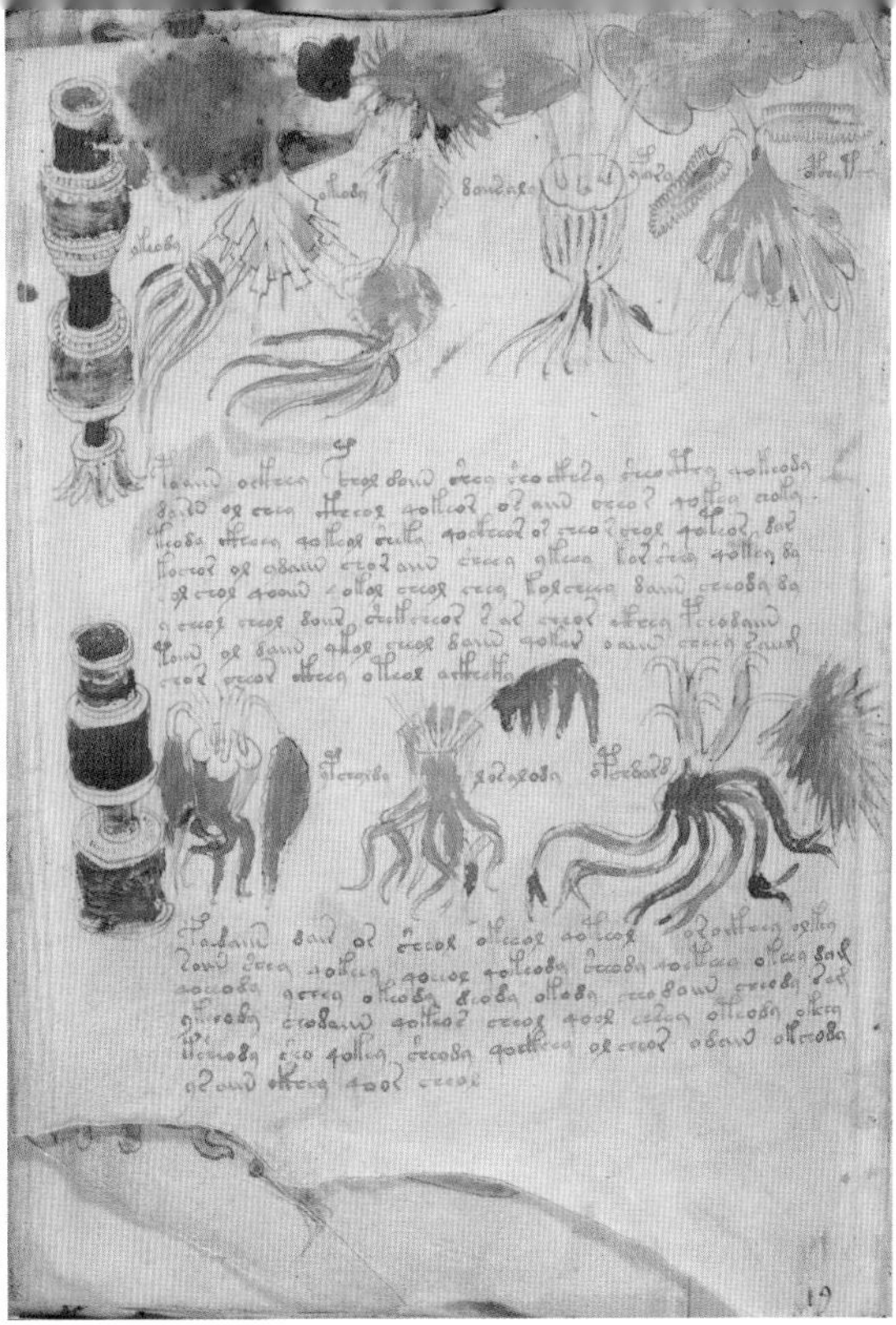

恐竜
胎児期のプロセス

この次元の存在たちは、その頃地上にいた類人猿と自分たちの遺伝子を組み合わせてヒューマノイドを創った。その後、ヒューマノイドに必要なシステムを組み込んで人間を創った。

その頃いた類人猿などは、進化せずに絶滅した。類人猿とヒューマノイドと人間が混在して住んでいた時期もあった。類人猿も人類創造と同じように魂の進化のために創られたが、ある程度進化してそこで止まってしまった。

魂の成長を目指す人間を創造するには、魚類、両生類、爬虫類、哺乳類にプログラムされた意識や特性の中で必要なものがあった。それらを胎児期にプログラムすることで遺伝子がオンするようにインプットした。

例えば、人間が海に魅かれるためには、魚類の意識が必要だった。

両生類の皮膚構造は羊水に浮かぶ胎児に必要なものだ。また、爬虫類の縄張り意識、競争意識などは生存に必要な意識だ。これらの機能や特性は、前に描かれているバスタブの中で定着させることができるが、それをもっと強化するためにここで創られた。

もともとは、この次元で人間が先に創られた。その後、魚類、両生類、爬虫類、哺乳類が創造され、それを先に地上に降ろした。恐竜も人間が創られると同時に別領域で創られていた。

その後の恐竜の実験失敗による氷河期後、生き物たちの適応能力が安定したことを見極めて、それらの中から人間に必要な機能が抽出され、人間の胎児期にプログラムすることになった。進化ではない。プログラムだ。

人間が見出した進化論は、ある程度は正しい。しかし、限定的だ。

さいごに

最後に私から伝える。

なぜ、全てを創る基盤が植物なのか。

この多次元宇宙には、全ての源となる「種」があるとイメージしてみるとよい。

物質世界では、種は日光と土と水があれば生長し、花を咲かせる。高次元の世界では、「種」は意図を持った意識と音の波動が栄養となり、霊的神経経路を通って「種」に送られる。やがて芽を出し、花を咲かせる。植物は、ひとつの意識が入ると定着し、永遠に保持し生き続ける特徴がある。ひとつの経路にひとつの意識が宿りひとつの植物に送られる。ひとつの意識で生きるひとつの植物が複数組み合わされてさまざまなものを創り出す。

どの経路にも独自の知性や能力を持った意識がある。その意識を入れた14万4000の高次の存在たちは知恵と穏やかさと深い沈黙をたたえる者たちだ。これは霊的科学だ。


地上にある全ての生き物に、その存在たちのいくつかの意識が宿っている。人間には全ての意識が宿っている。その全ての意識の中から、その人間がいくつかを自分で選び、使い、そのうち、混線してしまったのだ。それが親からの教えとして、教育として、社会のルールとして歪曲され、混線はますますひどくなった。それを自分が握っているだけなのだ。

また、それを精査することなく、親から子へ、時代から時代へと、その時代の権力者たちの意図に沿うように綿々と受け継がれてきた。

植物は意識に忠実だ。人間の身体もその意識に忠実だ。その人間がどの意識を持つかで咲く花が変わる。子どもは種を持って生まれている。どんな意識を吹き込むかでその子どもの意識は変化し、自らの人生を光にも闇にもできる。

7次元では今も新たな生き物が創造されている。それが5次元に反映され、その後3次元に降ろされる。太陽系が昼の時代になれば新たな生き物が生まれるだろう。


次に、地上の植物について伝える。

地上の植物は地球に生きる全ての生き物のために降ろされた。植物と地球は共につながり、多次元に生きている。植物は地球の意識の現れだ。

植物と共に暮らしなさい。植物を同胞として心を開き、対話しなさい。常に植物の存在を意識する生き方をしなさい。地球も植物も共に喜びの波動しかない。人間もその輪に加わりなさい。

これまでの解説で気づいただろうが、植物も動物も、怒りや恐れより、穏やかさ、静かさ、そして喜びに満ちた気を、より多く放射するように創造された。全て、人間として生きる魂の成長のためだ。それが高次存在たちの意図だ。これまでさまざまな高次の存在のメッセージの中に「人間には全て与えられている」という言葉に出会っただろう。

その意味がこの書だ。人間は、微生物からの進化ではない。

無秩序であるカオスの中から完璧な秩序・調和の大宇宙が生まれ進化しているように、人間も無秩序な分子が受胎時から驚くべき速さで細胞分裂を遂げ、各細胞がそれぞれの配置につき、肉体ができ上がり誕生する。

その後、赤ん坊の脳と意識もカオスから始まり、さまざまな刺激により宇宙の一体感から「自分」という個が目覚め、学びと経験で外界の知識や理解が深まり、秩序ある認知や思考が成長し、やがて高次の意識になる。

このように人間の肉体や意識は、宇宙の無秩序からの秩序への進化なのだ。それらが各細胞に刻まれている。そして、細胞たちは大宇宙の意識と記憶を今も宿している。人間の成長とは、宇宙の進化を自ら体験することだ。死が訪れると安らぎと共に肉体は土に帰り、意識は宇宙に帰る。宇宙への帰還とは、宇宙を知る宇宙の子が母なる根源へ帰ることだ。進化とは、帰る魂がすでにそのことを知っているということだ。知識としてではなく、体験として、感情として、感性として。

「思い出せ」と言われるのは、このことだ。

最初に述べた。以上の内容を信じるか、疑うか、議論は必要ない。どちらでも構わない。またこの本を捨ててもよい。ただ、生かされているという意識に新たな視点を入れることだ。

そして、体験と感情を大切にし、感性を磨く意識を高めることだ。

人間たちは、進化の道を歩んでいることを忘れぬことだ。

この書籍の出版にあたって、「メッセージを、どこで、誰が降ろしているかは、一切、開示しない」という条件のもとで、刊行しています（弊社にも知らされていません）。「メッセージを降ろしている役目の人は、世に出るつもりはない」とのことです。

お問い合わせにも一切応じられないとのことなので、弊社に問い合わせをいただきましてもお答えできませんのでご了承をお願いします。

※このメッセージは2022（令和4）年に降ろされたものです。

ヴォイニッチ手稿の秘密

多次元的視点へ意識を高めるためのメッセージ

●

2023年7月23日　初版発行
2023年12月12日　第5刷発行

著者／トート、ロナウド・マルティノッツィ

装幀／斉藤よしのぶ
編集／磯貝いさお
DTP／細谷 毅

発行者／今井博揮
発行所／株式会社 ナチュラルスピリット
〒101-0051 東京都千代田区神田神保町3-2 高橋ビル2階
TEL 03-6450-5938　FAX 03-6450-5978
info@naturalspirit.co.jp
https://www.naturalspirit.co.jp/
印刷所／シナノ印刷株式会社

ISBN978-4-86451-446-0 C0014
落丁・乱丁の場合はお取り替えいたします。
定価はカバーに表示してあります。